Tielu Gongcheng Gaiyusuan

铁路工程概预算

yu Gongchengliang Qingdan Jijia

与工程量清单计价

刘　芳　章疾雯　等　编著

人民交通出版社

内 容 提 要

本书以《铁路基本建设工程设计概(预)算编制办法》、《铁路工程预算定额》、《铁路工程工程量清单计价指南》、《铁路工程招标文件补充文本》等最新规章和规范性文件为依据,介绍了铁路工程造价计价与控制的基本原理、计价依据、计价模式和方法。本书采用案例的方式对预算定额的应用、概预算的编制、工程量清单的编制等基本原理作了通俗易懂的讲解。全书共分为九章,内容包括工程造价概论、铁路工程建设程序与投资控制、铁路工程计价依据、铁路工程造价构成、铁路工程工程量计量、铁路工程工程量清单计价、铁路工程概预算编制、铁路工程验工计价与价款结算、铁路工程竣工决算及工程保修。

本书内容新颖、实用性强,不仅可作为从事铁路工程造价管理以及具体从事铁路工程招投标、概预算、监理等相关人员研究或工作的参考书,也可作为大学本科工程管理、土木工程专业以及相关学科专业(方向)的本科生、高职、高专学生的教材使用。

图书在版编目(CIP)数据

铁路工程概预算与工程量清单计价/刘芳等编著.—北京:人民交通出版社,2010.3
ISBN 978-7-114-08256-6

Ⅰ.①铁… Ⅱ.①刘… Ⅲ.①铁路工程—概算编制②铁路工程—预算编制③铁路工程—工程造价 Ⅳ.①U215.1

中国版本图书馆 CIP 数据核字(2010)第039677号

书　　名:铁路工程概预算与工程量清单计价
著 作 者:刘　芳　章疾雯　等
责任编辑:丁润铎　刘　倩
出版发行:人民交通出版社
地　　址:(100011)北京市朝阳区安定门外外馆斜街3号
网　　址:http://www.ccpress.com.cn
销售电话:(010)59757973
总 经 销:人民交通出版社发行部
经　　销:各地新华书店
印　　刷:北京交通印务实业公司
开　　本:787×1092　1/16
印　　张:17.75
字　　数:445千
版　　次:2010年3月　第1版
印　　次:2013年1月　第3次印刷
书　　号:ISBN 978-7-114-08256-6
定　　价:30.00元

前　　言

本书依据《铁路建设项目投资控制管理办法》的相关规定，以铁路工程建设实施阶段的造价计价与控制为主要对象，结合铁路工程建设的特点，研究了合理确定和控制铁路工程项目实施阶段造价的方法，较为全面地反映了近年来铁路工程造价管理体制的新变化和新发展。

从内容上来讲，本书系统地介绍了铁路工程概预算与工程量清单计价的原理和方法，总体框架是按照造价概论、计价依据、造价构成、工程量计量规则、概预算编制、验工计价与价款结算、竣工决算等内容顺序组织编排的。

本书主要有以下特点：

(1)兼顾在建设工程造价领域均采用的定额计价原理与工程量清单计价模式，在概预算编制时采用定额计价模式，验工计价与价款结算时采用工程量清单计价模式，更注重清单计价法的应用和操作，体现了工程造价管理由“定额计价”向“清单计价”的过渡。

(2)本书相关内容的编写，以《铁路基本建设工程设计概(预)算编制办法》、《铁路工程工程量清单计价指南》、《铁路工程招标文件补充文本》等铁道部或相关建设行政主管部门颁布的最新规章和规范性文件为依据，体现了铁路工程造价管理改革中的最新精神和特点。

(3)在相关章节设置了例题和综合案例，以便读者能更好地掌握本书的知识点。

本书由刘芳(石家庄铁道学院)、章疾雯(中交第一航务工程局有限公司)主编，刘芳负责全书整体设计和总纂；副主编为周明军(中铁十七局集团有限公司)、王田生(北京市交通委员会路政局)、朱述鹏(北京市工程咨询公司)和卜海峰(北京市工程咨询公司)。

本书内容全面新颖、实用性强，不仅可作为工程管理、土木工程专业以及相关学科专业(方向)的本科生、高职、高专生的教材使用，也可作为从事铁路工程造价管理以及具体从事铁路工程招投标、概预算、监理等相关人员研究或工作的参考书。

本书编著过程中，参考了许多国内外同领域的科研、教研成果与文献资料，这些成果已列于参考文献中，在此表示衷心的感谢，如有遗漏敬请谅解。由于我国铁路工程造价理论与工程量清单计价正处于不断完善和发展的阶段，加之作者理论水平和工作实践经验有限，书中内容难免有不当之处，敬请广大读者批评指正。

编者

2010 年 1 月

目　　录

第一章 工程造价概论

第一节 工程造价基本概念

一、工程造价的含义

只要有工程建设,就会产生与之相关的需要花费多少资源的问题,就需要计算和确定工程造价。“工程造价”一词的前身是“建筑工程概预算”和“建筑产品价格”。“建筑工程概预算”一词从新中国成立以来一直沿用到改革开放前,这和我国在新中国成立初期引进前苏联以概预算为核心的工程造价管理体制有关。

20 世纪 80 年代前期,在国内建筑经济学界使用建筑产品价格这一概念的同时,政府文件中开始出现“工程造价”一词。韩双林教授编著的《基本建设概预算》(中国建筑工业出版社,1981 年 9 月第一版),明确提出了基本建设产品和建筑安装企业产品的概念,并且提出通过编制基本建设概预算来确定工程造价,来确定这两种产品的计划价格。“基本建设概预算所确定的工程造价,是其产品的计划价格”,“在基本建设概预算批准后,它规定的费用总额,就是基本建设产品的计划价格”。该书又提到“基本建设概预算所确定的工程造价,是建筑安装企业产品的出厂价格”。

高等财经院校试用教材《基本建设预算》(中国财政经济出版社,1984 年 4 月第一版),更明确地提出,“经过批准的初步设计概算造价,是建设项目或单项工程的计划价格,经过批准的施工图预算造价,是建筑与设备安装产品的计划价格”。

工程造价和建筑产品价格在同一时期共存的现象,一方面表明人们的思维向商品经济观念的转变,另一方面却又为在建设事业系统内理顺商品经济关系和梳理新旧观念带来一定困难。当时,人们对这两个词的认识存在很多争议。客观地看,“建筑产品价格”一词,其内涵和外延是清楚的。它在《中国大百科全书 · 土木工程》(建筑经济分册)以及其他《建筑经济学》、《价格学》等著作中都有较一致的界定。而“工程造价”一词的概念的确带有明显的不确定性,例如提到降低和控制工程造价时,显然指投资主体降低和控制建设工程投资费用;而政府在阐明工程造价改革政策的等价交换原则时,则又指建筑产品价格。虽然,一些论述已经表述了工程造价的双重含义,但是,在理论界和实际工作者中,对这个问题的看法仍不统一。

为理清人们认识上的模糊,经反复讨论,中国建设工程造价管理协会于 1996 年就界定“工程造价”一词含义问题取得一致意见。在中国建设工程造价管理协会为界定“工程造价”一词含义所作的决议中,确认“工程造价”具有一词两意性质,即工程造价有两种含义:一是指建设工程投资费用或称投资额,二是指工程价格或称合同价、承包价。

工程造价所具有的两种含义,都离不开市场经济的大前提,是与市场经济下的建设项目管理体制相适应的。现将这两种含义分析如下:

第一种含义是从投资者即业主的角度而言,工程造价是指建设一项工程预期或实际开支的全部固定资产投资费用,即投资者为获得投资项目的预期收益,所进行的项目决策和建设实施等一系列活动所需的全部费用。从这个意义上讲,建设工程造价就是建设工程项目固定资产投资。

铁路工程造价的第一种含义是指从投资者(业主)角度,筹建一条新建或改扩建铁路建设项目(单项工程)开始至竣工投产运营所发生的全部建设费用,包括建筑工程、安装工程、设备购置费、其他费以及动态投资和机车车辆购置费、铺底流动资金的总和。铁路工程造价的第一种含义是与初步设计阶段投资概算的含义大体一致的。

第二种含义是从市场交易角度而言,工程造价是指工程价格。即建成一项工程,预计或实际在土地市场、设备市场、技术劳务市场,以及承包市场等交易活动中所形成的土地转让价格、设备价格、建筑安装工程的价格等,所强调的是在工程的建造过程中而形成的价格。这里的工程,既可以是涵盖范围很大的一个建设工程项目,也可以是其中一个单项工程,甚至可以是整个建设工程中的某个阶段,如建筑安装工程、设备购置工程,或者其中的某个组成部分。随着经济发展中技术的进步、分工的细化和市场的完善,工程建设中的中间产品也会越来越多,商品交换会更加频繁,工程价格的种类和形式也会更为丰富。

二、工程造价两重含义之间的关系

工程造价的两种含义是以不同角度把握同一事物的本质。

从建设工程的投资者来说,面对市场经济条件下的工程造价就是项目投资,是"购买"项目要付出的投资成本(费用),同时也是投资者作为市场供给主体"出售"项目时定价的基础。对于规划、设计机构,承包人和供应商来说,工程造价是他们作为市场供给主体出售商品和劳务的价格的总和,或者是特定范围的工程造价,如建筑安装工程造价。

在这里需要注意的是,人们经常将工程造价的第二种含义认定为工程承发包价格,这是对工程造价含义的一种狭义的理解。虽然,由于建筑安装工程价格在项目固定资产中占有50% ~60%的份额,且建筑企业又是建设工程的实施者并具有重要的市场地位,但是应该认识到,承发包价格只是工程造价中的一种重要的、也是最典型的价格形式,除此之外,还有土地交易价格、设备采购价格等其他的工程造价的价格形式。

区别工程造价两种含义的理论意义在于,为投资者和以承包人为代表的供应商的市场行为提供理论依据。当政府提出降低工程造价时,政府是站在投资者的角度充当着市场需求主体的角色;当承包人提出要提高工程造价、提高利润率,并获得更多的实际利润时,是要实现一个市场供给主体的管理目标。这是市场运行机制的必然,不同的利益主体绝不能混为一谈。区别工程造价两种含义的现实意义在于,为不同的管理目标,不断充实工程造价的管理内容,完善管理方法,为更好地实现各自的目标服务,从而有利于推动经济的全面增长。

三、工程造价的特点

(1)大额性。工程造价的大额性是由于工程的体量大、耗资多、构造复杂等原因所致。工程项目少则几百万,多则几个亿至几十个亿上百个亿,工程价格的数量越大,其节约的潜力也就越大。

(2)个别性、差异性。任何一项工程都有特定的用途、功能、规模。因此,对每一项工程的结构、造型、空间分割有着具体的要求,使其工程内容和实物形态具有个别性、差异性。产品的差异性决定了工程造价的个别性差异。

(3)动态性。建设项目从筹建到竣工交付使用都会经过一个较长的建设期,在此期间,经常会出现影响工程造价的诸多动态因素,如工程变更,设备材料价格、工资标准及费率、利率、汇率变化等。这些变化必然会影响到工程造价的变动。

(4)层次性。工程造价的层次性取决于工程项目的层次性。一个建设项目往往含有多个能够独立发挥设计效能的单项工程。一个单项工程又是由能够各自发挥专业效能的多个单位工程组成的。与此相对应,工程造价有3个层次:建设项目总造价、单项工程造价、单位工程造价。如果分工更细,单位工程的组成部分——分项工程也可以成为交换对象,这样,工程造价的层次就又增加分部工程造价和分项工程造价而成为5个层次。

(5)兼容性。工程造价的兼容性首先表现为工程造价有两种含义,其次表现在工程造价构成因素的广泛性和复杂性。

第二节 工程计价

工程计价是工程建设各个阶段工程造价(或价格)的计算或确定,即工程造价目标值的确定。结合工程造价的特点,工程计价的形式、方法及表现形式有多种,各不相同,比如:业主方的工程计价,具体表现形式为投资估算、设计概算、施工图预算、招标工程标底或合同价等;承包人的工程计价,具体表现形式为工程投标报价、工程合同价等。但是,工程计价的基本过程和原理是相同的,其主要特点是要按工程分解结构进行的,这是由工程项目的固有特性(如单件性、体积大、生产周期长、内容复杂、价值高以及交易在先)所决定的。

一、工程计价基本原理

工程计价的主要特点是将整个工程进行分解,划分为可以按定额等技术经济参数测算价格的基本子项(或称分部、分项工程)。基本子项应该是既能用较为简单的施工过程生产出来,又可以用适当的计量单位计算、测定的工程基本构造要素,也可称为假定的建筑安装产品。一般来说,分解结构层次越多,基本子项越细,就能更准确地计算基本子项的费用;反之,分解层次越少,基本子项费用计算越粗略。

一个建设项目可以分解为一个或几个单项工程。单项工程是指一个建设项目中具有独立的设计文件,竣工后可以独立发挥生产能力或效益的工程。单项工程是具有独立意义的,能够发挥功能要求的完整的建筑安装产品。如某新建学校项目可分解为教学楼、图书馆、食堂、宿舍等单项工程。

单项工程作为建设项目的组成部分,仍是一个比较复杂的综合实体,还需要进一步分解。一个单项工程可以分解为一个或几个单位工程。单位工程是指具有独立的设计图纸,可以独立组织施工,但竣工后一般不能独立发挥生产能力或效益的工程。如教学楼工程可分解为一般土建工程、给排水工程、暖卫工程、电器照明工程、室外环境、道路工程以及单独承包的建筑装饰工程等。

单位工程按照工程部位、设备种类、使用材料的不同,分解为若干分部工程。如教学楼一般土建工程分解为土石方工程、桩基础工程、砌筑工程、混凝土及钢筋混凝土工程、木结构工程、楼地面工程等分部工程。

分部工程每一部分都包括不同的结构和装修内容,但是从建筑工程计价的角度来看,还需要把分部工程按照不同的施工方法、不同的材料及不同的规格,分解为内容相对简单、可以计算出相应实物数量的分项工程，即工程计价的基本子项。

在分解的基础上，进一步计算、测定各基本子项的费用，按照工程分解的逆顺序逐步组合、汇总，计算出整个建设项目的工程造价。

若仅从工程造价计算角度分析，工程计价的顺序是：分部、分项工程单价—单位工程造价—单项工程造价—建设项目总造价。影响工程造价的因素主要有两个，即基本子项的单位价格和基本子项的实物工程数量，可用下列基本计算式表达：

$$工程造价 = \sum_{i=1}^{n}(基本子项单位价格 \times 基本子项工程实物数量)$$

式中：i——第 i 个基本子项；

n——工程结构分解得到的基本子项的数目。

基本子项的单位价格高，工程造价就高；基本子项的实物工程数量大，工程造价也就大。

(1)工程实物数量

在进行工程计价时，工程实物量的计量单位是由单位价格的计算单位决定的。如果单位价格计量单位的对象取得较大，得到的工程估算就较粗，反之则工程估算较细、较准确。基本子项的工程实物量可以通过工程量计算规则和设计图纸计算而得，它可以直接反映工程项目的规模和内容。

编制投资估算时，如单位价格计量单位的对象取得较大，如可能是单位工程或单项工程，甚至是建设项目，即可能以整幢建筑物为计量单位，这时基本子项的数目 n 可能就等于1，得到的工程造价也就较粗。

编制设计概算时，计量单位的对象可以取到单位工程或扩大分部分项工程，这时得到的工程造价比投资估算时精确。

编制施工图预算时，则是以分项工程为计量单位的基本对象，此时工程分解结构的基本子项数目会远远超过投资估算或设计概算的基本子项数目，得到的工程计价也就越精确。

工程结构分解的差异，是因为人的认识不能超越客观条件，在建设前期工作中，特别是项目决策阶段，人们对拟建项目的筹划难以详尽、具体，因而对工程造价的预计也不会很精确。随着工程建设各阶段工作的深化且越接近后期，可掌握的资料越多，人们的认识越接近实际，预计的造价也越接近实际造价。工程造价预先定价的准确性，取决于人们掌握工程实际资料的完整性、可靠性以及计价工作的科学性。

(2)基本子项单位价格

对基本子项的单位价格分析，可以有以下两种形式：

①工料机单价。工料机单价是指基本子项单位价格仅考虑人工、材料、机械资源要素的消耗量和价格，是基本子项(分部分项工程)的不完全价格。

$$基本子项单位价格 = \sum(基本子项的资源要素消耗量 \times 资源要素的价格)$$

资源要素消耗量的数据经过长期的收集、整理和积累形成了工程建设定额，它是工程计价的重要依据。它与劳动生产率、社会生产力水平、技术和管理水平密切相关。业主方工程计价的定额反映的是社会平均生产力水平；而工程项目承包方进行估价的定额反映的是该企业技术与管理水平的企业定额。资源要素的价格是影响工程造价的关键因素，在市场经济体制下，工程计价时采用的资源要素的价格应该是市场价格。

②综合单价。如果在单位价格中还考虑直接工程费以外的其他一切费用，则构成的是综

合单价，即基本子项（分部分项工程）的完全单价。按照《建筑工程施工发包与承包计价管理办法》（建设部❶第107号令）的规定，综合单价包括直接费、间接费、利润和税金。

二、工程计价的特征

1. 单件性计价

每一项建设工程都有其特定的功能和用途，因而就有不同结构、造型、建筑面积或建筑体积，以及工艺设备和建材的差异。即便是具有相同用途的建设工程，由于建筑等级、建筑标准、技术水平、地区经济条件、市场需求、自然地质条件不同，计价也不同。因此，每一个工程项目的建设都需要按业主的特定需要单独设计、单独施工，不能批量生产和按整个工程项目确定价格，只能以特殊的计价程序和计价方法，对其单独计价。

2. 多次性计价

建设工程周期长、规模大、造价高，因此按照建设程序要分阶段进行，相应的也要在不同阶段多次性计价，以确保工程造价计价与控制的科学性。多次性计价流程如图1-1所示。

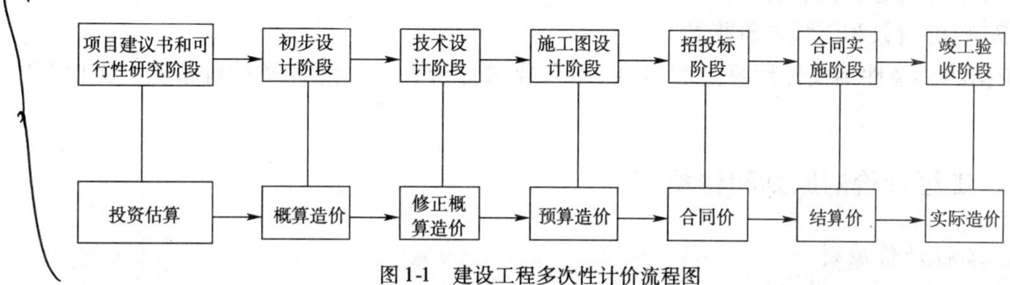

图1-1　建设工程多次性计价流程图

图1-1中的整个计价过程，从投资估算、设计总概算、施工图预算到招标承包合同价，再到各项工程结算价和最后在结算价基础上编制的竣工决算，是一个由粗到细、由浅到深，最后确定工程实际造价的过程。计价过程各环节之间相互衔接，前者控制后者，后者补充前者。

3. 分部组合计价

按照国家规定，工程建设有大、中、小型之分，凡是按照一个总体设计进行建设的各个单项工程总体即是一个建设项目。它一般是一个企业、事业单位或独立的工程项目。在建设项目中，凡是具有独立的设计文件，竣工后可以独立发挥生产能力或工程效益的工程称为单项工程，也可以将它理解为具有独立存在意义的完整的工程项目。各单项工程又可以分解为各个能独立施工的单位工程。考虑到组成单位工程的各部分是由不同人工用不同工具和材料完成的，可以把单位工程进一步分解为分部工程。然后还可以按照不同的施工方法、构造及规格，把分部工程更细致地分解为分项工程。

与以上工程构成方式相适应，建筑工程计价具有分部组合计价的特点。计价时，由单个到综合，由局部到整体，逐个估价，层层组合。对工程项目进行分解后，按构成进行分部计算，并逐层汇总。其计价的基本顺序是：分部分项工程单价—单位工程造价—单项工程造价—建设项目总造价。例如，为确定建设项目的总概算，要先计算各单位工程的概算，再计算各单项工程的总和概算，最终汇总成总概算。

❶ 建设部现在更名为住房和城乡建设部。

4. 计价方法多样性

为了适应多次性计价有各种不同的计价依据，以及对造价的不同精度的要求，计价方法有多样性特征。不同的方法利弊不同，适应条件也不同，所以计价时要加以选择。现在我国工程计价方法主要是工程定额计价方法和工程量清单计价方法两种。

5. 计价依据复杂性

由于影响造价的因素多，计价依据复杂、种类繁多。其主要可以分为以下7类：

(1)计算设备和工程量的依据，包括项目建议书、可行性研究报告、设计文件等。

(2)计算人工、材料、机械等实物消耗量依据，包括投资估算指标、概算定额、预算定额等。

(3)计算工程单价的价格依据，包括人工单价、材料价格、材料运杂费、机械台班费等。

(4)计算设备单价依据，包括设备原价、设备运杂费、进口设备关税等。

(5)计算措施费、间接费和工程建设其他费用依据，主要是措施项目定额和相关的费用定额、指标。

(6)政府规定的税、费。

(7)物价指数和工程造价指数。

依据的复杂性不仅使计算过程复杂，而且要求计价人员熟悉各类计价依据，并加以正确应用。

三、工程计价的原则和依据

1. 工程计价原则

(1)准确估价原则

既不"高估冒算"，也不能"低估压价"。

(2)动态估价原则

工程建设过程中，实际造价受设计变更、施工条件、市场需求、自然地质等多因素的影响，需要进行动态调整。建设项目预备费是进行动态调价的保证，是投资不超估算的基础。

2. 工程计价的主要依据

(1)工程技术文件

工程建设的不同阶段产生的工程技术文件不同，如决策阶段的项目建议书、可研报告，设计阶段的初步设计图纸、施工图设计资料等。

(2)工程计价数据及数据库

主要指资源消耗量数据。工程计价数据的粗细程度、精度与工程建设各阶段密切对应，如估算依据估算指标、历史数据、类似工程数据资料等；概算依据概算定额或概算指标；施工图预算依据预算定额或综合预算定额。

(3)市场信息与环境条件

主要指各类资源供求变化及价格动态。

四、工程计价模式

建筑工程计价是整个建设工程程序中非常重要的一环，计价方式的科学正确与否，从小处讲关系到一个企业的兴衰，从大处讲则关系到整个建筑工程行业的发展。

1. 建筑产品价格与计价模式

在不同经济发展时期，建筑产品有不同的价格形式，不同的定价主体和不同的价格形成机制，而一定的建筑产品价格形式产生，存在于一定的工程建设管理体制和一定的建筑产品交换方式之中。我国建筑产品价格市场化经历了“国家定价—国家指导价—国家调控价”3 个阶段。

工程造价，既指完成一个建设项目所需费用的总和，又指建设产品价格。在不同的经济范畴内，伴随着工程造价不同的含义，需要有不同的计价模式。

建设项目投资费用所包含的是费用投入与产出的矛盾以及投资费用控制与耗费的矛盾，反映的是投资方的购买和投资消费过程。投资费用管理的基本原则是“节约消耗”，在这种背景下产生了定额管理为核心的概预算制度，强调用事先编制好的各种定额在工程建设的各个阶段确定造价，再通过一定方法将造价控制在已经计算出的限额以内。这一时期，工程计价采用定额计价模式。

我国经济体制改革后，建筑产品价格逐步摆脱了为投资管理服务的工程概预算管理体系，成为商品交换中现实存在的一个客观经济范畴。建筑产品价格包含的是价格与价值以及供给与需求的矛盾，反映的是建筑市场上以建筑产品为对象的商品交换过程。显然，建筑产品的价格应由建筑市场上的买方和卖方根据供求状况、信息状况进行自主确定，而不是一味以造价管理部门颁布的各种定额为基础来确定。也就是说，随着我国建筑市场的不断成熟和发展，需要一种适应工程建筑产品市场定价的计价模式，结合目前工程造价改革的实践，工程量清单的计价模式能够满足这种要求。

考虑全国各地工程造价计价的习惯和人才储备现状，我国在今后一段时间内还将以双轨制并行为主，即工程量清单计价法和定额计价法并行，由工程的发包人进行选择，当然，工程量清单计价是发展趋势。

2. 工程定额计价模式

我国长期以来采用单一的定额计价模式形成工程价格，即按概预算定额规定的分部分项子目，逐项计算工程量，套用概预算定额单价（或单位估价表）确定直接工程费，然后按规定的取费确定措施费、间接费、利润和税金，加上材料调差系数和适当的不可预见费，经汇总后即为工程概预算或标底。其计价程序如图 1-2 所示。

工程造价的计价具有多次性特点，在项目建设的各个阶段都要进行造价的预测与计算。在投资决策、初步设计、扩大初步设计和施工图设计阶段，业主委托有关的工程造价中介咨询机构根据某一阶段所具备的信息进行确定和控制，此时的工程造价还并不完全具备价格属性。因为此时交易的另一方主体还没有真正出现，此时的造价确定过程可以理解为是业主的单方面行为，属于业主对投资费用管理的范畴，所以在这样一些阶段中利用各种事先拟订好的各种定额资料进行造价管理是很正常的。

工程价格形成的主要阶段是招投标阶段，但由于我国的投资费用管理和工程价格管理模式并没有严格区分，所以长期以来在招投标阶段实行定额计价模式。这种模式存在比较明显的缺陷：

（1）未能提供投标人竞争的统一平台。招标人和投标人按照同一定额、同一图纸、相同的施工方案、相同的技术规范重复工程量的计算工作和套价工作，招标人未能提供投标人竞争的统一平台，投标人的报价也没有反映出招投标的竞争性和工程管理的水平。

(2)投标单位的报价按统一定额计算,不能按照自己的施工条件、施工管理、施工技术和拥有的各种优势来计算。作为投标单位的报价,不能按照自己的具体施工条件、施工设备和技术专长来确定报价;不能按照自己的采购优势来确定材料预算价格;不能按照企业的管理水平来确定工程的费用开支;企业的优势体现不到投标报价中。

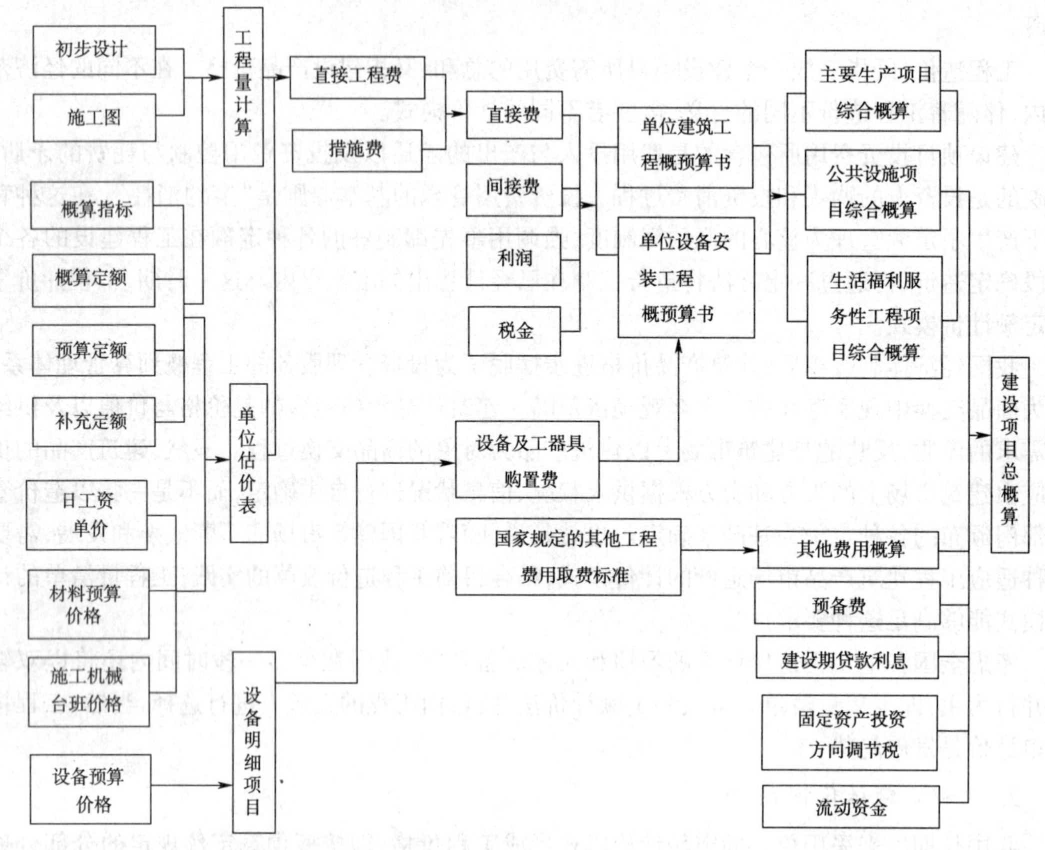

图 1-2　工程造价定额计价程序图

(3)业主和投标单位没有市场经济风险的意识。作为投标单位,工程一旦中标,不论材料价格如何上涨,只要国家造价管理部门按照调整的综合材料预算指导价和价差调整系数予以核算,则没有经营上的任何风险。

(4)不利于施工企业技术水平和管理水平的提高。以标底价格为准确定施工合同的做法,无法形成一种竞争向上的气氛,难以激发施工企业改进技术和管理水平。

从总体上说,传统的定额计价模式不是一种价格的形成方法,其原因主要是没有给予工程交易双方真正的自主定价权。作为工程承包方,不能按照施工企业的自身情况合理报价;作为工程的投资方,自己没有定价权,不能通过市场竞争选择自己理想的承包价格。

3. 工程量清单计价模式

从严格意义上说,工程量清单计价作为一种独立的计价模式,并不一定用在招投标阶段,但在我国目前的情况下,工程量清单计价作为一种市场定价模式,主要在工程项目的招标投标过程中使用。

工程量清单计价是根据《建设工程工程量清单计价规范》(GB 50500—2008)要求及施工图纸计算各个清单项目工程量,形成工程量清单,再根据招标文件中的工程量清单和有关要求、施工现场实际及拟订的施工方案或施工组织设计，依据定额资料、工程造价信息和经验数据计算得到工程造价。

清单计价的基本过程如图 1-3 所示。

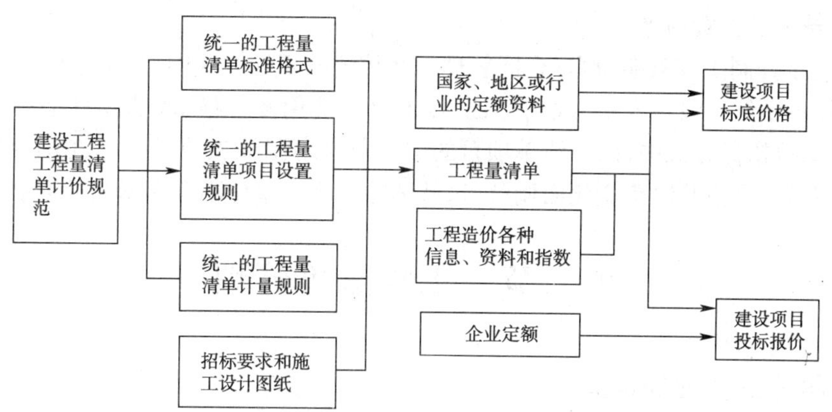

图 1-3　工程量清单计价的过程示意图

从工程量清单计价的过程示意图中，可以看出其基本过程可以分为两个阶段：工程量清单的编制和利用工程量清单来编制投标报价（或标底）。

工程量清单计价可以将各种经济、技术、质量、进度等因素充分细化考虑到单价的确定上，因而可以做到科学、准确和反映实际情况，这就从根本上防止了依据定额定价的局限、单一。

与现行的定额计价方法相比，采用工程量清单计价方法具有如下一些优点：

(1)用工程量清单计价符合我国当前工程造价体制改革中"逐步建立以市场形成价格为主的价格机制"的大原则。这一原则的本身就说明必须把价格的决定权逐步交给施工企业、交给建筑市场，并最终通过市场来配置资源，决定工程价格。它真正实现了通过市场机制决定工程造价。

(2)采用工程量清单计价有利于将工程的"质"与"量"紧密结合起来。质量、造价、工期三者之间存在着一定的必然联系，报价当中必须充分考虑到工期和质量因素，这是客观规律的反映和要求。采用工程量清单计价有利于投标单位通过报价的调整来反映质量、工期、成本三者之间的科学关系。

(3)有利于业主在极限竞争状态下获得最合理的工程造价。采用工程量清单计价方法增加了综合实力强、社会信誉好的企业的中标机会，更能体现招标投标宗旨，同时也可为建设单位的工程成本控制提供准确、可靠的依据。

(4)采用工程量清单计价有利于实现风险的合理分担。采用工程量清单计价方式后，投标单位只对自己所报的成本、单价等负责，而对工程量的变更或计算错误等不负责任；相应的，这一部分风险则应由业主承担，这种格局符合风险合理分担与责权利关系对等的一般原则。

(5)采用工程量清单招标有利于节省时间，减少不必要的重复劳动。

(6)采用工程量清单招标有利于标底的管理与控制。在传统的招标投标方法中，标底一直是个关键因素。标底的正确与否、保密程度如何一直是人们关注的焦点。而采用工程量清单计价方法，工程量是公开的，是招标文件内容的一部分，标底只起到一定的控制作用（即控制报价不能突破工程概算的约束），而与评标过程无关，并且在适当的时候甚至可以不编制标底。这就从根本上消除了标底准确性和标底泄露所带来的负面影响。

(7)有利于中标企业精心组织施工,控制成本。中标后,中标企业可以根据中标价及投标文件中的承诺,通过对单位工程成本、利润进行分析,统筹考虑,精心选择施工方案;并根据企业定额或劳动定额合理确定人工、材料、施工机械要素的投入与配置,优化组合,合理控制现场费用和施工技术措施费用等。

(8)有利于控制工程索赔,搞好合同管理。在传统的招标方式中,施工单位"低报价、高索赔"的策略屡见不鲜。设计变更、现场签证、技术措施费用及价格、取费调整是索赔的主要内容。工程量清单招标方式中,由于清单项目的综合单价不因施工数量变化、施工难易不同、施工技术措施差异、价格及取费变化而调整,这就消除了施工单位不合理索赔的可能。

第三节　工程造价管理

一、工程造价管理的含义

1. 工程造价管理的两种含义

所谓工程造价管理,一是指建设工程投资费用管理;二是指建设工程价格管理。

(1)建设工程投资费用管理

建设工程投资费用管理是指为了实现投资的预期目标,在拟订的规划、设计方案的条件下,预测、确定和监控工程造价及其变动的系统活动。建设工程投资费用管理属于投资管理范畴,它既涵盖了微观层次的项目投资费用管理,又涵盖了宏观层次的投资费用管理。

(2)建设工程价格管理

建设工程价格管理属于价格管理范畴。在社会主义市场经济条件下,价格管理分两个层次。在微观层次上,其是指生产企业在掌握市场价格信息的基础上,为实现管理目标而进行的成本控制、计价、定价和竞价的系统活动。在宏观层次上,其是指政府根据社会经济发展的要求,利用法律、经济和行政的手段对价格进行管理和调控,以及通过市场管理规范市场主体价格行为的系统活动。

工程建设关系国计民生,同时,政府投资公共、公益性项目在今后仍然会有相当份额。因此,国家对工程造价的管理,不仅承担一般商品价格的调控职能,而且在政府投资项目上也承担着微观主体的管理职能。这种双重角色的双重管理职能,是工程造价管理的一大特色。区分不同的管理职能,进而制订不同的管理目标,采用不同的管理方法是一种必然趋势。

2. 全面造价管理

工程项目全面造价管理(Total Cost Management for Engineering Project,TCMEP)作为工程造价管理的最新术语名词,是由美国造价工程师协会(国际全面造价管理促进会的前身)在20世纪90年代提出的。这个协会对全面造价管理给出了如下定义:全面造价管理就是有效地使用专业知识和专门技术去计划和控制资源、造价、盈利和风险。

工程项目全面造价管理由工程项目全寿命期造价管理、工程项目全过程造价管理、工程项目全要素造价管理、工程项目全团队造价管理四个方面构成。

(1)工程项目全寿命期造价管理,指建设工程初始建造成本和建成后使用成本之和,包括建设前期、建设期、使用期及拆除期各个阶段的成本。由于在工程建设及使用的不同阶段,工程造价存在诸多不确定性,使得工程造价管理者管理建设工程全寿命期造价比较困难,因此,全寿命期造价管理至今只能作为一种实现建设工程全寿命期造价最小化的指导思想，指导工程建设的投资决策及设计方案的选择。

(2)工程项目全过程造价管理，指工程造价管理覆盖建设工程前期决策、设计、招投标、工程实施和竣工验收的各个阶段。

(3)工程项目全要素造价管理。工程项目的质量、工期都与工程造价有着直接的关系，而人们往往对于直观的、量化的造价信息较为敏感，而对于质量、工期信息却不容易把握。因此，要进行全要素造价管理，就应当尽量使质量、工期要素量化，并与造价要素联系起来进行管理。

(4)工程项目全团队造价管理。由于工程建设分工的不断细化，工程项目中涉及的利益主体越来越多。业主方、设计方、施工方、工程监理、供应商等各方之间经常由于信息传递和沟通不畅，造成工程进展和管理上的困难，引发利益冲突，因而工程造价、质量、工期也难以得到保证。全团队造价管理就是要在各利益主体之间形成一种合作伙伴关系，以此来推动项目完成，最终实现“多赢”。

二、工程造价管理的基本内容

工程造价管理的基本内容就是合理计价和有效控制工程造价。

1. 工程造价的合理计价

工程造价的合理计价主要是指在建设程序的各个阶段，合理地计算和确定工程投资费用或工程价格。

(1)在项目建议书阶段，按照有关规定编制的初步投资估算，经有关部门批准，作为拟建项目列入国家中长期计划和开展前期工作的控制造价。

(2)在项目可行性研究阶段，按照有关规定编制的投资估算，经有关部门批准，作为该项目的控制造价。

(3)在初步设计阶段，按照有关规定编制的初步设计总概算，经有关部门批准，即作为拟建项目工程造价的最高限额。

(4)在施工图设计阶段，按规定编制施工图预算，用以核实施工图阶段预算造价是否超过批准的初步设计概算。

(5)对以施工图预算为基础实施招标的工程，承包合同价也是以经济合同形式确定的建筑安装工程造价。

(6)在工程实施阶段要按照承包方实际完成的工程量，以合同价为基础，同时考虑因物价变动所引起的造价变更，以及设计中难以预计的而在实施阶段实际发生的工程量和费用，合理确定结算价。

(7)在竣工验收阶段，全面汇集在工程建设过程中实际花费的全部费用，编制竣工决算，如实体现建设工程的实际造价。

2. 工程造价的有效控制

所谓工程造价的有效控制，就是在优化建设方案、设计方案的基础上，在建设程序的各个阶段，采用一定的方法和措施将工程造价的发生控制在合理的范围和核定的造价限额以内。具体地说，要用投资估算价控制设计方案的选择和初步设计概算造价，用概算造价控制技术设计和修正概算造价，用概算造价或修正概算造价控制施工图设计和预算造价，以求合理地使用人力、物力和财力，取得较好的投资效益。

有效地控制工程造价,应体现以下三项基本原则。

(1)以设计阶段为重点的建设全过程造价控制。工程造价控制贯穿于项目建设全过程的同时,应注重工程设计阶段的造价控制。工程造价控制的关键在于前期决策和设计阶段,而在项目投资决策完成后,控制工程造价的关键就在于设计。建设工程全寿命期费用包括工程造价和工程交付使用后的经常开支费用(含经营费用、日常维护修理费用、使用期内大修理和局部更新费用)以及该项目使用期满后的报废拆除费用等。据西方一些国家分析,设计费一般不足建设工程全寿命期费用的1%,但正是这少于1%的费用对工程造价的影响度占到75%以上。由此可见,设计质量对整个工程建设的效益是至关重要的。

长期以来,我国普遍忽视工程建设项目前期工作阶段的造价控制,而往往把控制工程造价的主要精力放在施工阶段——审核施工图预算、结算建安工程价款。这样做虽然有一定效果,但毕竟是“亡羊补牢”,事倍功半。要有效地控制建设工程造价,就应将控制重点转到建设前期阶段。

(2)实施主动控制,以取得令人满意的结果。传统的决策理论将人看作具有绝对理性的“经济人”,认为人在决策时会本能地遵循最优化原则(即取影响目标的各种因素的最有利的值)来选择实施方案。而美国经济学家西蒙认为,由于人的头脑能够思考和解答问题的容量同问题本身规模相比是渺小的,因此在现实世界里,要采取客观合理的举动是非常困难的。因此,对决策人来说,最优化决策几乎是不可能的。西蒙提出用“令人满意”来代替“最优化”,他认为决策人在决策时,可先对各种客观因素、执行人据以采取的可能行动以及这些行动的可能后果加以综合研究,并确定一套切合实际的衡量准则。如某一可行方案符合这种衡量准则,并能达到预期的目标,则这一方案便是满意的方案,可以采纳;否则应对原衡量准则作适当的修改,继续挑选。

造价工程师的基本任务是合理确定并采取有效措施控制建设工程造价。为此,应根据委托方的要求及工程建设的客观条件进行综合研究,实事求是地确定一套切合实际的衡量准则。只要造价控制的方案符合这套衡量准则,取得令人满意的结果,则应该说造价控制达到了预期的目标。

长期以来,人们一直把控制理解为目标值与实际值的比较,以及当实际值偏离目标值时,分析其产生偏差的原因,并确定下一步的对策。在工程建设全过程进行这样的工程造价控制当然是有意义的。但问题在于,这种立足于调查—分析—决策基础之上的偏离—纠偏—再偏离—再纠偏的控制是一种被动控制,因为这样做只能发现偏离,不能预防可能发生的偏离。为尽可能地减少以至避免目标值与实际值的偏离,还必须立足于事先主动地采取控制措施,实施主动控制。也就是说,工程造价控制不仅要反映投资决策,反映设计、发包和施工,被动地控制工程造价;更要能动地影响投资决策,影响设计、发包和施工,主动地控制工程造价。

(3)技术与经济相结合是控制工程造价最有效的手段。要有效地控制工程造价,应从组织、技术、经济等多方面采取措施。从组织上采取的措施,包括明确项目组织结构,明确造价控制者及其任务,明确管理职能分工;从技术上采取措施,包括重视设计多方案选择,严格审查监督初步设计、技术设计、施工图设计、施工组织设计,深入技术领域研究节约投资的可能性;从经济上采取措施,包括动态地比较造价的计划值和实际值,严格审核各项费用支出,采取对节约投资有利的奖励措施等。

应该看到,技术与经济相结合是控制工程造价最有效的手段。长期以来,我国工程建设领域中的技术与经济是相分离的。许多国外专家指出,中国工程技术人员的技术水平、工作能力、知识面跟外国同行相比几乎不分上下，但他们缺乏经济观念，设计思想保守，设计规范、施工规范落后。国外的工程技术人员时刻考虑如何降低工程造价，而中国工程技术人员则把它看成是与己无关的财会人员的职责。而财会、概预算人员的主要责任是根据财务制度办事，他们往往不熟悉工程技术知识，也较少了解工程进展中的各种关系和问题，往往单纯地从财务角度审核费用开支，难以有效地控制工程造价。为此，今后的努力方向是以提高工程造价效益为目的，在工程建设过程中把技术与经济有机结合，通过技术比较、经济分析和效果评价，正确处理技术先进与经济合理两者之间的对立统一关系，力求在技术先进条件下的经济合理，在经济合理基础上的技术先进，把控制工程造价观念渗透到各项设计和施工技术措施之中。

第二章 铁路工程建设程序与投资控制

第一节 铁路工程建设程序

一、基本建设程序

基本建设程序是指国家按照项目建设的客观规律制定的，从项目立项、决策、设计、工程实施、竣工验收并交付使用整个建设过程中，各项工作必须遵循的先后工作次序。基本建设程序是工程建设过程客观规律的反映，是建设项目科学决策和顺利实施的重要保证。

按照建设项目发展的内在联系和发展过程，建设程序分成若干阶段，这些发展阶段有严格的先后次序，不能任意颠倒，但可以合理简化。我国项目建设程序（主要是大中型项目）依次分为决策、设计、建设准备、施工安装、生产准备、竣工验收和后评价7个阶段。

二、铁路工程建设程序

作为国家基建的一部分，铁路建设理所应当遵循以上项目建设程序。鉴于铁路建设具有一定的特殊性，铁道建设主管部门对铁路建设程序作出了更符合本行业特点的规定。

根据《铁路建设管理办法》（铁道部2003第11号令）的规定，铁路建设程序包括立项决策、设计、工程实施和竣工验收4个阶段。

1. 立项决策阶段

依据铁路建设规划，对拟建项目进行预可行性研究，编制项目建议书；根据批准的铁路中长期规划或项目建议书，在初测基础上进行可行性研究，编制可行性研究报告。项目建议书和可行性研究报告按国家规定报批。

工程简易的建设项目，可直接进行可行性研究，编制可行性研究报告。

2. 设计阶段

根据批准的可行性研究报告，在定测基础上开展初步设计。初步设计经审查批准后，开展施工图设计。

工程简易的建设项目，可根据批准的可行性研究报告，直接进行施工图设计。

3. 工程实施阶段

在初步设计文件审查批准后，组织工程招标投标、编制开工报告。开工报告批准后，依据批准的建设规模、技术标准、建设工期和投资，按照施工图和施工组织设计文件组织建设。

4. 竣工验收阶段

铁路建设项目按批准的设计文件全部竣工或分期、分段完成后，按规定组织竣工验收，办理资产移交。

铁路建设项目按批准的设计文件建成后，必须按国家规定验收。未经验收或验收不合格的,不得交付使用。

三、铁路建设程序基本内容

铁路大中型及限额以上项目建设程序如图 2-1 所示。

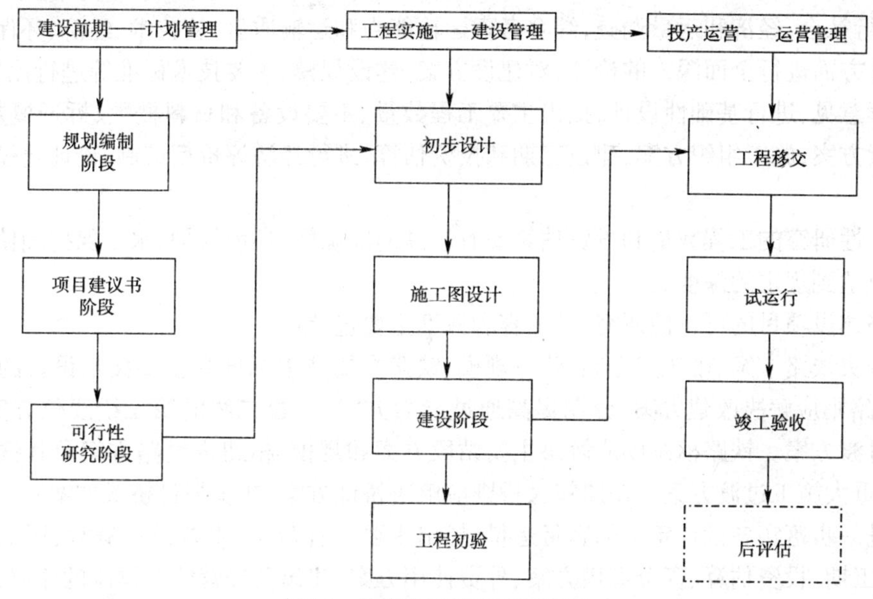

图 2-1　铁路基本建设项目程序图

铁路建设程序中各个阶段的主要工作环节和工作内容如下。

(一)立项决策阶段

铁路大中型建设项目的决策阶段应进行预可行性研究和可行性研究。

1. 预可行性研究

预可行性研究报告是项目立项的依据,根据国家批准的铁路中长期规划,收集相关资料,进行社会、经济和运量调查、现场踏勘,系统研究项目在路网及综合交通运输体系中的作用和对社会经济发展的作用,初步提出建设方案、规模和主要技术标准,对主要工程、外部环境、土地利用、协作条件、项目投资、资金筹措、经济效益等初步研究后编制,论证项目建设的必要性和可能性。

预可行性研究文件的内容和深度主要包括:

①客货运量及前景预测,系统研究项目在路网及交通运输中的意义和作用,论证项目的必要性。

②解决拟建铁路规模、起讫点和线路走向方案(改建铁路则应针对其运能与运量不相适应的薄弱环节拟订改建初步方案;铁路枢纽则应结合总图规划拟订研究年度的建设方案;铁路特大桥则应结合线路方案初拟桥址方案和桥式方案)。

③提出铁路主要技术标准、各项主要技术设备设计原则的初步意见和主要工程内容;对相关工程和外部协作条件作初步分析。

④提出建设时机和工期、主要工程数量、投资预估算、资金筹措设想。

⑤初步进行经济评价。

⑥从宏观上分析对自然和社会环境的影响。

铁道部相关主管部门根据预可行性研究报告，组织编制项目建议书，项目建议书按照国家规定报批。

2. 可行性研究

可行性研究文件是项目决策的依据，根据国家批准的铁路中长期规划或项目建议书开展初测，进行社会、经济和运量调查，综合考虑运输能力和运输质量，从技术、经济、环保、节能、土地利用等方面进行全面深入的论证，对建设方案、建设规模、主要技术标准等进行比较分析后，提出推荐意见，进行基础性设计，提出主要工程数量、主要设备和材料概数、拆迁概数，用地概数和补偿方案，施工组织方案，建设工期和投资估算，进行经济评价后编制，论证建设项目的可行性。

可行性研究的工程数量和投资估算要有较高的准确度，环境保护、水土保持和使用土地设计工作应达到规定的深度。

铁路建设项目的可行性研究，其内容和深度主要包括：

①解决线路方案、接轨点方案、建设规模、铁路主要技术标准和主要技术设备的设计原则（改建铁路则应解决改建方案、分期提高通过能力方案、增建二线的第二线线位方案，以及重大施工过渡方案。铁路枢纽则应解决主要站段方案和规模、枢纽内线路方案及其铁路主要技术标准、重大施工过渡方案。铁路特大桥则应解决桥址方案，初步拟订桥式方案）。

②进一步落实各设计年度的客货运量，提出主要工程数量、主要设备概数、用地及拆迁概数、建设工期、投资估算、资金筹措方案、外资使用方案、建设及经营管理体制的建议；深入进行财务评价和国民经济评价。

③阐明对环境与水土保持的影响和防治的初步方案，以及节约能源的措施。

3. 新建铁路可行性研究报告

其一般应包括以下主要内容。

（1）概述

①研究依据及范围。包括：项目研究委托单位和被委托单位、项目研究范围及内容、项目研究经过、主要基础资料等。

②项目建设的意义。从现有交通运输能力和运输需要出发，阐述建设项目的目的；并从项目的地理位置，阐述项目建设在政治、经济、军事方面的意义以及在铁路网中的作用。

③沿线自然特征。包括地形、地质、水文、气象、区域地震烈度分布。

④线路走向、经路及技术经济控制点。

⑤主要技术标准。包括相邻线路主要技术标准和本线路技术标准的建议。

⑥建议的规划年度。根据运输要求，提出近、远期两个规划年度。

（2）运量预测

①吸引范围内的社会和经济概况。包括：吸引范围内的行政区划分、土地面积、人口组成现状；矿产、林业、水利及其他资源的分布和开发概况；工业、农业、商业、林业、牧业、渔业及有影响的手工业等经济现状及发展远景；交通运输业现状、分工及发展等。

②铁路货物运输量。包括：地方货物运输量、通过运量和区段货流密度。

③旅客运输。列出客流运输特点、旅客列车对数表。

④其他。如军运、国际联运、大陆桥货运、过境货物等。

（3）运输组织

①车流组织与客货行车量。包括:车流组织原则,货物列车对数,主要站作业量,工业站、港湾站及较大工矿区等货车交接取送方式及次数,调机台数,旅客列车对数。

②通过能力及输送能力。包括:规划年度需要通过能力、车站分布、设计通过能力及加强措施、输送能力与运量适应情况。

③运营管理机构。包括:运营管理机构的设置及行政、调度区划分等。

(4)路线、路基、轨道

①路线。包括:方案比选及推荐意见、最小曲线半径的选择、平面和纵断面设计原则。

②路基。包括:路基工程概况、路基设计原则、用地设计原则及路基用地工程数量。

③轨道。包括:正线轨道选用标准、特殊轨道选用原则及正线轨道工程数量。

④图纸。包括:地理位置图、路线平面缩图和路线纵断面缩图。

(5)桥涵、隧道

①桥涵。包括:桥涵主要设计原则;对于控制线路的大桥,水文、地质或结构复杂的大桥,墩高 50m 以上的高桥,分工点说明其水文、地质情况和推荐的桥渡方案;大、中桥梁表。

②隧道。包括:重点隧道方案比选说明;隧道主要设计原则及有关规定;对于重点隧道,分工点说明隧道特征、运营通风及辅助工程、隧道平面缩图和地质纵断面缩图;隧道表。

(6)站场

全线车站数目及性质;车站主要技术条件及设计原则;中间站、区段站及其他大站的分站说明;主要工程数量汇总表。

(7)机务、车辆

机车类型及数量、机务设备、车辆类型及数量、车辆设备。

(8)给水、排水

全线水文地质情况、水源及主要供水方式、污水处理方式及相应构筑物类型选择、主要站给排水总平面布置示意图、主要工程数量及设备。

(9)通信、信号、电力

①电力。包括:电源情况;供电点分布、负荷及电源选择;供电原则;全线供电示意图;主要工程数量及设备。

②通信。包括:通信网构成原则及主要通信设备类型;通信线路的建设方式、类型和容量选择及防护措施;通信站的设置地点、性质和建设规模;主要工程数量及设备、材料。

③信号。包括:接轨站既有信号设备情况;站场设计情况;电力供应情况;信号设计原则和设备类型;主要工程数量及设备、材料。

(10)房屋建筑

行政区划分及组织定员;房屋建筑标准及配备原则;大、中型站房设计原则;区段站及以上站区和住宅区总图规划设计原则;房屋建筑工程数量。

(11)环境保护、节能

建设地区(城市)的环境现状;铁路建设后所产生的污染物及生态变化的预测;控制污染物和生态变化的初步意见及投资估算;环境保护投资估算;环境影响报告书;采取先进的节能措施,促进能源合理利用,并采用能耗低的技术设备等。

(12)建设安排及投资估算

建设总工期安排;主要工程数量汇总表;主要材料(钢材、木材、水泥)、劳动力数量汇总表;投资估算总额及分年度投资估算额。

(13)经济效益评价

财务评价和国民经济评价。

(14)结论

提出可行性研究的综合结论。

(15)问题及建议

对外部协作条件、存在的主要问题以及下阶段工作的建议。

可行性研究报告经过正式批准后,应当严肃执行,任何部门、单位或个人都不能擅自变更。确有正当理由需要变更时,需将修改的建设规模、项目地址、技术方案、主要协作条件、突破原定投资控制数、经济效益的提高或降低等内容报请原审批单位同意,并正式办理变更手续。

(二)设计阶段

铁路建设工程勘察设计,是指推荐建设方案,查明、分析、评价地质地理环境特征和工程地质条件。对技术、经济、环境、土地利用等方面进行综合分析、论证,编制设计文件,以及现场配合的活动。

根据《铁路建设工程勘察设计管理办法》(铁道部2006第26号令)的规定,铁路项目在实施阶段实行两阶段设计,即初步设计和施工图设计。铁路建设项目应根据批准的可行性研究报告,在定测基础上开展初步设计。初步设计经审查批准后,开展施工图设计。工程简易的铁路建设项目,可以根据批准的可行性研究报告,直接进行施工图设计。

1. 初步设计

初步设计文件是项目建设的主要依据,应根据批准的可行性研究,采用定测资料编制。目的是为了阐明在指定的地点、时间和投资控制数额内,拟建项目在技术上的可行性和经济上的合理性,并通过对建设项目所作出的基本技术规定,编制项目总概算。其内容和深度主要包括:

①解决各项工程设计原则、设计方案和技术问题。

②提出工程数量、主要设备数量、主要材料数量、用地及拆迁数量、施工组织设计及总概算。

③确定环境保护和水土保持措施。

铁路大中型和限额以上建设项目的初步设计,一般由建设单位进行初审,铁道部审批。初步设计文件经审查、修改、批准后,作为控制建设总规模和总概算的依据,应满足工程招标承包、主要设备采购、征地拆迁和进行施工图设计的需要。初步设计不得随意改变被批准的可行性研究报告所确定的建设规模、产品方案、工程标准、建设地址和总投资等控制目标。初步设计应有足够的精度,其设计概算静态投资一般不应大于批复可行性研究报告的静态投资。

2. 施工图设计

施工图是工程实施和验收的依据,应根据已审批的初步设计和补充定测资料编制。根据初步设计的要求,结合现场实际情况,完整地表现建筑物外形、内部空间分割、结构体系、构造状况以及建筑群的组成和周围环境的配合,为施工提供需要的图表和必要的设计说明,详细说明施工时应注意的具体事项和要求,并编制投资检算。

施工图设计的深度必须满足施工要求。施工图设计文件由建设管理单位审核,涉及大的问题报铁道部批准。

设计文件经批准后,不能任意修改和变更。如必须修改,需按批准权限由原设计文件审批机构批准。

(三)工程实施阶段

1. 开工准备工作

为了保证项目顺利实施,铁路工程项目的建设单位要做好项目的开工准备工作,重点包括以下内容。

(1)推进征地拆迁工作和落实外部协议的实施,并控制征地拆迁补偿等施工准备费用支出。

(2)研究制订投资计划、验工计价、设计变更等建设管理实施细则,规范投资计划和资金拨付管理。

(3)组织编制项目指导性施工组织设计,对项目总工期和阶段工期目标、标段划分、关键路线工程施工安排、大型临时设施设置、先期开工工点、铺架计划等内容进行深化研究,作出具体安排,制订保障措施,并对施工组织计划的合理性、有效性、经济性进行评估。

2. 开工报告

新开工项目管理是投资管理的重要环节,也是宏观调控的重要手段。为了进一步深化投资体制改革,依法加强和规范新开工项目管理,切实从源头上把好项目开工建设关,维护投资建设秩序,根据《国务院办公厅关于加强和规范新开工项目管理的通知》(国办发[2007]64号)的规定,各类投资项目开工建设必须符合下列条件:

(1)符合国家产业政策、发展建设规划、土地供应政策和市场准入标准。

(2)已经完成审批、核准或备案手续。实行审批制的政府投资项目,已经批准可行性研究报告,其中需审批初步设计及概算的项目已经批准初步设计及概算;实行核准制的企业投资项目,已经核准项目申请报告;实行备案制的企业投资项目,已经完成备案手续。

(3)规划区内的项目选址和布局,必须符合城乡规划,并依照城乡规划法的有关规定办理相关规划许可手续。

(4)需要申请使用土地的项目,必须依法取得用地批准手续,并已经签订国有土地有偿使用合同或取得国有土地划拨决定书。其中,工业、商业、旅游、娱乐和商品住宅等经营性投资项目,应当依法以招标、拍卖或挂牌出让方式取得土地。

(5)已经按照建设项目环境影响评价分类管理、分级审批的规定完成环境影响评价审批。

(6)已经按照规定完成固定资产投资项目节能评估和审查。

(7)建筑工程开工前,建设单位依照建筑法的有关规定,已经取得施工许可证或者开工报告,并采取保证建设项目工程质量安全的具体措施。

(8)符合国家法律法规的其他相关要求。

铁道部结合国务院的有关要求,对铁路基本建设大中型项目开工条件和办理程序作出以下规定:

(1)项目符合国家产业政策,满足国家城镇发展建设规划,并按规定和要求完成审批、核准或备案,其中列入核准目录的项目已经核准,实行审批管理的项目已经批复可行性研究报告。

(2)项目法人或项目管理机构已设立。项目规章制度健全,项目负责人和机构成员已到位,具备任职工作条件。

(3)项目初步设计及总概算已经批复。普通铁路项目鉴修概算或客运专线项目施工图投资检算已报铁道部核备。

(4)项目资本金和其他建设资金已经落实，资金符合信贷政策和国家有关规定，承诺手续完备。

(5)项目施工组织设计大纲已经编制完成，内容符合有关要求。

(6)项目主体工程(或控制性工程)施工单位、监理单位已经通过招标选定，并已发中标通知书。

(7)项目法人或项目管理机构与设计单位已签订设计图纸交付协议。

(8)项目环评报告书已经完成审批，项目建设符合国家有关环保政策和规定。

(9)按规定完成固定资产节能评估。

(10)按规定完成建设项目用地预审，依法完成农用地转用和土地征用审批。

铁路基本建设大中型项目，在可行性研究报告批准后，建设单位做好开工条件的落实工作，由铁道部主管部门确认项目开工条件后，由建设单位上报开工报告并附全部开工条件附件，由铁道部计划司办理项目开工报告审批文件。铁道部建设司、鉴定中心会签并确认项目开工条件审核表的内容后，报铁道部批准执行。

国家或铁道部对项目可研批文后，下达项目施工准备计划，推进征地拆迁等建设准备工作。待开工报告批复后下达正式工程投资计划，建设单位组织正式开工建设。

3. 建设实施

开工报告批准后，依据批准的建设规模、技术标准、建设工期和投资，按照施工图和施工组织设计文件组织建设。项目新开工时间，按统计部门规定，是指建设项目设计文件中规定的任何一项永久性工程(无论生产性或非生产性)第一次正式破土开槽开始施工的日期。不需开槽的工程，以建筑物组成的正式打桩作为正式开工时间。铁道建设项目一般均需进行大量土石方工程，则以开始进行土石方工程作为正式开工时间。工程地质勘察、平整场地、旧建筑物的拆除、临时建筑、施工用临时道路和水、电等施工不算正式开工。分期建设的项目分别按各期工程开工的时间计算，如二期工程应根据工程设计文件规定的永久性工程开工计算开工时间。投资额也是如此，不应包括前一期工程完成的投资额。建设工期从新开工时算起。

在施工安装过程中，建设管理单位、设计单位要经常深入现场或派驻代表，监理单位要组织以总监理工程师为首的现场监理班子，协助施工单位解决一些技术问题或经济问题，同时监督施工单位履行施工承包合同。质量监督机构也要行使质量监督权，监督工程建设各方责任主体的质量行为及工程实体质量。

(四)竣工验收阶段

竣工验收交接，是指铁路建设项目按批准的设计文件内容建成后，由验收机构对其进行综合评价考核，移交接管使用单位的整个过程。竣工验收，是全面考核建设工作成果，检查是否符合设计要求和工程质量的重要环节，对促进建设项目(工程)及时投产，发挥投资效益，总结建设经验有重要作用。

铁路大中型建设项目竣工验收分为静态验收、动态验收、初步验收、安全评估和正式验收5个阶段。

静态验收是指由建设单位(或委托单位)组织验收工作组，对建设项目进行检查，确认工程是否按设计完成且质量合格，系统设备是否已安装并调试完毕。静态验收包括专业现场验收和静态综合系统验收。

动态验收是指铁路建设项目静态验收合格后，由建设单位（或委托单位）组织整个系统验证性综合调试，并委托专业机构进行动态检测，验收工作组对工程安全运行状态进行的全面检查和验收。动态验收内容执行铁道部相关规定。

初步验收是指建设项目动态验收合格后，由初步验收单位对静态验收、动态验收结果进行检查和确认。

正式验收是指铁路建设项目初步验收1年后，由项目审批部门对铁路建设项目进行整体验收和综合评价。

根据铁建设[2008]23号文，具体验收程序和注意事项如下。

1. 静态验收

（1）承包单位按照设计文件和合同约定完成全部工程和设备安装、调试并经自检合格后，向建设单位申请专业工程验收。验收工作组研究确认达到专业工程验收条件后，分专业进行现场验收，对检查中存在的问题提出处理意见、整改期限、复检时间等，对整改问题进行复查，合格后填写《专业工程验收记录表》并签署验收意见。

（2）专业工程验收合格后，承包单位向建设单位申请静态综合系统验收并报送《静态综合系统验收申请表》。验收工作组确认达到静态综合系统验收条件后，在综合调试具备条件的基础上进行静态综合系统验收，对存在的问题提出处理意见、整改期限、复检时间等，对整改问题复查合格后填写《静态综合系统验收记录表》并签署意见。

（3）完成专业工程验收和静态综合系统验收后，建设单位应编写《静态验收报告》。《静态验收报告》应包括项目专业工程验收以及静态综合系统验收过程、存在问题及整改情况、验收结论等内容，并附相关数据和试验报告。《静态验收报告》报铁道部建设管理司和运输局核备。

2. 动态验收

（1）建设单位（或委托单位）应在静态验收完成前拟订详细的《动态验收实施方案》，报初步验收单位批准。建设单位（或委托单位）按照批复的《动态验收实施方案》组织动态验收。

（2）建设单位（或委托单位）组织专业机构按批复的《动态验收实施方案》进行动态检测，并形成动态检测报告。动态检测工作由铁道部批准的专门机构负责。

（3）验收工作组按《动态验收实施方案》进行检查，对动态检测中发现的问题进行研究并提出整改意见，整改问题复查合格后，填写《动态验收记录表》并签署意见。

（4）动态验收合格后，建设单位（或委托单位）组织编写《动态验收报告》，其中应包括动态验收组织及人员、动态检测过程及结果、试运行过程及结果、存在问题及整改情况、验收结论等内容，并附相关数据和试验报告。《动态验收报告》报铁道部建设管理司和运输局核备。

3. 初步验收及安全评估

（1）建设单位完成动态验收工作后，向初步验收单位报送《初步验收申请表》、《动态验收报告》、初步验收申请报告。初步验收单位在收到《初步验收申请表》、《动态验收报告》、初步验收申请报告以及《质量安全监督报告》（政府组织验收时附）后，确认是否符合初步验收条件。符合初步验收条件的，成立初步验收委员会。

（2）初步验收委员会组织召开初步验收会议，必要时组织现场检查，提出《初步验收报告》,明确验收结论。

(3)初步验收合格后,由铁路安全监察部门组织或委托具有资质的第三方机构进行安全评估,就建设项目临管运营提出安全评价意见,并责成建设单位、接管使用单位完善安全措施。建设项目安全评估合格并经批准后进行临管运营。

4. 正式验收

(1)对具备正式验收条件的铁路建设项目,建设单位应向铁道部建设管理司提出申请,上报《正式验收申请表》和正式验收申请报告,报请正式验收。铁道部建设管理司在收到《正式验收申请表》、正式验收申请报告以及《质量安全监督报告》后,会同有关部门进行确认,经确认申报项目符合正式验收条件的,即提出正式验收建议报铁道部,由铁道部安排验收。

(2)正式验收委员会组织召开验收会议,必要时组织现场检查,对建设项目工程质量、线路运行状况、环境协调性等建设成果以及初步验收结论进行整体评价,形成《正式验收证书》,明确验收结论。

5. 分段竣工验收程序

分期、分段组织竣工验收的,比照上述规定或按批准的申请验收报告进行验收,初步验收合格后由接管使用单位接管并负责维修养护,全部工程竣工后按本办法规定办理竣工验收手续。

(五)后评价阶段

建设项目后评价是项目交付使用1年后,再对项目的立项决策、设计施工、竣工投产、生产运营等全过程进行系统评价的一种技术活动,是固定资产管理的一项重要内容,也是固定资产投资管理的最后一个环节。通过建设项目后评价,可以达到肯定成绩、总结经验、研究问题、吸取教训、提出建议、改进工作、不断提高项目决策水平和投资效果的目的。

目前在铁路行业尚未正式推展后评价的工作,但随着铁路建设体制改革的进一步深化,后评价将作为建设程序中不可或缺的内容而被重视和采用。

根据铁道部要求,铁路重点建设项目,特别是利用外资修建的铁路建设项目,工程竣工后都要进行后评价,由建设单位主持编写后评价报告。后评价报告的主要内容如下。

①前期工作评价。包括:立项条件是否正确;决策程序是否符合要求;前期工作深度能否满足建设要求;设计依据、标准、规范、定额、费率是否严格执行国家规定,设计规模及主要建设内容是否符合国家批准的要求;设计漏项及设计变更增加投资情况;设计方案在技术上的可行性和经济上的合理性;有无不顾国情,盲目追求先进技术,不用国内可以生产、技术过关的设备,而采用进口设备的情况。

②建设实施阶段评价。包括:施工准备能否满足项目开工要求;建设实施是否符合基本建设程序;投资、设计、监理、施工、材料设备等合同和协议的执行情况;施工组织、施工队伍、施工管理等情况;建设工程质量、工期、安全等情况;配套项目建设情况;工程竣工验收情况;运营准备情况等。

③投产运营后评价。主要是将投产后的经济效益与批准的可行性研究进行比较,包括:运输生产能力评价、国民经济评价和财务评价。

对于外资项目,除评价上述内容外,还应增加:外资利用方向、范围是否适宜;国外设备的引进、消化情况;国外引进技术的消化、吸收情况等。

第二节　铁路工程投资控制

铁路基本建设项目要实行全过程、全方位的投资管理，按项目（预）可行性研究报告、初步设计、工程招投标、项目实施4个阶段进行投资控制。

项目（预）可行性研究阶段应合理确定投资规模，项目初步设计阶段批复设计概算，项目工程招投标、项目实施阶段按批准投资进行过程控制。项目建设单位是建设项目投资控制的责任主体，项目设计单位是全过程投资控制的基础，项目施工单位依据设计图纸组织施工并按照合同价款控制投资，项目监理单位对工程施工和验工计价实施监理。铁道部有关部门按职责分工对全过程投资进行审批和监管。

国家或铁道部批复的可行性研究报告是建设项目规模和投资控制的依据，批准的投资估算是建设项目投资控制的法定限额。

一、（预）可行性研究阶段的投资控制

项目（预）可行性研究阶段应科学确定建设规模和技术标准，优化选择技术方案并合理核定项目投资估算。（预）可行性研究重点研究项目的工程范围、技术标准、路线主要方案、主要设备设计原则、重大桥隧工程方案和桥隧工程比例、主要站段建设规模、项目建设年限、资金筹措方案和项目的效益评价等内容。

项目设计单位完成初测后开始可行性研究工作，项目投资估算依据可行性研究阶段的专业设计方案和工程数量，按照铁道部基本建设工程投资（预）估算编制办法进行编制，基本预备费按一至十一章费用总额的10%计列。项目设计单位编制的可行性研究报告（含投资估算）应达到规定的设计深度和精度，推荐的主要技术条件明确，重大设计方案比选充分，影响投资的因素考虑全面，投资估算编制合理。投资估算文件应有符合规定的工程数量清单和综合（分项）估算资料。

项目可行性研究报告评审主要对项目技术条件、建设方案、土地利用、节能环保、工程规模、建设工期、投资估算、效益评价等内容形成明确审查意见，评审报告要附项目投资总估算表（或总估算汇总表）。经铁道部评审单位组织评审的可行性研究报告和投资估算报国家批复或铁道部自行批准后，即作为项目建设标准、工程规模和总投资的控制基础。项目设计单位依据审查意见或批准原则开展下阶段设计工作，按照批准的投资估算总额编制项目投资估算审查修改设计文件，作为下阶段投资对照分析和控制的依据。

二、初步设计阶段的投资控制

项目初步设计是依据国家或铁道部批准可行性研究报告的建设范围、规模和主要技术标准，对设计方案、工程措施、工程数量和投资进一步优化和深化。建设单位安排设计单位完成项目定测，特别是征地拆迁（含三电、地下管线）、防洪、通航、交叉跨越协议和地质勘探等工作，按规定要求完成后开放初步设计。项目初步设计要重点做到线路方案稳定、主要工程措施落实、征地拆迁和交叉跨越协议签订完成。

设计概算以批复投资估算为基础，按照设计概算编制办法，依据各专业设计工程数量和施工组织设计进行编制。制梁场、铺架基地、焊轨基地等大型临时工程应按照正式工程设计并编制概算。项目初步设计概算分章节费用，原则上要控制在批复投资估算额度内，基本预备费严

格按照一至十一章费用总额的5%计列。概算编制办法没有明确费率的费用项目应附计费依据及计算清单。

项目建设单位应组织专业技术人员对初步设计文件的进行初审。在进行必要的现场核对后,项目建设单位对项目技术标准、设计方案、工程措施、征地拆迁、交叉跨越、施工组织、设计概算等设计内容的合理性、正确性、完备性、经济性提出初审意见并随设计文件报铁道部审查。项目初步设计概算审查,应严格以批复可行性研究报告确定的技术标准和建设规模为依据,按照概算章节和费用性质,逐项与可行性研究报告投资估算对照分析,原则要求按章节和分类费用控制在批复投资估算规模内,初步设计总概算静态投资不应超过投资估算的静态投资,设计概算批复附总概算表(或总概算汇总表)。

因主要技术条件和重大工程方案变化等原因,项目初步设计总概算超出项目批复可行性研究报告投资估算时,建设单位应组织设计单位详细分析投资增加原因,经铁道部工程设计鉴定中心审查后,形成签报意见会签铁道部发展计划司,报铁道部主管领导批准后批复。为有利于项目实施过程的投资控制,批复项目初步设计总概算超过批复投资估算5%时,应报请铁道部技术经济协调小组研究决策(合资铁路需经法定程序讨论通过),项目初步设计总概算超出批复投资估算10%时,需重新履行规定审批程序后批准执行。

项目建设单位应组织设计单位按照初步设计批复概算的原则,在初步设计总概算批准后15日内编制初步设计鉴修概算报铁道部核备,并附技术经济指标统计表。鉴修概算应严格按批复初步设计原则编制,并与批复总概算吻合,鉴修概算编制中如有与批复内容不一致的,应另行提出报部批准。依据铁道部批复意见编制的初步设计鉴修概算是项目建设单位组织工程招标或编制施工图投资检算的主要依据,也是项目工程实施阶段投资控制的基础。

三、工程招投标阶段的投资控制

项目建设单位应组织设计单位按照批复的初步设计进行施工图设计,并根据需要(可分站前、站后)编制施工图投资检算,基本预备费可按一至十一章费用总额的3%计列,严格控制在批复初步设计鉴修概算之内。投资检算超出鉴修概算的建设项目,设计单位应对施工图设计重新复核,并对投资增加原因进行分析说明。投资检算超出鉴修概算并影响项目投资的建设项目,须经铁道部工程设计鉴定中心组织审核后,报铁道部总工程师批准。

鼓励项目建设单位组织设计单位在初步设计批复原则及规模范围内对施工图优化设计,施工图设计优化以方案更为合理、投资更为经济为原则。建设单位应将施工图优化设计纳入勘察设计合同管理,并约定相应的奖惩条款。施工图设计优化核减的工程投资作为建设项目基本预备费由项目建设单位管理使用。

积极推进工程量清单及计价管理办法,投标人的投标报价必须符合工程数量和计价匹配的原则,在工程质量、工期、安全等得到保证的条件下,通过市场竞争合理降低工程造价。工程招标中各投标人报价均超出项目批复设计概算时即宣布招标失败,经铁道部研究后重新组织招标。

客运专线项目建设单位依据审核后的施工图设计和施工图投资检算进行施工招标,其他铁路建设项目可以根据批准的初步设计和鉴修概算组织工程招投标。招标完成后,项目建设单位应将工程招标降造费报铁道部发展计划司、建设管理司、工程设计鉴定中心。在批复总概算规模内组织甲供物资材料招标,投标报价或拟确定中标价超出批复概算时,招标组织单位应详细分析原因,并报铁道部发展计划司、建设管理司、工程设计鉴定中心审核后方可授标。

项目招标完成后，建设单位要及时组织编制分标段执行预算。项目执行预算按照中标人的投标报价和合同约定条件编制，是项目建设单位指导验工计价和投资管理的基础。项目执行预算报铁道部发展计划司、建设管理司、工程设计鉴定中心核备。

项目建设单位在工程（设备）招标中要坚持依法合规、诚实守信、风险分担的原则，在招标文件中明确招投标双方对投资控制的责任和义务，按照《中华人民共和国合同法》和招投标合同条款签署工程承包合同。项目建设过程中，建设单位应强化合同管理，严格变更设计，以项目执行预算和合同为依据验工计价，严格建设资金的拨付和使用管理。

四、项目实施阶段的投资控制

在项目开工准备阶段，建设单位要重点推进征地拆迁工作和落实外部协议的实施，并控制征地拆迁补偿等施工准备费用支出；研究制订投资计划、验工计价、设计变更等建设管理实施细则，规范投资计划和资金拨付管理；组织编制项目指导性施工组织设计，对项目总工期和阶段工期目标、标段划分、关键路线工程施工安排、大型临时设施设置、先期开工工点、铺架计划等内容进行深化研究，作出具体安排，制订保障措施，并对施工组织计划的合理性、有效性、经济性进行评估。

项目投资计划下达以批复初步设计总概算、执行预算及建设单位（或出资人代表）建议计划为基础，项目建设单位（或出资人代表）计划部门应按执行预算的分章节费用，十一章分项明细费用报送年度建议计划。铁道部下达年度计划后，项目建设单位应严格按照分章节费用安排执行计划，组织施工和验工计价；项目建设单位（或出资人代表）财务部门按分章节和分项费用计划、施工进度、合同约定编制年度资金预算，国铁项目建设单位根据资金预算、合同和验工计价所需资金分月向铁道部财务司请款；合资铁路公司铁道部出资人代表根据出资协议向铁道部财务司申请出资资金。在年度（调整）计划范围内，铁道部财务司予以拨款。

项目建设单位应根据铁道部变更设计管理办法、工程建设实际和施工承包合同约定，严格控制变更设计及费用调整。建设单位要成立变更设计领导小组，负责变更设计的审查工作。变更设计按照“先批准、后变更，先设计、后施工”的程序办理报批手续。Ⅰ类变更设计要报铁道部审批，铁道部工程设计鉴定中心接到项目建设单位报送的符合规定要求的变更设计文件后（达到初步设计深度，有原因分析和责任追究等），在10个工作日内回复受理意见，30个工作日内完成变更设计批复，特殊情况下项目建设单位可根据工程设计鉴定中心的意见应急处理。有关单位和部门对建设项目的变更意见必须由建设单位统一报铁道部批准后执行。铁道部发展计划司根据Ⅰ类变更设计批复调整项目投资计划。Ⅱ类变更设计要严格按规定的程序、分工、费用处理原则和合同约定执行，在基本预备费额度内，由项目建设单位负责办理。

严格招标降造费管理，招标降造费必须实行先批准后使用的原则。除铁道部明文规定使用降造费的项目外，其他实施过程中需要增加的费用一律先使用预备费，在预备费不足的情况下使用降造费。按照有关规定及合同约定由项目建设单位负责的材料价差调整，以及按照国家和省级地方政府有关规定增加的征地拆迁等费用，履行审批手续并同意使用招标降造费后，纳入年度投资调整计划。

严格其他费用性支出管理。其他费用中的咨询费、检验检测费等必须在项目批准概算的内容和费用额度内严格控制使用。批复设计概算外需要增加的费用支出项目，必须有合法依据并履行报批手续。建设项目管理费实行总量控制、分年度预算管理。

项目建设过程中应严格坚持国家规定的投资审批程序，超出初步设计批复的工程规模、技术措施、技术装备等引起投资调整的，必须按原审批程序进行调整或变更。凡因项目建设单位管理原因增加或未经批准而擅自实施的项目和费用原则上不予确认。铁道部将按规定对项目建设单位及责任人进行处罚。

建立建设项目实施过程投资台账。项目投资台账详细记载各阶段投资审批、工程招投标、合同价款、年度投资、变更设计、降造费使用、概算清理等内容。依据建设项目投资台账，项目建成收尾销号时，在批复规模内，建设单位组织编制项目清理概算文件报铁道部审批。建设项目清理概算超出批准概算时，应与鉴修概算进行详细对照分析，说明原因、落实责任并提出处置意见，随项目清理概算文件一并报铁道部审查。项目清理概算批复后作为建设单位编制项目工程决算的依据。

建设项目清理概算批复后应及时做到工完账清，对未完工程应列出详细的剩余工程量和投资清单，明确完成时间。初验合格的建设项目应按初验报告确定的时间完成资产移交手续，项目建设单位应在项目初验合格后6个月内编制完成竣工财务决算。结合财政部对使用财政性资金建设项目进行评审的要求，对铁路局作为建设单位和铁道部出资人代表控股的项目，铁道部财务司委托咨询机构对部分竣工项目进行评审，对咨询机构提出需要核减概算内的投资，铁道部财务司与发展计划司、工程设计鉴定中心会商后确定。对确定核减的投资，铁路局作为建设单位的项目，铁路局负责追回或扣减其自由资金；铁道部出资人代表控股的项目，由合资铁路公司自行负责解决。

第三章 铁路工程计价依据

工程造价计价依据的含义有广义与狭义之分。广义上是指从事建设工程造价管理所需各类基础资料的总称,除包括定额、指标、费率、基础单价外,还包括工程量数量及政府主管部门颁发的各种经济政策、计价办法等;狭义上是指用于计算和确定工程造价的各类定额资料的总称,其中建设工程定额是工程计价的核心依据。定额计价依据反映的是一定时期的社会生产水平,它是建设管理科学化的产物,也是进行工程造价科学管理的基础。

第一节 铁路工程定额体系

一、工程定额的概念

1. 定额

定额指一种规定的额度,是人们根据不同的需要,对于处理特定事物规定的数量标准(界限)。在现代经济和社会生活中,定额的应用极其广泛。就生产领域来说,工时定额、原材料消耗定额、原材料和成品半成品储存定额、流动资金定额等,都是企业管理的重要基础。在工程建设领域也存在多种定额,它们是工程造价计算的重要依据。

2. 铁路工程定额

铁路工程定额指在一定生产条件下,完成规定计量单位的合格产品,所需消耗的人工、材料、机械和资金的数量标准。

(1)一定的生产条件是指在某一社会生产力发展水平下,考虑正常施工条件、大多数施工企业技术装备程度、合理施工工期、合理工艺和合理劳动组织的情况。通常影响生产力水平的因素有:劳动者素质即知识、体力、技术熟练程度;劳动资料水平即生产工具机械化程度,劳动对象水平即新工艺、新材料,以及以上三者相互结合方式,即管理水平的影响。

(2)规定计量单位与产品内涵有关。产品可以是:最终产品(一条铁路客运专线)、构成项目的某些完整产品(一座特大桥)、完整产品中的某些较大组成部分(桥梁的下部结构)、较大组成部分中的较小组成部分(土石方工程)、更为细小的组成部分(机械挖土方)。

(3)合格产品是指产品应符合现行设计、施工规范、安全标准、质量评定标准,这也是对工作内容和质量标准和安全作出了要求。

铁路工程定额反映的是,在一定社会生产力发展水平条件下,完成工程建设中的某项产品与各种生产消费之间的特定的数量关系。

二、建设工程定额的特点和作用

1. 建设工程定额的特点

(1)科学性

定额是在认真研究客观规律的基础上，应用科学的方法，通过长期观察、测定、总结生产实践、广泛搜集资料及科学计算制定的。因此，定额标准能够真实反映出产品生产过程中人、财、物的数量标准及影响劳动消耗的各种主客观因素，促进生产率的提高和消耗的降低。

(2)法令性

定额具有法律命令的特性。也就是说，定额一旦经过国家或其他有关授权单位批准颁发实施，就具有法令的性质，在所属规定范围内任何单位都必须严格执行，不得任意改变。

(3)实践性和先进性

定额的实践性是指定额的执行必须切实可行，易于为大多数单位和职工所接受，同时又具有激励和导向作用。

(4)相对稳定性

一定时期的定额反映一定时期的施工生产技术组织水平和人、财、物的消耗水平，因此在一定时期内定额标准必须保持相对稳定。但随着生产技术组织管理水平的提高，施工生产消耗会不断降低。当大多数企业和职工实际生产率普遍提高，这时就需要修订或编制新的定额标准，以适应生产的发展。

2. 建设工程定额的作用

在工程建设和企业管理中，确定和执行先进合理的定额是技术和经济管理工作中的重要内容和基本环节。建设工程定额具有以下几方面的作用。

(1)定额是工程项目编制计划的重要基础

工程建设活动需要编制各种计划来组织与指导生产，而计划编制中又需要各种定额来作为计算人力、物力、财力等资源需要量的依据。

(2)定额是确定工程造价的依据和评价设计方案经济合理性的尺度

工程造价是根据由设计规定的工程规模、工程数量及相应需要的劳动力、材料、机械设备消耗及其他必须消耗的资金确定的。其中，劳动力、材料、机械设备的消耗量又是根据定额计算出来的，定额是确定工程造价的依据。同时，建设项目投资的大小又反映了各种不同设计方案技术经济水平的高低。因此，定额又是比较和评价设计方案经济合理的尺度。

(3)定额是组织和管理施工的工具

建筑企业要计算和平衡资源需要量、组织材料供应、调配劳动力、签发任务单、组织劳动竞赛、调动人的积极性，考核工程消耗和劳动生产率、贯彻按劳分配工资制度、计算人工报酬等都要利用定额。从组织施工和管理生产的角度看，企业定额又是建筑企业组织和管理施工的工具。

(4)定额是总结先进生产方法的手段

定额是在平均先进的条件下，通过对生产流程的观察、分析、综合等过程制定的，它可以严格地反映出生产技术和劳动组织的先进合理程度。因此，人们就可以以定额测定方法为手段，对同一产品在同一操作条件下的不同的生产方法进行观察、分析和总结，从而得到一套比较完整的、优良的生产方法，作为生产中推广的范例。

三、工程建设定额的分类

由于工程建设产品具有构造复杂，产品规模宏大，种类繁多，生产周期长等技术特点，造成了工程建设产品外延的不确定性。工程建设产品可以指工程建设的最终产品，可以是构成工程项目的某些完整产品，也可以是完整产品中的某些较大组成部分，还可以是较大组成部分中的较小组成部分,或更为细小的组成部分。这就决定了工程建设定额的多种类、多层次。工程建设定额是工程建设中多种定额的总称,可以按照不同的原则和方法,将工程建设定额进行分类。

(一)按生产要素分类

1. 劳动消耗定额(简称劳动定额)

指正常施工条件下,完成单位合格产品(工程实体或劳务)所必需的劳动消耗的数量标准。这个标准是国家和企业对工人在单位时间内完成产品数量、质量的综合要求。

劳动定额由于其表现形式不同,可分为时间定额和产量定额两种。

(1)时间定额

时间定额,就是某种专业、某种技术等级工人班组或个人,在合理的劳动组织和合理使用材料的条件下,完成单位合格产品所必需的工作时间,包括准备与结束时间、基本生产时间、辅助生产时间、不可避免的中断时间及工人必需的休息时间。时间定额以工日为单位,每一工日按 8h 计算。其计算方法如下:

$$\text{单位产品时间定额(工日)} = \frac{1}{\text{每工产量}} \tag{3-1}$$

或

$$\text{单位产品时间定额(工日)} = \frac{\text{小组成员工日数总和}}{\text{小组产量}} \tag{3-2}$$

(2)产量定额

产量定额,就是在合理的劳动组织和合理使用材料的条件下,某种专业、某种技术等级的工人班组或个人在单位工日中所应完成的合格产品的数量。产量定额的计量单位有:米(m)、平方米(m^2)、立方米(m^3)、吨(t)、块、根、件、扇等。其计算方法如下:

$$\text{每工产量} = \frac{1}{\text{单位产品时间定额(工日)}} \tag{3-3}$$

时间定额与产量定额互为倒数,即时间定额 × 产量定额 = 1。 时间定额和产量定额都表示同一劳动定额项目,它们是同一劳动定额项目的两种不同的表现形式。时间定额以工日为单位,综合计算方便,时间概念明确。产量定额则以产品数量为单位表示,具体、形象,便于分配任务。劳动定额用复式表示同时列出时间定额和产量定额,便于各部门、企业根据各自的生产条件和要求选择使用。

复式表示法有如下形式:

$$\text{劳动定额} = \frac{\text{时间定额}}{\text{每工产量}} \quad \text{或} \quad \frac{\text{人工时间定额}}{\text{机械台班产量}} \tag{3-4}$$

2. 机械台班使用定额(又称机械台班定额)

机械台班使用定额,反映施工机械在正常的施工条件下,合理、均衡地组织劳动和使用机械时,该机械在单位时间内的生产效率。

机械台班使用定额的形式按其表现形式不同,可分为机械时间定额和机械产量定额。机械时间定额和机械产量定额互为倒数关系。

(1)机械时间定额

机械时间定额是指在合理的劳动组织与合理使用机械条件下，完成单位合格产品所必需的工作时间。机械时间定额以“台班”表示，即一台机械工作一个作业班时间（8h）。

$$\text{单位产品机械时间定额(台班)} = \frac{1}{\text{台班产量}} \tag{3-5}$$

由于机械必须有工人小组配合，所以完成单位合格产品的时间定额应同时列出人工时间定额，即：

$$\text{单位产品人工时间定额(工日)} = \frac{\text{小组成员总人数}}{\text{台班数量}} \tag{3-6}$$

例如：$1m^3$ 挖掘机挖普通土，自挖自卸，小组成员 2 人，机械台班产量为 3.51（$100m^3$），则：

$$\text{挖 } 100m^3 \text{ 的人工时间定额} = \frac{2}{3.51} = 0.57\text{(工日)}$$

$$\text{挖 } 100m^3 \text{ 的机械时间定额} = \frac{1}{3.51} = 0.28\text{(台班)}$$

（2）机械产量定额

机械产量定额是指在合理的劳动组织与合理使用机械条件下，机械在每个台班时间内应完成合格产品的数量：

$$\text{机械台班产量定额} = \frac{1}{\text{机械时间定额(台班)}} \tag{3-7}$$

复式表示法：

$$\frac{\text{人工时间定额}}{\text{机械台班产量}} \text{或} \frac{\text{人工时间定额}}{\text{机械台班产量}} \Big/ \text{台班车次} \tag{3-8}$$

例如：挖土机每一台班劳动定额表中$\frac{0.466}{4.29}$表示在挖一、二类土，挖土深度 1.5m 以内，且需装车的情况下：

$0.5m^3$ 的正铲挖土机的台班产量为 4.29（$100m^3$/台班）；

配合挖土机械施工的工人小组人工时间定额为 0.466 工日/$100m^3$；

同时可以推算出挖土机的时间定额应为台班产量定额的倒数，即$\frac{1}{4.29} = 0.233$（台班/$100m^3$）；

配合挖土机施工的工人小组的人数应为$\frac{\text{人工时间定额}}{\text{机械时间定额}}$，即$\frac{0.466}{0.233} = 2$ 人；

或人工时间定额 × 机械台班产量定额，即 $0.466 \times 4.29 = 2$（人）。

3. 材料消耗定额（简称材料定额）

材料消耗定额是在合理和节约使用材料的条件下，生产单位合格产品所消耗的一定规格的材料、成品、半成品、水、电等资源数量。

定额材料消耗按照使用性质、用途、用量大小可以划分为以下 4 类。

主要材料：指直接构成工程实体的材料；

辅助材料：指构成工程实体但比重比较小的材料；

周转性材料:又称工具性材料,是指施工中多次使用但并不构成工程实体的材料;

次要材料:指用量小、价值低,不便计算的零星用材料,可用估算法计算。

(1)主要材料消耗定额

主要材料定额包括直接使用在工程上的材料净用量和在施工现场内运输及操作过程中不可避免的废料和损耗。也就是说,施工中材料的消耗,分为正常的材料消耗和损失的材料两类。因此,材料消耗定额组成为:

$$材料消耗定额 = 材料净用量定额 + 材料损耗量定额$$

或

$$材料总消耗量 = 净用量 + 损耗量 \tag{3-9}$$

材料损耗分为以下 3 种。

①运输损耗:从厂家到工地仓库或指定堆放处的运输过程中的自然损耗,应列入运输损耗费。

②保管损耗:保管过程中的自然损耗,应列入材料采购保管费。

③施工损耗:施工过程中,现场搬运堆放及施工操作中不可避免的残余料和不可避免的废料损耗,应列入材料损耗定额。具体包括:施工现场搬运堆存中的损耗,如混凝土运输时流失及黏附在工具、车辆料斗上的混凝土;不可避免的残余料,如方木制作窗框构件,构件尺寸与方木不成整倍数,余料无法利用;不可避免的废料,如木材加工过程中的锯口、刨光、凿眼。

材料损耗一般以损耗率表示。材料损耗率可以通过观察法或统计法计算确定。材料损耗率可定义为:

$$材料损耗率 = \frac{损耗量}{材料净用量} \tag{3-10}$$

$$材料总消耗量 = 材料净用量 + 材料损耗量 = 材料净用量 \times (1 + 损耗率) \tag{3-11}$$

(2)周转性材料消耗定额

周转性材料指在施工过程中多次使用、周转的工具性材料,如模板、挡土板、钢管、跳板等。

周转性材料消耗一般与下列 4 个因素有关:

①第一次制造时的材料消耗(一次使用量);

②每周转使用一次材料的损耗(第二次使用时需要补充);

③周转使用次数;

④周转材料的最终回收及其回收折价。

定额中周转材料消耗量可用一次使用量和摊销量两个指标表示。一次使用量是指周转材料在不重复使用时的一次使用量,供企业组织施工用;摊销量是指周转材料退出使用,应分摊到一定计量单位的结构构件的周转材料消耗量,供施工企业成本核算或预算用。

(二)按照定额编制程序和用途分类

可以把工程建设定额分为分部定额、施工定额、预算定额、概算定额、概算指标、投资估算指标 6 种。

1. 分部定额

分部定额是以个别工序(或个别操作)为制订对象,表示生产产品数量与时间消耗关系的定额,如砌砖工程中可以分别制订出铺灰、砌砖、勾缝等分部定额,钢筋制作过程可以制订出调直、剪切、弯曲等分部定额。

分部定额是组成定额的基础，又称基础定额或工序定额。分部定额用于编制个别工序施工任务单，制订或重新审查施工定额时作为原始资料。

2. 施工定额

施工定额是以同一性质的施工过程为标定对象，表示生产产品数量与时间消耗关系的定额。施工定额以同一性质的施工过程为研究对象，以分部定额为基础综合而成，由劳动定额、机械定额和材料定额这 3 个相对独立的部分组成。例如，砌砖工程的施工定额包括调制砂浆、运送砂浆及铺灰浆、砌砖等所有个别工序及辅助工作在内所需要消耗的时间，混凝土工程施工定额包括混凝土搅拌、运输、浇灌、振捣、抹平等所有个别工序及辅助工作在内所需要消耗的时间。

施工定额指施工企业（建筑安装企业）组织生产和加强管理在企业内部使用的一种定额，属于企业定额的性质。为了适应组织生产和管理的需要，施工定额的项目划分很细，是工程建设定额中分项最细、定额子目最多的一种定额，也是工程建设定额中的基础性定额。施工定额主要直接用于工程的施工管理，供编制工程施工组织设计、施工预算、施工作业计划、签发施工任务单、限额领料卡及结算计件工资或计量奖励工资用。

3. 预算定额

预算定额是以建筑物或构筑物各个分部、分项工程为对象编制的，内容包括劳动定额、机械台班定额、材料消耗定额 3 个部分，通常列有工程费用或配有单位估价表，是一种计价性质的定额。从编制程序上看，预算定额是以施工定额为基础综合扩大编制而成的，也是概算定额的编制基础。预算定额是编制施工图预算、计算工程造价的重要基础，也可以作为编制施工组织设计、施工技术财务计划的参考。

4. 概算定额

概算定额是以扩大的分部分项工程为对象编制的，确定该项目的人工、材料和机械台班的消耗数量。

概算定额是在预算定额的基础上综合扩大而成的，每一分项概算定额都包括了数项预算定额。它的项目划分粗细，与扩大初步设计的深度相适应。

概算定额是编制扩大初步设计概算时计算和确定工程概算造价，计算劳动、机械台班、材料需要量所使用的定额。

5. 概算指标

概算指标是按一定计量单位规定的，比概算定额更综合扩大的分部工程或单位工程等人工、材料和机械台班的消耗量标准和造价指标。在建筑工程中，它往往是以整个房屋或构筑物为对象，以 m^2、m^3 或座等为计量单位。

概算指标是在初步设计阶段，编制工程概算，计算和确定工程的初步设计概算造价，计算劳动、机械台班、材料需要量时所采用的一种定额。这种定额的设定和初步设计的深度相适应，一般是在概算定额和预算定额的基础上编制的，计量单位更为扩大，比概算定额更加综合扩大。

6. 投资估算指标

投资估算指标是在项目建议书和可行性研究阶段，编制投资估算、计算投资需要量时使用的一种定额。它非常概略（概略程度与可研阶段对应），往往以独立的单项工程或完整的工程项目为计算对象，根据历史的预、决算资料和价格变动资料编制，但其编制基础仍离不开预算定额、概算定额。

（三）按主编单位和管理权限分类

工程建设定额可以分为全国统一定额、行业统一定额、地区统一定额、企业定额、补充定额5种。

(1)全国统一定额是由国家建设行政主管部门，综合全国工程建设技术和施工组织管理的情况编制，并在全国范围内执行的定额。

(2)行业统一定额，是考虑到各行业部门专业工程技术特点，以及施工生产和管理水平编制的，一般是只在本行业和相同专业性质的范围内使用。

(3)地区统一定额包括省、自治区、直辖市定额。地区统一定额主要是考虑地区性特点，对全国统一定额水平作适当调整和补充编制的。

(4)企业定额是由建筑安装施工企业根据本企业的施工技术和管理水平等具体情况，参照国家、部门或地区定额的有关工程造价资料，制订的供本企业使用的人工、材料和机械台班消耗量。

市场经济条件下，企业定额是建筑企业生产与经营活动的基础。企业定额用于企业内部的施工生产与管理及对外的经营管理活动。

企业定额是反映本企业在完成单位合格产品过程中必须消耗的人工、材料和施工机械台班的数量标准，代表了本企业的生产力水平。按企业定额计算出的工程费用是本企业生产经营中需支出的成本。

(5)补充定额是指随着设计、施工技术的发展，现行定额不能满足需要的情况下，为了补充缺项所编制的定额。补充定额只能在一定的范围内使用，可以作为以后修订定额的基础。

（四）按照投资的费用性质分类

工程建设定额可以分为建筑工程定额、设备安装工程定额、建筑安装工程费用定额、工器具定额、工程建设其他费用定额等。

（五）按照专业性质分类

工程建设定额分为通用定额、行业通用定额和专业专用定额3种。全国通用定额是指在部门间和地区间都可以使用的定额；行业通用定额是指具有专业特点在行业部门内可以通用的定额；专业专用定额是特殊专业的定额，只能在特定的范围内使用。

四、铁路建设工程定额分类

目前铁路建设工程形成了普通铁路（≤160km/h）的统一定额体系，已经非常完备且自成一体。由预算定额、概算定额、概算指标、估算指标、《铁路基本建设工程投资（预）估算编制办法》、《铁路基本建设工程设计概（预）算编制办法》、《铁路工程施工机械台班费用定额》、《铁路工程建设设备预算价格》、《铁路工程施工组织调查与设计编制办法》和《铁路工程建设工期定额》等组成的完整的定额体系。高速铁路或客运专线铁路建设定额体系正在建设之中。

铁路工程统一定额按专业定额、工期定额和费用定额分类。

1. 专业定额

专业定额包括施工定额、预算定额、概算定额、概算指标和估算指标。

(1)施工定额

因为施工定额应反映建筑施工企业的施工水平、装备水平和管理水平，是作为考核建筑安装企业标尺和确定工程成本、投标报价的依据，所以应主要由建筑施工企业自主控制和制订。

作为投资管理方的铁路工程建设管理部门仅制订《铁路工程劳动定额标准》,作为考核和控制铁路工程建设行业劳动生产率的统一标准依据。但作为企业层面的企业施工定额,大部分铁路建筑施工企业目前都处于缺乏和不健全状态,这是铁路建筑施工企业今后应该努力和发展的方向。

(2)预算定额

铁路工程预算定额划分为路基、桥涵、隧道、轨道、通信、信号、电力、电力牵引供电、房屋建筑、给排水、机械设备安装、站场建筑设备12个专业工程和基本定额。预算定额是编制初步设计概算和施工图投资检算的依据,也是编制概算定额的基础。

铁路工程预算定额的主要编制依据有:①《铁路基本建设工程设计概(预)算编制办法》;②《铁路工程建设材料预算价格》,《铁路工程施工机械台班费用定额》;③《铁路工程基本定额》;④现行的铁路设计规范、施工规范、技术安全规则,现行的各专业工程质量验收评定标准,现行的各专业设计图、铁路工法;⑤其他行业相关项目的定额内容。

(3)概算定额

概算定额是"站前"工程编制可行性研究投资估算的依据,"站后"工程也可用于编制初步设计概算,概算定额也是编制概算指标的基础。

铁路工程概算定额按专业特点和地区特点编制成概算定额手册,按不同的专业工程划分为路基、桥涵、隧道、轨道、通信、信号、电力、电力牵引供电、房屋建筑、给排水、机械设备安装、站场建筑设备12个专业分册。概算定额手册由文字说明、定额项目表和附录3个部分组成。

(4)概算指标

概算指标有通信、信号、电力、电力牵引供电、房屋建筑、给排水、机械设备安装7个专业工程(简称"站后"工程),由预算定额扩大、综合而成。概算指标是"站后"工程编制可行性研究投资估算的依据,是编制估算指标的基础。

(5)估算指标

估算指标包含各专业工程内容,由预、概算定额,概算指标扩大综合而成。估算指标是所有专业编制预可行性研究投资预估算的依据。

(6)铁路工程不同阶段造价所采用的计价依据

铁路工程不同阶段造价所采用的计价依据有所不同,见表3-1。

不同阶段估算、概算所采用的计价依据 表3-1

工程分类 不同阶段	站前工程	站后工程	工程分类 不同阶段	站前工程	站后工程
预可研投资预估算	估算指标	估算指标	初步设计概算	预算定额	预算定额
可研投资估算	概算定额	概算指标	施工图投资检算	预算定额	预算定额

2. 工期定额

工期定额是确定和评审建设项目建议书、设计任务书中建设工期的依据,对于建设工程进行投资包干、工程招标等工作中的工期管理具有指导作用,可与《铁路工程施工组织调查与设计办法》配合使用。1991年颁布的《铁路建设工程工期定额》已经不能适应当今铁路工程建设的需要,正在由铁路工程造价管理部门组织修订。

3. 费用定额

费用定额包括《铁路基本建设工程投资(预)估算编制办法》、《铁路基本建设工程设计概

(预)算编制办法》、《铁路更新改造工程设计概算编制办法》、《铁路工程建设材料预算价格》、《铁路工程施工机械台班费用定额》、《铁路工程建设设备预算价格》、《铁路基本建设工程投资预估算、估算、设计概预算费税取值规定》等。

费用定额根据不同设计阶段的要求，与预算定额、概算定额、概算指标、估算指标配套使用，是计算定额直接工程费及其他各项费用的依据。

第二节 铁路工程预算定额

铁路工程预算定额包括铁道部统一预算定额和企业预算定额两种，目前铁路建设工程具有完备的统一预算定额体系，但作为铁路建筑施工企业层面的企业预算定额目前处于短缺和不完备状态，这也是铁路建筑施工企业今后应该努力和发展的方向。本节主要介绍铁路工程预算定额基本概念和制订的基本原理，以及铁路工程统一预算定额手册使用的基本方法。

一、预算定额的作用及编制原则

（一）预算定额的概念

预算定额是指在正常的施工技术和组织条件下，规定完成一定计量单位的分部分项工程或结构构件所必需的全部人工、材料、机械以及资金合理消耗的数量标准。

预算定额是施工定额的综合和扩大，是以施工定额为基础，按分部工程和结构构件的施工过程而编制的。如混凝土工程，在施工定额中分得较细，将其分成模板、混凝土两部分，对每一部分又分成安装和拆除（或灌注），而预算定额只综合制订了一个 $10m^3$ 混凝土定额，在使用中就较为方便了。

预算定额是确定建安工程预算造价的标准，是一个综合性定额，它与施工定额不同。施工定额可以把劳动定额、机械使用定额、材料消耗定额分别编制，贯彻执行。但预算定额的主要作用就是计算造价，因此它是一个整体，包括了为生产一定计量单位的建筑产品所需要的全部人工、材料、机械台班数量，不能分别编制。但对一些设计和施工中变化较多、影响造价较大的重要因素，如钢筋混凝土工程的钢筋含量、混凝土强度等级和砌筑砂浆强度等级的选择等，定额使用说明规定，可以根据设计和施工的具体情况进行换算，或者由于各分项各工序的变化，例如拌和设备、起重设备、运输汽车的改变，可以根据需要进行重新组合合并。这就使概（预）算定额在统一的原则下具有必要的灵活性，能够更好地符合基本建设的客观情况，便于各地执行。

（二）预算定额的作用

预算定额是投资建设中的一项重要的技术经济文件，它的各项指标反映了在完成一定计量单位、符合设计标准和施工规范以及质量验收评定标准要求的分项工程，消耗的劳动和物化劳动的数量限度。这种限度最终决定着单项工程和单位工程的成本和造价。因此，预算定额主要是为了计算与确定建设工程预算造价，作为投资方和承包人控制投资和结算工程价款的依据。预算定额在铁路工程建设中起着十分重要的作用。

（1）预算定额是编制施工图预算和确定建筑安装工程造价的依据。施工图预算是确定建筑安装工程造价的文件。施工图设计一经确定，工程预算造价就取决于预算定额水平和人工、材料和机械台班的价格。预算定额起着控制劳动消耗、材料消耗和机械台班使用的作用，进而起着控制建筑产品价格的作用。

(2)预算定额是对设计方案进行经济比较的重要依据之一。工程设计方案既要符合技术先进、使用和美观的要求,又要符合经济的要求,要从技术和经济两个方面来选择最佳方案。设计单位在进行设计方案的技术经济分析时,特别是选择与推广新结构和新材料时,就是根据预算定额中所规定的人工、材料、机械台班消耗数量标准和单价进行比较的,使其在满足技术先进、使用和美观的条件下,从经济角度衡量是否合理、可行和具有推广应用的经济价值。

(3)预算定额是建筑业企业加强经济核算和考核工程成本的依据。预算定额规定的材料、机械以及劳动量消耗指标,是施工单位在生产经营中允许消耗的最高标准。目前,预算定额决定着施工单位的收入,施工单位就必须以预算定额作为评价企业工作的重要标准,作为努力实现的目标。施工单位可以根据预算定额对施工中的劳动、材料和机械的消耗量情况进行具体的分析,以便找出并克服低功效、高消耗的薄弱环节,提高竞争能力。只有在施工中尽量降低劳动消耗,采用新技术,提高劳动生产率,才能取得较好的经济效益。

(4)预算定额是编制施工组织设计的依据。施工组织设计的重要任务之一就是确定施工中所需的人工、主要材料和主要机械的需求和供应数量,并作出最佳安排。施工单位在缺乏自身企业定额的情况下,根据预算定额也能够比较精确地计算出施工中各项资源的需要量,为有计划地提供组织材料采购和预制件的加工、劳动力和机械的调配,提供了可靠的计算依据。

(5)预算定额是工程结算的依据。工程结算是建设单位和施工单位根据合同规定并按照工程进度,对经监理工程师确认的已完合格工程量实现货币支付的行为。按进度支付工程款,需要根据预算定额将已完分部分项工程的造价进行计算。单位工程验收后,再按竣工工程量、预算定额和施工合同规定进行结算,以保证建设单位建设资金的合理使用和施工单位的经济收入。

(6)预算定额是编制概算定额的基础。概算定额是在预算定额的基础上综合和扩大编制的。利用预算定额作为编制依据,不但可以节省编制工作的大量人力、物力和时间,收到事半功倍的效果,还可以使概算定额在水平上与预算定额保持一致,以免造成执行中的不一致。

(7)预算定额是合理编制标底、投标报价的基础。虽然预算定额的指令性作用日益削弱,但由于预算定额反映了社会平均水平,建设单位编制标底仍然以预算定额为依据。而施工单位按照工程个别成本报价的过程中,预算定额的指导性作用仍然存在,这也是预算定额本身的科学性和权威性所决定的。

(三)预算定额的编制原则和依据

1. 预算定额的编制原则

(1)社会平均水平原则

预算定额是确定和控制工程造价的主要依据。因此必须按照价值规律的客观要求,即按生产过程中所消耗的社会必要劳动时间确定定额水平。预算定额的水平以大多数施工单位的施工定额水平为基础,在考虑更多可变因素并保留合理幅度差后确定。预算定额是平均水平,而施工定额是平均先进水平,两者相比,预算定额的水平相对要低一些,但是应限制在一定范围之内。

(2)简明适用原则

编制预算定额,必须贯彻简明适用的原则。因为预算定额是在施工定额的基础上进一步综合和扩大而成的。简明适用是指在编制预算定额时，对那些主要的、常用的、价值量大的项目，分项工程划分宜细；次要的、不常用的、价值量相对较小的项目则可以放粗一些。

(3)坚持统一性和差别性相结合原则

所谓统一性，就是从培育全国统一市场规范计价行为出发，计价定额的制订规划和组织实施由国务院建设行政主管部门归口，并负责全国统一定额制订和修订，颁发有关工程造价管理的规章和制度等。这样就有利于通过定额和工程造价的管理实现建筑安装工程价格的宏观调控。

所谓差别性，就是在统一性的基础上，各部门和省、自治区、直辖市主管部门可以在自己的管辖范围内，根据本部门和地区的具体情况，制订部门和地区性定额以及补充性制度和管理办法，以适应我国幅员辽阔，地区间部门发展不平衡和差异大的实际情况。

2. 预算定额的编制依据

(1)现行劳动定额和施工定额

预算定额中的人工、材料、机械的消耗指标，要根据现行的劳动定额或施工定额来取定，预算定额的分项和计算单位的选择，也要以劳动定额或施工定额为参考，从而保证两者的协调性和可比性，减轻预算定额的编制工作量并缩短编制时间。

(2)通用设计标准图集、定型设计图纸和有代表性的设计图纸

编制预算定额时，要选择通用的、定型的和有代表性的设计及图纸(或图集)，加以仔细分析研究，并计算出工程数量，作为编制预算定额时选择施工方法和分析工料机消耗的计算依据。

(3)现行的设计规范、施工及验收规范、质量验收评定标准和安全操作规程

现行的有关规范、标准或规程等文件，是确定设计标准、施工方法和质量以及保证安全施工的一项重要法规。编制预算定额，确定工料机等消耗量时，必须以上述文件为依据。

(4)新技术、新结构、新材料的科学试验、测定、统计以及经济分析资料

随着建筑工业化的发展和生产力水平的提高，预算定额的水平和项目必然要作相应的调整。上述资料，则是调整定额水平，增加新的定额项目和确定定额数据的依据。

(5)现行的预算定额和各企业的临时定额和补充定额

现行的预算定额，包括国家和各省、市、自治区过去颁发的预算定额及编制的基础资料，是编制预算定额的依据和参考；有代表性的补充定额，是编制预算定额的补充资料和依据。

(6)现行的人工工资标准、建筑材料预算价格和机械台班单价

现行的人工工资标准、建筑材料预算价格和机械台班单价，是编制预算定额，确定人工费、材料费和机械使用费及定额单价的必要依据。

二、预算定额编制过程和方法

(一)预算定额的编制步骤

1. 准备工作阶段

(1)调集编制定额的工作人员成立编制小组，组织学习、讨论和统一认识。

(2)全面收集编制定额的基础资料。

(3)拟订定额编制方案。其是准备工作的中心环节，主要内容如下：

①编制定额的基本要求；

②明确定额的作用和用途；

③确定编制定额的原则和依据；

④确定定额的编制范围和内容；

⑤确定定额的项目水平与表现形式。

2. 编制初稿阶段

(1)熟悉研究分析基础资料。

(2)编制施工组织设计。

(3)根据确定的项目和图纸计算工程量。

(4)计算劳动力、材料和机械台班的消耗量。

(5)编制定额表。

(6)拟写文字说明。

3. 审定阶段

审定阶段，即对编出的定额初稿进行全面审查、复核、修改和定稿，最后报主管机关批准，颁发执行。

(二)编制方法

预算定额修编方法包括项目子目划分的方法，定额综合与扩大计算方法，计量单位选择和小数位取定方法。

1. 项目子目划分的方法

由于预算定额主要是计算确定建筑安装工程造价、编制预算和作为施工企业与建设单位进行工程结算的依据，因此，项目子目划分的原则、粗细和综合程度与施工定额不一样。

项目子目划分原则，主要以简明适用为原则，它不必考虑工人是否容易了解掌握，主要是要有适用性，重要的是定额要齐全，粗细要恰当。一般来说，预算定额比施工定额划分粗些。预算定额项目是根据综合工作过程来划分，要把所有的工作过程和一些零星工作纳入综合工作过程中去，要把所有施工因素尽量综合简化合并。

2. 定额综合的方法

(1)属于施工过程的综合，即工作内容的综合，基本上与施工定额综合各组成部分或工序一样，先求出各项过渡系数(或权数)，然后将各项施工定额乘以各项过渡系数即得综合施工定额，最后乘以扩大系数即得预算定额。用公式表示如下：

$$预算定额 = \sum_{i=1}^{n}(各分项施工定额 \times 各分项过渡系数) \times 扩大系数 \quad (3\text{-}12)$$

其过渡系数求法，有的根据技术测定，有的根据设计计算，有的根据产品结构尺寸计算，有的根据施工设计计算。

例如，制订石方开挖预算定额中的人工定额，现根据爆破设计求出爆破每 $100m^3$ 岩石需要钻多少米孔和多少个孔，根据技术测定计算出每爆破 $100m^3$ 需翻多少立方米石渣，根据产品结构尺寸计算每爆破 $100m^3$ 需要修整多少平方米断面。并根据统计计算安全用工、其他用工占主要工序用工总和的百分比，然后将施工定额钻孔(工日/m)、爆破(工日/个)、翻渣(工日/m^3)、修断面(工日/㎡)，乘以上述过渡系数即得综合施工定额，最后乘以扩大系数即得到预算定额。

(2)属于施工因素的综合,先要根据测定统计资料计算出各因素影响的工程量的权数,进行加权平均。如果是数值因素,还可采用平均法或中数法进行综合。例如,制订一般石方开挖预算定额,就是估算孔深2m以内占50%,孔深2~3m占25%,孔深3~4m占25%,进行加权平均的。又如,浆砌挡土墙预算定额就是取施工定额的子目中(墙厚为1m以内、1~2m、2~3m、3~4m)中数偏低的1~2m的施工定额乘以扩大系数。计算公式同公式(3-12)。

(3)属于施工方法的综合,先要根据统计资料计算确定采用各种施工方法所完成的工程量占整个工程量的比重,然后进行加权平均,再乘以扩大系数,即得预算定额。计算公式同公式(3-12)。

3. 预算定额扩大的方法

所谓扩大,就是制订预算定额时,除施工定额考虑的内容和因素以外,扩大更多的内容和因素,同时考虑两定幅度差等,确定一个扩大系数。

$$\text{扩大系数} = 1 + \text{两定幅度差}(\%) \tag{3-13}$$

例如:施工定额与预算定额的幅度差为10%,则扩大系数=1+10%=1.1。

两定幅度差的“两定”,可以是施工定额与预算定额,也可以是预算定额与概算定额,只是两者考虑的因素不同而已。

(1)施工定额与预算定额的幅度差

①人工幅度差。即施工劳动定额中未包括,而在一般正常施工情况下又不可避免的影响因素和零星用工等。它包括:

a. 工序衔接的间歇时间;

b. 机械联合作业影响工人停歇时间;

c. 施工过程中交叉作业影响的停歇时间;

d. 施工过程中工种之间交叉作业,难免造成的损坏所必须增加的修理用工;

e. 机械的临时故障需进行处理而造成的不可避免的停工,影响人工停歇时间;

f. 工程质量检查影响工人停工时间;

g. 细小的难以测定的或不可避免的工序和零星用工所需的时间等;

h. 施工开始和结尾时由于施工条件和工作不饱满所造成窝工、停工损失时间;

i. 场内单位工程之间因操作地点转移而影响工人操作时间;

j. 非施工本身的因素(如设计变更、材料供应不及时、停水、停电和气候的影响等)所造成的停工。

上述各种影响因素所造成的停工损失时间和零星用工,采用人工幅度差方法计算,即增加一定比例的用工。

②机械幅度差。施工机械作业定额中未包括,而在合理的施工组织设计条件下尚存在的机械停歇因素所造成的机械台班损失,而需要增加的机械台班,用机械幅度差来计算。这些因素有:

a. 机械联合作业相互影响损失的时间;

b. 在正常的施工情况下机械施工中不可避免的工序停歇时间;

c. 因机械不配套,造成“大马拉小车”的损失;

d. 机械的临时故障所造成的损失时间;

e. 机械转移工作面的时间;

f. 工程结尾工作量不饱满所损失的时间；

g. 检查工程质量影响操作的时间；

h. 冬季施工期内发动机械的时间；

i. 不同厂牌机械的功效差异；

j. 非施工本身的因素（如设计变更、材料供应不及时、停水、停电和气候的影响等）所造成的停工。

③材料幅度差。即施工材料消耗定额未考虑的因素所造成的损失，应通过材料幅度差予以增加。这些因素有：

a. 非施工企业本身所造成的采购运输损耗；

b. 非工人所造成的材料质量不符合标准，材料数量不足；

c. 材料消耗定额水平偏高等。

（2）扩大系数确定方法

扩大系数应根据多年统计资料来确定。为了便于管理和统计，最好所有项目人工统一用一个系数，各类机械统一用一个系数，各种材料统一用一个系数。因为各个项目人工、机械、材料所发生的上述各种内容和因素各自不同，因此不可能按项目、各个工种、各类机械、各种材料分别统计其数量，往往归纳为人工、机械、材料三部分，并且用货币形式加以统计分析。这样将施工预算实际成本与施工图预算实际成本对比分析就可以求出实际的扩大系数，然后依次为基础研究确定扩大系数。实际扩大系数计算公式如下：

$$\text{人工扩大系数}(\%)=\frac{\text{按施工图预算内容统计实际发生人工费}}{\text{按施工预算内容统计实际发生人工费}} \tag{3-14}$$

$$\text{材料扩大系数}(\%)=\frac{\text{按施工图预算内容统计实际发生材料费}}{\text{按施工预算内容统计实际发生材料费}} \tag{3-15}$$

$$\text{机械扩大系数}(\%)=\frac{\text{按施工图预算内容统计实际发生机械费}}{\text{按施工预算内容统计实际发生机械费}} \tag{3-16}$$

4. 计量单位选择方法

预算定额计量单位的选择，主要根据结构件或分项工程的形体特征和变化规律确定。一般来说，当物体的三个度量都会发生变化时，采用 m^3 为计量单位，如土方、石方、砌石、混凝土、固结灌浆等工程；如果物体的三个度量中有两个度量不固定，采用 m^2 为计量单位，如整个房屋、地面、屋面、抹灰、喷浆、接缝灌浆、围幕灌浆等工程；如果物体截面形状大小固定，则采用延长米（或 km）为计量单位，如公路、铁路、管路、线路、钻孔、隧洞开挖等工程；钢筋或钢结构一般按吨（t）为计量单位，单位较小的一般扩大 10 倍或 100 倍，如 10 延长米、$100m^3$ 等。

三、铁路工程部颁预算定额组成及使用方法

为了加快施工图预算的编制速度，减轻预算工作人员的工作量，准确无误地确定各分部、分项工程的人工、材料和机械设备的消耗指标及资金标准，将铁路预算定额按一定的顺序，分章、节、项汇编成册，这种汇编成册的预算定额，称为铁路预算定额手册。目前铁路预算定额手册定期由铁路投资管理部门统一制订颁布实施。现行有效版本是铁道部建设司于 2004 年之后陆续颁布执行的预算定额手册。

(一)预算定额手册的组成

铁路建设项目按工程专业特点划分为路基工程、桥涵工程、隧道工程、轨道工程、给排水工程、站场工程、通信工程、信号工程、电力工程、电力牵引供电工程、机械设备安装工程、房屋建筑工程12项工程项目。铁路工程预算定额手册,按专业内容分为12个分册及基本定额。定额手册由法定批文、总说明、各工程项目说明、定额项目表组成。

1. 法定批文

铁路工程预算定额是一项技术标准,它必须经过有权审批机关的确认才能颁布执行。在定额的扉页上,刊印有关批文,宣布定额的作用、开始执行时间以及发现问题之后,归口上报的一些规定。

例如,铁路桥涵工程预算定额手册的法定批文为《关于发布铁路桥涵工程预算定额的通知》(铁建[2005]15号),其内容规定为《铁路桥涵工程预算定额》,自2005年2月1日起实行。

自新定额颁布实行之日起,铁道部《铁路桥涵工程预算定额》(铁建[1995]138号),以及铁道部建设管理司颁发的《铁路工程补充预算定额(试行)》(第一册)(建技[2000]135号)中BQY-1~BQY-18和《铁路工程补充预算定额(试行)》(第三册)(建技[2003]59号)中BQY-19~BQY-25、BQY-28~BQY-52定额同时废止。

另外,铁道部《关于对铁路工程定额和费用进行调整的通知》(铁建设[2003]42号)中对桥涵工程预算定额人工和施工机械台班消耗量乘以系数的规定停止执行。

各铁路建设相关单位在执行新颁定额的过程中,应结合工程实际,积累资料并及时反馈部建设管理司,抄送铁路工程定额所。

2. 总说明

铁路工程预算定额中的总说明主要内容:编制预算定额的目的、指导思想、编制原则、依据、大致内容、适用范围、工资标准,以及编制定额时有关共同性问题的处理意见和预算定额的使用方法。

例如,总说明中关于定额手册适用范围的规定:《铁路工程预算定额》是标准轨距铁路工程专业性全国统一定额。本定额适用于新建和改扩建铁路工程,系为编制施工图投资检算的依据,是编制概算定额的基础。其中路基、桥涵、隧道、轨道和站场建筑设备工程亦是编制初步设计概算的依据。

3. 各工程项目说明

各工程项目说明也称为分册说明,主要根据各专业分册的工程结构及施工特点说明各册预算定额的适用范围、工程量计算规定、预算定额使用方法和其他编制使用过程中应注意的问题。

4. 定额项目表

各工程项目中分部工程为章,章以下分为若干分项工程,以节号第一节、第二节……排列,在分项工程中又按工程结构、性质分为许多项目,用序号(一)、(二)、(三)……排列;在项目中,还可按不同土壤、岩石、结构规格、材料类别再细分为若干子目。如人力挖土按不同土质,分为松土、普通土、硬土3个子目。

定额项目表主要包括该项目定额工作内容(次要工序不一一列入)、计量单位、人工、材料、机械台班用量、基价、定额质量及附注。定额项目表形式见表3-2。

涵洞基础中的石砌基础 表3-2

工作内容:搭拆脚手板,选、修、洗石,砂浆制作,安砌及养护 单位:$10m^3$				
电算编号	项 目	定额编号	QY-810	QY-811
		单位	涵洞基础浆砌片石	
			M5	M10
5	人工	工日	12.47	12.47
	水泥砂浆	m^3	(3.30)	(3.30)
52	普通水泥32.5级	kg	821.70	996.60
353	中(粗)砂	m^3	4.32	4.19
297	片石	m^3	11.70	11.70
18951	其他材料费	元	3.63	3.63
18992	水	m^3	4.33	4.33
19531	灰浆搅拌机≤400L	台班	0.130	0.130
基 价		元	694.24	737.58
其中	人工费	元	222.09	222.09
	材料费	元	466.09	509.43
	机械使用费	元	6.06	6.06
质 量		t	28.060	28.049

(1)定额项目表的表头,列有工作内容。说明该项定额所包括的工作过程、工序或操作的内容。如涵洞石砌基础的工作内容包括选、修、洗石料,砂浆制作,安砌及养护等几项工序或工作过程。同时在定额项目表右上方列有定额建筑产品的计量单位。

(2)定额项目表的各栏,是分项工程的子目排列。在子目栏内,列有完成该定额产品的人工、材料、机械消耗定额和定额计量单位。同时,列有该建筑产品的定额基价,其中人工费、材料费和机械费分列。最后一栏是定额材料质量。

①人工消耗定额。说明完成某一定额计量单位合格产品所需要的各工种的全部工日数,包括基本用工即完成定额项目内容的用工,其他用工即劳动定额未包括的辅助用工和工序衔接、工种交叉配合、单位工程之间的转移、临时停电停水等以及其他必要的零工;工地小搬运用工也包括在其中。工日数中均扣除了机械中的驾驶员用工。

②材料、成品或半成品(如砂浆、混凝土等)消耗定额。说明完成某一定额计量单位合格产品所需各种规格的主要材料、成品及半成品的消耗指标,对于次要的、零星材料则折合成其他材料费列出,以"元"表示,编制预算时不予调整。

③施工机械台班消耗定额。说明完成某一定额计量单位合格产品所需要的各种类型机械的台班消耗量,并将其他小型施工机具折合成"其他机械使用费"列出,以"元"表示。

④定额基价。定额基价是指以基期年度(如以2005年为基期年)的人工、材料、机械台班

单价为基础计算的完成定额计量单位的合格产品所需要的人工费、机械费、材料费用的合计价值。

$$定额基价 = 人工预算定额 \times 人工预算基价 + \sum_{i=1}^{n} 材料预算定额_i \times 材料预算基价_i + \sum_{j=1}^{m} 机械预算定额_j \times 机械预算基价_j \tag{3-17}$$

⑤定额材料质量。子目栏中“质量”说明完成某一定额计量单位合格产品所需要的全部建安材料质量，但不包括水和施工机械的动力消耗（油耗及燃料）的质量。定额材料质量以“t”为计量单位，主要用于计算材料运杂费。

（二）铁路预算定额的使用

在确定铁路工程造价的过程中，正确使用预算定额是非常重要的。为此，必须全面了解预算定额，深刻理解预算定额的内容和组成，熟练掌握预算定额的使用方法。

所谓使用定额，就是平常所说的查定额，是根据编制概预算文件的具体条件和目的，查得所需要的、正确定额项目的过程。

1. 查用预算定额的步骤

（1）首先，要弄清每个工程是由哪些项目组成的。要注意预算工程量不仅包括设计的永久工程量（工程构造），还包括因施工工艺不同、自然因素影响等原因导致的辅助工程量和临时工程量。

（2）熟悉定额总说明及分册说明与目录，了解制订定额的过程和使用时应注意的问题。

（3）以施工设计图纸确定的主体工程及辅助工程量、施工组织设计确定的临时工程量为基础，按预算定额子目划分口径和计量单位，列算“预算工程量”。

（4）根据列出的预算工程量工作名称，在预算定额手册分册目录查找，找出该分部、分项工程定额子目所在页码。

（5）根据具体条件（如土质类型、材料、机械规格型号等）对号入座，确定定额子目编号。

（6）注意其工作内容与设计工程内容是否一致，材料类型及施工工艺是否一致。如一致，则直接查用定额；如设计工作内容与定额工作内容有差异，依据定额相关说明确定是组合定额、抽换定额，还是补充定额。

2. 定额套用

当设计要求与定额条件相符时，可直接套用定额（即直接查找定额）。套用时应注意以下几点：

（1）正确选用定额条目。根据设计图纸要求及说明，选择与工作项目内容相符的定额条目，并对其工作内容、技术特点和施工方法仔细核对，做到内容不漏、不重、不错。

（2）核对计量单位。条目选定后，核对并调整所列工程项目的计量单位，使之与定额条目的计量单位相一致。

（3）明确定额中的用语、符号及定额表中数据的意义，区分“以内”、“以外”和“以上”、“以下”的含义。

（4）注意定额的换算。当工程设计与定额内容部分不相符，且定额允许换算时，要先对套用的定额进行必要的换算后才能使用。

3. 使用定额应注意事项

铁路工程定额系专业性全国统一定额,它用于国家、地方及工矿企业标准轨距的铁路工程建设。要使定额在工程建设中发挥作用,除定额本身先进合理外,还必须正确应用定额,绝不可忽视。正确使用定额必须注意以下几个方面:

(1)首先要学习和理解定额的总说明和分部工程说明及附注、附录、附表的规定,这是定额的核心部分。因为它指出了定额编制的指导思想、原则、依据、适用范围、使用方法、调整换算、已考虑和未考虑的因素,以及其他有关问题。此外,对因客观条件需据实调整换算也做了规定。

(2)掌握分部分项工程定额所包括的工作内容和计量单位。在使用定额前,必须弄清一个工程由哪些工作项目组成,每个项目的工作内容是否与定额的工作内容一致,定额的计量单位是否采用扩大计量单位,如$10m^3$、$100m^3$等。

(3)弄清定额项目表中各子目栏工作条目的名称、内容和步距划分。然后以定额的计量单位为标准,将该工程各个项目按定额子目栏的工作条目逐项列出,做到完整齐全,不重不漏。

(4)了解定额项目表中人工、材料、机械台班名称、耗用量、单价和计量单位。

(5)熟悉工程量计算规定及适用范围。按规定和适用范围计算工程数量,有利于统一口径。在计算工作数量时,工作条目与定额条目要对口,计量单位要一致,以保证正确使用定额,避免计算错误。

(6)对于分项工程的内容,应通过深入施工现场和工作实践,理解其实际含义,只有对定额内容了解深透了,在确定工程条目,套用、换算定额或编制补充定额时,才会快而准确。

第三节　铁路工程预算定额的使用方法

在预算定额总说明和各工程项目说明中对预算定额的使用方法都作了详尽的说明,本节只就一些共性及主要问题作出相应解释。

一、铁路工程预算定额总说明的规定

(1)预算定额按专业内容分为12个分册,但为避免重复,各专业间部分属通用的定额子目,只编列在其中一个分册内,使用时可跨册使用。各册定额工程范围的划分,不涉及专业分工。例如,路基工程挡土墙、护墙、护坡的基坑开挖、支护等工作内容,应采用桥涵预算定额相应子目。

(2)铁路工程预算定额是按照合理的施工组织和正常的施工条件编制,定额中所采用的施工方法和工程质量标准,是根据现行的铁路设计、施工规范、安全规则、质量评定验收标准等确定的。除各册有具体说明外,一般不得对定额进行调整或换算。

本条说明中,需注意对各册定额编制前提条件的理解。例如:隧道工程预算定额编制的正常施工条件为“反坡排水,排水量系按$\leq 10m^3/h$考虑”。因此,在隧道涌水量$\leq 10m^3/h$时,抽水机台班量不需调整,直接套用定额即可。但超过此排水量时,抽水机台班量应按隧道定额分册说明规定的系数进行调整。另外,当排水量超过$20m^3/h$时,则根据采取治水措施后的排水量采用系数调整。

(3)定额工作内容,仅列出了主要的施工工序,次要工序虽未列出,亦包括在定额内。例如,路基土石方挖填工程,除工作内容说明以外,另包括:铲草皮、原地面压实、平整场地,施工准备工程及路堑修坡检底、取土坑整修等所需的人工、材料机械消耗量,即此类工作为次要工作,虽未列入定额工作内容,亦包括在定额内。

(4)定额中的材料消耗量,包括工地搬运及施工操作损耗。其中周转性的材料、模板、支撑、脚手杆、脚手板和挡土板等的数量,按其正常摊销次数,摊入定额内,使用时不得因实际摊销次数不同,调整定额消耗量。

与铁路预算定额中列入周转性材料的摊销量规定不同的是,房屋建筑工程预算定额中不包括混凝土、钢筋混凝土模板、支架和脚手架等周转性材料的消耗。这类周转性材料的消耗列入措施费中,区分自有和租赁两种情况,采取不同的方法计算。

(5)定额中的施工机械类型、规格型号,系按正常情况综合选定。如施工实际采用的类型、规格型号与定额不同时,除另有说明外,均不得调整。例如:隧道定额适用于使用小型机具钻爆法施工的新建和改(扩)建隧道工程,若使用大型机械凿岩台车和掘进机、盾构机进行隧道施工,本定额不适用。

(6)定额中的混凝土及水泥砂浆的数量(包括圆括号内的数字),仅适用于根据混凝土和砂浆配合比计算水泥、砂子、碎石的消耗量,使用时不得重复计算。其水泥消耗量系按中(粗)砂编制,当设计采用细砂时,则应按基本定额有关项目进行调整。当设计强度等级与定额不同时,应按基本定额有关配合比用料表调整消耗量。

预算定额中各类混凝土均按现场拌和进行编制,当采用商品混凝土时,可将相关定额中的水泥、中(粗)砂、碎石的消耗量扣除,并按定额中所列的混凝土消耗量增加商品混凝土的消耗。

定额在编制时,混凝土、水泥砂浆系数按常用的强度等级编制,如挡土墙混凝土编制了C15和C20两种,如果设计采用的强度等级和定额不同,可按照《铁路工程基本定额》(铁建设[2003]34号)相应的混凝土配合比对定额中的水泥、碎石、砂的消耗量进行抽换,其他消耗量不变。

【例3-1】 某路基工程的浆砌混凝土预制块护坡砌筑,设计采用砂浆等级为M10,混凝土等级为C20,中粗砂。试确定定额子日及定额消耗量。

解:查《铁路工程预算定额——路基分册》,定额编号为LY-285。但定额中采用的混凝土等级为C15,所以应按基本定额换算水泥、中粗砂及碎石的消耗量。

查定额LY-285得知,每10m^3浆砌混凝土预制块消耗M10砂浆1.3m^3,C15混凝土9.19m^3。

当设计采用C20混凝土时,查基本定额HT-63(C20混凝土配合比)和HT-913(M10砂浆配合比),换算后的材料用量如下。

水泥32.5级:346×9.19+302×1.3=3 572.30kg(替换定额中的3 186.00kg)

中粗砂:0.55×9.19+1.27×1.3=6.71m^3(替换定额中的7.07m^3)

碎石25以内:0.83×9.19=7.63m^3(与定额用量相同)

二、铁路路基工程预算定额使用规定

铁路路基工程预算定额适用于铁路路基工程、改移道路、平交道、改沟及其他土石方工程。

(1)土石方工程定额单位,挖方为天然密实方,填方为压(夯石方)。当以填方压实体积为工程量，采用以天然密实方为计量单位的定额时，所采用的定额应乘以以下系数，见表3-3。

换算系数　表3-3

铁路等级＼岩土类别		土方 松土	土方 普通土	土方 硬土	石方
设计速度200/h及以上铁路	区间	1.285	1.156	1.115	0.941
	站场	1.230	1.130	1.090	0.920
设计速度160km/h及以下Ⅰ级铁路	区间	1.225	1.133	1.092	0.921
	站场	1.198	1.108	1.068	0.900
Ⅱ级及以下铁路	区间	1.125	1.064	1.023	0.859
	站场	1.100	1.040	1.000	0.840

注：表系数已包括路堤两侧加宽的土石方数量。

路基定额明确了开挖与运输数量以天然密实体积计，填筑数量以压实体积计算。因此，在土石方调配与套用定额时，需要用到天然密实体积与压实体积的换算系数。该系数已经包括了因机械施工需要两侧超填的土石方数量，计算工程数量一律以净设计断面为准。特别应注意的是，除填石路基采用石方的数量外，以石代土的填方工程也应采用石方的数量。因此，需要使用者在采用该系数时应作好详细的土石方调配表和区分填料的性质，现举例如下。

【例3-2】 某段设计速度160km/h的Ⅰ级铁路区间路基工程，挖方（天然密实断面方）5 000m^3全部利用；挖掘机配合自卸汽车运输2km；填方（压实后断面方）10 000m^3，除利用方外的缺口需借土，挖掘机配合自卸汽车运输5km。在土石方调配时，要首先考虑移挖作填。假设路基挖方和借土挖方均为普通土，则路基挖方作为填料压实后的数量为5 000/1.133 = 4 413 m^3，需外借土方10 000 − 4 413 = 5 587m^3（压实后断面方）。套用定额见表3-4。

套用定额示例表　表3-4

定额编号	名称	单位	数量
（1）挖土方			
LY－47	挖掘机装车≤2.0m^3，挖掘机，普通土	100m^3	50
LY－142	≤8t自卸汽车运土，运距≤1km	100m^3	50
LY－143	≤8t自卸汽车运土，增运1km	100m^3	50
（2）利用土填方			
LY－430	压路机压实	100m^3	44.13
（3）借土填方			
LY－47×1.133	挖掘机装车≤2.0m^3，挖掘机，普通土	100m^3	55.87
LY－142×1.133	≤8t自卸汽车运土，运距≤1km	100m^3	55.87
LY－143×4×1.133	≤8t自卸汽车运土，增运4km	100m^3	55.87
LY－430	压路机压实	100m^3	55.87

【例3-3】 某段设计速度160km/h的Ⅰ级铁路区间路基工程，挖方（天然密实断面方）5 000m^3次坚石，浅孔爆破，全部利用挖掘机配合自卸汽车运输2km。填方（压实后断面方）10 000m^3，除利用方外的缺口需借土，仍为石方，挖掘机配合自卸汽车运输5km。则全部挖方作为填料压实后的数量为5 000/0.921 = 5 429m^3，需外借石方10 000 − 5 429 = 4 571m^3（压实后断面方）。套用定额见表3-5。

套用定额示例表 表3-5

定额编号	名称	单位	数量
(1)挖石方			
LY－158	浅孔爆破，机械钻眼，次坚石	100m^3	50
LY－226	装载机装车≤2m^3，装载机，次坚石，坚石	100m^3	50
LY－259	≤8t自卸汽车运次坚石，运距≤1km	100m^3	50
LY－260	≤8t自卸汽车运次坚石，增运1km	100m^3	
(2)利用石填方			
LY－430	压路机压实	100m^3	54.29
(3)借土填方			
LY－158×0.921	浅孔爆破，机械钻眼，次坚石		45.71
LY－226×0.921	装载机装车≤2m^3，装载机，次坚石，坚石	100m^3	45.71
LY－259×0.921	≤8t自卸汽车运次坚石，运距≤1km	100m^3	45.71
LY－260×4×0.921	≤8t自卸汽车运次坚石，增运4km	100m^3	45.71
LY－430	压路机压实	100m^3	45.71

(2)土石方挖填工程的定额套用，除挖填定额工作内容说明以外，另包括：铲草皮、原地面挖台阶（既有线路基帮宽除外）、原地面压实、平整场地，施工准备工程及路堑修坡检底、取土坑整修等所需的人工、材料机械消耗量，其相关工作内容已经包含在土石方定额中，使用土石方定额时，不能重复计算，也不需要单独套用定额。

路基工程定额第五章中，"土质路面（拱）、边坡修整"，"石质路堑（渠）底面或边坡修整"、"场地平整"及"原地面压实"等定额项目表，仅供单一工作项目使用。即相关路基工程未发生土石方挖填工作，仅仅完成"土质路面（拱）、边坡修整"，"石质路堑（渠）底面或边坡修整"、"场地平整"及"原地面压实"等内容，适用于此定额。

(3)路基定额中土石方运输定额将挖装和运输分开编制，设计编制概算时应采用经济合理的施工组织形式和机械搭配。在此提出以下建议：

①自卸汽车运输土方。一般地段，采用≤2m^3挖掘机挖装，≤8t自卸汽车运输；土方集中及数量巨大的地段，且场地比较开阔时，采用≤2.5挖掘机挖装，≤20t自卸汽车运输。

②自卸汽车运输石方。一般地段，采用≤3m^3装载机挖装，≤8t自卸汽车运输；石方集中及数量巨大的地段，且场地比较开阔时，采用≤3m^3装载机挖装，≤20t自卸汽车运输。

③推土机推运土石方，采用≤135kW推土机。

④铲运机。单线铁路区间路基采用≤10m^3自行式铲运机，站场与双线铁路路基采用≤

$16m^3$自行式铲运机；单线铁路区间路基土方采用≤$8m^3$拖式铲运机，站场与双线铁路路基采用≤$12m^3$自行式铲运机。

施工企业用于投标参考时，可根据企业已经拥有的机械型号，灵活运用。

另外，运输定额中的土方工程和石方工程中汽车增运定额仅适用于运距10km及以内运输，超过10km部分应乘以0.85的系数。

【例3-4】 已知自卸汽车运输土石方定额项目如表3-6所示。

表3-6

定额编号	LY－148	LY－149
项目	≤15t自卸汽车	
	运距≤1km	增运1km
基价(元)	441.80	115.81

若15t自卸汽车运输16km，则定额套用：

$$LY-148+9\times LY-149+0.85\times(16-10)\times LY-149$$

定额基价为：

$$441.80+9\times 115.81+0.85\times(16-10)\times 115.81=2\,074.72(\text{元})$$

(4)控制爆破定额适用于既有电气化铁路增建二线需控制爆破的石方开挖工程。

控制爆破按施工条件不同分为A、B、C三类，分类如表3-7所示。

表3-7

A类	B类	C类
线间距≤5m，开挖高度≥8m，开挖厚度≤4m，既有边坡＞1:0.5，岩石硬度为次坚石以上	线间距≤10m，开挖厚度≤10m，既有边坡坡度1:0.5	不满足A、B类条件，但距既有线路堑边坡顶50m之内无天然屏障的石方爆破

注：表中开挖高度为路肩至路堑边坡最高点的高度；开挖厚度为爆破体平均开挖厚度。

路基工程定额中的控制爆破定额仅适用于既有电气化铁路增建二线需要控制爆破的土石方工程，按照不同条件可分为A、B、C三类，使用时应严格按照分类标准计算工程数量。如果设计文件中明确了防护形式，则按照设计的防护形式套用定额，没有明确防护形式的可参照以下组合套用定额：A类控制爆破＋4层爆破体覆盖＋双层防护排架；B类控制爆破＋2层爆破体覆盖＋单层防护排架；C类控制爆破＋1层爆破体覆盖。

使用控制爆破定额时需注意以下几点：

①定额中已经考虑了要点封锁线路引起的工效降低因素，使用时不再计列行车干扰施工增加费。

②爆破覆盖层分为4层、2层、1层三种，覆盖材料为钢筋网、橡胶炮被、土袋。4层为钢筋网、土袋各1层，橡胶炮被2层；2层为橡胶炮被、土袋各1层；1层为橡胶炮被。

③防护排架定额中已经包含临时锚杆数量。

三、桥涵工程预算定额使用规定

(一)定额综合说明

(1)桥涵预算定额适用于铁路桥梁、涵洞工程，包括下部工程、上部工程、涵洞工程、既有线顶进桥涵工程、其他工程和商品混凝土6章。

(2)桥涵定额按陆上、水上分别编制。水上定额是用于设计采用船舶施工的工程,水上如采用栈桥、栈桥加平台或筑堤等,混凝土工程采用陆上定额,其他水上工程采用相应定额,但应取消定额中的船舶,另列栈桥或筑堤等费用。河滩、水中筑岛施工采用陆上定额。

水上定额已含材料(成品、半成品)的水上短途运输。

(3)辅助结构及周转材料原则上已按摊销计入定额,但每使用一个季度的子目及第五章第七节中钢结构制作、木结构制安拆子目,其摊销和使用费应根据施工组织确定的时间计算。

(4)施工机械种类、规格型号,系按一般情况综合选定。除另有说明外,不得抽换。

(5)除另有说明外,定额中已含脚手架、支架、扒杆、安全维护等的搭拆及摊销。

(二)定额分章说明

1. 下部工程

1)挖基及抽水

(1)无水挖基指开挖地下水位以上部分,有水开挖指开挖地下水位以下部分。开挖淤泥、流沙不分有水、无水均采用同一定额。

(2)开挖基坑定额不含坑壁支护,需要时应根据设计确定的支护方式采用相应的定额。本定额仅编制了挡土板和钢筋混凝土围圈子目,当设计采用锚杆、喷射混凝土、土钉等支护方式时,可采用路基定额子目。

(3)在同一基坑内,不管开挖哪一深度均执行该基坑总深度定额。例如,某基坑总深度6m,其中地下水位以上4m,地下水位以下2m,则地下水位以上4m部分采用基坑深6m无水定额,地下水位2m部分采用基坑6m有水定额。

(4)基坑开挖定额中弃方运距为20m,如需远运,按路基定额相应子目另计。

(5)使用基坑开挖定额,一般情况应采用机械开挖子目,当工点零星、工作面狭窄,不适合采用机械开挖时,可采用人工开挖子目。

(6)井点降水井管安拆定额中已含井管和总管的摊销。

(7)采用井点降水后的基坑开挖按无水计。

2)围堰及筑岛

(1)土围堰:适用于水深在2m以内,流速小于0.3m/s,冲刷作用很小,且河床为渗水性较小的土。土围堰宜采用黏性土填筑,因用量大,占用面积大,不适用就近无黏性土及通航的河段上。定额中考虑就地取土,因此土的数量不计价,若购土填筑应另列购土费。定额中已包括20m以内的运输,当运距超过20m时,按增运10m定额。如需远运,按路基定额相应子目另计。

(2)草袋围堰、塑料编织袋围堰:适用于水深在3m以内,水的流速不大于15m/s,河床为渗水性较小的土。围堪应用黏土填芯,填芯可采用筑岛填芯定额。袋内装土及填芯用土均按就地取土,定额中土的数量不计价。若购土填筑,应另列购土费。

因塑料编织袋易于采购及运输,装土体积大,工效较草袋高,在编制概算时,原则上采用塑料编织袋定额中已包括20m以内的运输,当运距超过20m时,按增运10m定额。如需远运,按路基定额相应了目另计。

(3)钢板桩围堰:适用于深水基坑,河床为砂类土、黏性土、碎石土风化岩等地层。沉井襟边以上钢板桩围堰适用于为了减少沉井高度,在沉井顶拼装的防水围堰。

(4)钢围笼:以万能杆件为主,辅部分新制杆件组合的钢围堰。适用于管柱、管桩下沉及钢板桩围堪的导向、管柱内钻孔的工作平台。其内容包括:新制杆件制安拆、万能杆件安拆、拼装船组拼拆除、下沉设备制安拆、浮运定位下水。定额中的万能杆已计入了一年的折旧费,设计如无特殊要求,原则上不得调整。

(5)双壁钢围堰:适用于深水特大桥低桩承台基础施工,凡底节刃脚需在覆盖层中下沉的围堰执行此定额。其内容包括:钢围堰拼装、拼装船拼拆、下沉设备制安拆、浮运定位下水、围堰在水中下沉、在覆盖层中下沉、基底清理、壁内填充混凝土、封底混凝土、围堰拆除及抽水等子目。定额中双壁钢围堰作为半成品按摊销量计入拼装定额内。双壁钢围堰在水中下沉定额中,按摊销量计入了定位船至双壁钢围堰上、下兜揽,兜揽数量不再另计。

(6)吊箱围堰:适用于深水特大桥高桩承台基础施工,凡底节没有刃脚,不需要在覆盖层中下沉的围堰,不管是单壁或双壁,均执行此定额。其内容包括:吊箱围堰拼装、拼装船拼拆、下沉设备制安拆、浮运定位下水、封底混凝土、围堰拆除及抽水等子目。定额中吊箱围堰作为半成品按摊销量计入拼装定额内,单壁围堰与双壁围堰制造费差别很大,定额内为单壁围堰参考价,双壁围堰可参考双壁钢围堰单价。

(7)浮箱组拼、拆除:适用于用组拼的浮箱代替拼装船等工作船。

(8)钢围堰定额系按使用导向船、定位船的施工方法编制,如施工组织设计为其他施工方案,应当调整后使用。

(9)定额中的定位船系按一前一后两艘编制,施工组织设计每增减一艘定位船,有关定额中工程驳船(≤400t,三班制)的台班应增减的数量见表3-8。

表3-8

项目名称	单　位	增减数量
双壁钢围堰、钢沉井底节、钢围笼浮运、定位、下水	t	0.17
吊箱围堰浮运、定价、下水	t	0.195
双壁钢围堰在水中下沉	$100m^3$	1.18
双壁钢围堰在覆盖层中下沉	$100m^3$	2.63
钢沉井在水中下沉	$100m^3$	1.86
钢沉井在覆盖层中下沉	$100m^3$	4.35
双壁钢围堰内钢护筒安拆及固定价制安拆	t	1.31
双壁钢围堰基底清理	$10m^3$	0.72
钢沉井基底清理(覆盖层)	$10m^3$	1.10
钢沉井基底清理(风化岩)	$10m^3$	2.76

(10)双壁钢围堰下沉定额中未含井壁填充混凝土,需要时按填充混凝土定额另计。

3)定位船、导向船及锚碇设备

(1)定位船舱面设备定额中已含定位船至导向船的拉缆摊销量。

(2)锚碇系统定额中心已含抛锚、起锚、锚链安拆及摊销等全部内容。

(3)主锚及边锚定额,分铁锚及混凝土锚两类,无覆盖层河段可以使用混凝土锚,其他河段采用铁锚。定额中主要的铁锚有定位船的按5t,无定位船的按2.5t,边锚有定位船的按

2.5t,无定位船的按2t编制。

(4)锚碇数量由施工组织设计确定。锚碇参考数量见表3-9。

表3-9

项目名称	单位	主锚	边锚
前定位船(一艘)前锚	个	4~6	4
后定位船尾锚	个	4	4
无定位船前锚	个	2~4	—
无定位船尾锚	个	2~4	—
无定位船的导向船边锚	个	—	4~8
导向船边锚(有定位船)	个	—	8

4)钻孔桩基挖孔桩

(1)钻孔定额适用于孔深50m以内,若钻孔深度大于50m时,超过部分每增加10m(含不足10m部分),定额中人工和机械台班消耗量以50m为基数按表3-10所列系数调控。

表3-10

按层分类	系数
软塑的黏性土、可塑的黏性土	1.05
硬塑、坚硬的黏性土	1.08
软石、次坚石、坚石	1.10

为方便使用,可按钻孔总深度采用表3-11综合系数调整定额中人工和机械台班消耗量。

综合系数 表3-11

地层分类	钻孔深度(m)				
	≤60	≤70	≤80	≤90	≤100
软塑的黏性土、可塑的黏性土	1.008	1.022	1.039	1.058	1.080
硬塑、坚硬的黏性土	1.013	1.035	1.063	1.096	1.134
软石、次坚石、坚石	1.017	1.044	1.080	1.123	1.172

(2)水上钢护筒按一次摊销计,不另计拆除及整修的费用,也不扣除回收料的费用。

(3)双壁钢围堰内清水钻孔定额亦适用于浮运钢沉井及管柱内清水钻孔。

(4)钢筒内钻岩定额,仅适用于管柱内钻岩。

(5)双壁钢围堰内钻孔护筒定额,已含护筒固定架的摊销量。

(6)钢护筒和双壁铜围堰内导向护筒定额中已含护筒的摊销量。

(7)挖孔桩定额按不同桩长及不同岩土分级编制,在同一根桩内不论挖何种地层,均执行总孔深定额。

(8)挖孔桩桩身混凝土定额按普通混凝土编制,当自孔底及孔壁渗入的地下水,其上升速

度 >6mm/mim 时,应抽换为水下混凝土。

(9)混凝土灌注桩身内探测管制安,设计需要时可参照钢筋笼制安定额计算。

(10)钻孔用泥浆和钻渣外运定额,原则上适用于当地政府有明文规定的区域内的工程。

5)钢筋混凝土方桩与管桩

(1)打桩定额系按打直桩编制,如打斜桩班数量应分别乘以 1.15 和 1.21 的系数。

(2)钢筋混凝土方桩与钢筋(预应力)混凝土管桩定额中已含嵌入承台内的桩长、导桩、送桩的摊销量及凿除桩头的损耗。

6)管柱

(1)管柱下沉定额未含射水吸泥管路的数量,需要时按沉井外管路中的射水吸泥管路定额另计。

(2)管柱钻岩定额中已含封端。

(3)管柱内浇筑混凝土,管柱内部分采用管柱内浇筑水下混凝土定额,管柱内钻孔桩部分采用水上钻孔浇筑水下混凝土定额。

7)沉井

(1)定额中的薄壁轻型沉井,适用于利用泥浆套和空气幕下沉的沉井工程。

(2)浮运钢沉井下沉设备及浮运、定位、下水可采用双壁钢围堰定额。

(3)沉井吸泥下沉定额中未含射水吸泥等所用的各种管路,使用时按沉井内外管路制安拆定额另计。

(4)射水吸泥管路定额适用于管柱、沉井双壁钢围堰等工程射水吸泥用。

8)墩台

(1)墩台高度基础顶面或承台顶面至墩台帽,盖梁顶或 0 号块底的高度。

(2)斜拉桥索塔定额分为下塔柱、斜腿、上塔柱、锚固区及横梁。下塔柱为塔座顶至下斜腿底,斜腿为下塔柱顶至下横梁底,上塔柱为下横梁顶至锚固区底。

(3)索塔定额按水上施工编制,若塔墩在岸边或陆上,则取消定额中的船舶数量,混凝土按陆上浇筑调整。

2. 上部工程

1)钢筋混凝土拱桥

拱上墙柱、桥面板及墩上结构定额亦适用于上承式钢管拱。

2)石拱桥

拱圈安砌定额中未含拱架,需要时按拱架安拆定额另计。

3)钢筋(预应力)混凝土梁

(1)钢筋(预应力)混凝土梁现浇定额中未含梁下支架及地基处理,需要时应根据设计采用的施工方法按有关定额另计。

(2)钢筋(预应力)混凝土梁架设定额中未含梁和支座的数量及支座的安装,梁和支座的费用应按有关规定或定额另计。

(3)门式起重机架梁定额适用于单独铺架,且墩台附近场地平坦、场地最小宽度能满足运梁车与吊机能同时运行的工程。

(4)架桥机安拆及调试,每个建设项目每台机械只能计算一次。

(5)桥头线路加固定额仅适用于没有做路桥过渡段设计的架桥机架设成品梁的桥梁。

(6)混凝土梁厂程数量参考表,见表3-12。

混凝土梁工程数量参考表

表3-12

跨度(m)	普通预应力钢筋混凝土梁专桥(01)-2001图						低高预应力钢筋混凝土梁专桥(01)-2011图					
	线路别	混凝土		钢材			线路别	混凝土		钢材		
				钢筋		钢绞线(t)				钢筋		钢绞线(t)
		强度等级	数量(m^3)	HRB335(t)	Q235(t)			强度等级	数量(m^3)	HRB335(t)	Q235(t)	
8	直线梁	C40	14.82	1.054	1.060	0.194	直线梁	C50	14.22	0.874	0.345	0.698
	曲线梁	C40	14.82	1.054	1.060	0.194	曲线梁	C50	14.22	0.874	0.345	0.775
10	直线梁	C40	19.14	1.371	1.216	0.285	直线梁	C50	18.42	0.920	1.284	0.809
	曲线梁	C40	19.14	1.371	1.216	0.333	曲线梁	C50	18.42	0.920	1.284	0.951
12	直线梁	C40	24.68	1.812	1.244	0.451	直线梁	C50	23.4	1.624	1.359	0.958
	曲线梁	C40	24.68	1.812	1.244	0.451	曲线梁	C50	23.4	1.624	1.359	1.127
16	直线梁	C40	36.56	2.671	1.765	0.814	直线梁	C50	35.0	2.550	1.692	1.553
	曲线梁	C40	36.56	2.671	1.765	0.888	曲线梁	C50	35.0	2.550	1.692	1.776
20	直线梁	C50	48.12	3.462	2.103	1.380	直线梁	C50	50.2	3.292	2.102	2.393
	曲线梁	C50	48.12	3.462	2.103	1.657	曲线梁	C50	50.2	3.292	2.102	2.761

4)预应力混凝土连续箱梁

(1)连续箱梁混凝土浇筑定额中含墩旁托架、边跨膺架、合龙段吊梁及临时支座等项目,需要时根据施工组织设计另计。

(2)预应力连续箱梁拼接顶推定额已含顶推用千斤顶、托架、制动架、导向架、顶推锚栓、千斤顶顶座、墩顶临时支座、导梁上拉杆、锚梁、滑板等的摊销量。但未含顶推用的导梁制安拆,顶推用的导梁需按导梁定额另计。

5)钢梁

(1)钢梁架设定额中未含钢梁和支座的数量及支座的安装。钢梁的费用按成品价格另计,支座按有关定额另计。

(2)钢桁梁连接拖拉架设法的连接及加固额中未含枕木垛,需要时根据施工组织设计按有关定额另计。

(3)钢桁梁悬臂架设定额中未含施工临时加固杆件。

(4)钢梁定额中的高强度螺栓带帽是按平均 0.5kg/套编制的,当设计采用的高强度螺栓带帽规格与此不符时,可调整。

6)钢管拱

(1)钢管拱架设定额系按悬臂扣挂的施工工艺编制。

(2)钢管拱架设定额中未含钢管拱的数量,钢管拱的费用按成品价格另计。

(3)钢管拱架设定额中未含缆索吊装设备,需要时可根据施工组织设计按缆索吊定额另计。

7)钢斜拉桥

(1)钢桁梁悬钟架设定额中未含钢梁和支座的数量及支座的安装。钢梁的费用按成品价格另计,支座按有关定额另计。

(2)斜拉索挂索定额中未含索的数量。斜拉索的费用按成品价格另计。

(3)钢梁定额中的高强度螺栓带帽是按 0.5kg/套编制的,当设计采用的高强度螺栓带帽规格与此不符时,可调整。

8)支座

以孔、个为单位的定额中已含支座,以 10t 为单位的钢桁梁支座安装定额中未含支座。未含的支座按成品价格另计。

9)桥面

(1)桥面结合板预制、安装及湿接缝混凝土定额,仅适用于公路桥面板与钢梁结合的工程。结合板的钢筋可采用预制梁钢筋定额。

(2)道砟桥面人行道板及栏杆定额中未含避车台,避车台按相应定额另计。钢梁桥面人行道板及栏杆定额中含避车台(防火台)。

(3)公路桥面排水管路安装定额,仅适用于公路在上、铁路在下的双层公铁两用桥。

3. 涵洞工程

(1)基础和涵身及出入口定额,适用于各类涵洞。

(2)钢筋混凝土倒虹吸管管身定额中已含钢筋混凝土圆管的制安和钢筋混凝土套梁的制作。

4. 既有线顶进桥涵工程

(1)顶进作业的接缝处隔板与钢插销制安定额,适用于顶拉法及中继间法。

(2)框架身外沿底宽是指框架顺线路方向外侧间的长度。

5. 其他工程

(1)吊轨梁、扣轨梁安拆定额,其钢轨质量按 50kg 轨编制,当设计采用的轨型与定额不符时,可抽换。

(2)枕木垛搭拆在 5m 以上高空构筑物或平台上时,定额人工消耗量乘以 1.5 的系数。

(3)军用梁安拆定额中未含钢梁下搭拆的枕木垛,需要时可按相应定额另计。

(4)拼装及架设钢梁用的木支架定额中未含枕木垛,需要时可按相应定额另计,如支架下需铺垫木时,每 $10m^3$ 垫木需增加人工 1.4 工日、垫木 $0.601m^3$。

(5)水中凿除混凝土、钢筋混凝土和拆除石笼、砌石定额,仅适用于水深在 0.5m 以内,水深超过 0.5m 需筑围堰及抽水时,按有关定额另计。

(6)拆除钢板梁定额中未含铺拆滑道及搭拆枕木垛,需要时可按上、下滑道及枕木垛定额另计。

(7)玻璃钢电缆槽定额中未含支架,需要时按支架制安定额另计。

(8)构筑物基地、后背需填筑砂石等垫层或反滤层时,套用路基定额中填筑砂石有关子目。

6. 商品混凝土

本章定额适用于明文规定必须使用商品混凝土的区域内的工程。

商务部、公安部、建设部、交通部《关于限期禁止在城市城区现场搅拌混凝土的通知》(商改发[(2003)341 号]"二、北京等 124 个城市城区从 2003 年 12 月 31 日起禁止现场搅拌混凝土,其他省(自治区)辖市从 2005 年 12 月 31 日起禁止现场搅拌混凝土"。

四、隧道工程预算定额使用规定

一个隧道工程可能有多个施工组织设计方案,单隧道开挖的方法就有十多种,确定施工方案的"自由度"很大,选什么样的掘进方案、什么样的设备配备、什么样的辅助坑道形式,都直接影响隧道定额的水平和隧道的总造价。

隧道定额所采用的施工组织及施工行为方法为:隧道不再按全长逐级划分档距,对隧长 4 000m以上的隧道,在隧长≤4 000m 定额的基础上,综合考虑辅助坑道的设置,以增加定额的形式出现。隧道开挖按台阶法、全断面法两种方法分别编制。分单、双线不同隧长及各自适用的围岩级别列项。Ⅰ、Ⅱ、Ⅲ级围岩开挖按全断面施工编制定额,Ⅳ、Ⅴ、Ⅵ级围岩按台阶法施工编制定额。其中Ⅳ级围岩按人力施工不爆破考虑。

隧道出渣运输定额不分隧道和明洞,按运输方式即有轨与无轨运输,分单、双线按隧长划分,隧长挡距与开挖相同。根据隧道设计规范建议和统计资料,单线铁路隧道因为断面较小,大多采用无轨进洞,然后改有轨出渣的方式;双线隧道随着近年来大型机械化施工的普及,大多采用无轨运输的模式。因此,在定额中,单线隧道出渣定额隧长 $L \leq 1\,000$m 采用无轨运输编制,$L > 1\,000$m 采用有轨运输编制;双线隧道出渣定额均采用无轨运输编制。

(一)"隧道"和"换算隧长"的计算

隧道定额中对采用的"隧长"概念作了明确的规定,以便和设计中和施工中的"实际隧长"、"换算隧长"等概念相区别。

1. 隧长

定额中采用的"隧长",指的是套用隧道定额时的长度范围。是在计算隧道定额消耗量时,施工组织模型规定的洞内施工的长度,用以确定绝大多数与长度相关的人工、材料和机械消耗,如出渣、混凝土运输、材料运输等。

实际隧长的精确计算,新定额规定为隧道进出口(含与隧道相连的明洞)洞口端墙墙面之间的距离,以端墙面与内轨顶面的交线同线路中线的交点计算。实际隧长确定后,在以此为依据套用相应的“隧长”的定额。

实际隧长计算中，双线隧道按下行线长度计算；位于车站上的隧道按正线长度计算。

正洞内开挖、出渣运输、混凝土运输、通风管线路等与隧长相关项目，按隧长≤1 000m、≤2 000m、≤3 000m、≤4 000m 编制。

当隧长 >4 000m 时，新定额采用基础定额和增加定额相叠加的方式来套用定额，正洞开挖，不再考虑实际“隧长”，以隧长≤4 000m 定额为基础，只套用一次增加定额。出渣定额应按“换算隧长”执行，同时采用增加定额逐级增加。混凝土运输以及通风管线路、洞内排水等定额，按全隧长综合考虑，以隧长≤4 000m 定额为基础，采用增加定额逐级增加。各工程项目工程数量与基础定额和增加定额的套用关系见表 3-13。

隧长 >4 000m 时定额套用表 表 3-13

序号	项 目	工程数量	单位	套用定额
1	开挖	设计断面开挖数量	$10m^3$	隧长≤4 000m 定额
				隧长 >4 000m 增加定额
2	洞内出渣运输	设计断面开挖数量	$10m^3$	隧长（平导长度）≤4 000m 定额
				N_1 ×隧长（平导长度）>4 000m 每增 1 000m 定额
3	正洞混凝土运输	设计断面衬砌数量	$10m^3$	隧长≤4 000m 定额
				N_1 ×隧长（平导长度）>4 000m 每增 1 000m 定额
4	平导开挖	设计断面开挖数量	$10m^3$	平导长度≤4 000m 定额
				N_1 ×平导长度 >4 000m 每增 1 000m 定额
5	平导衬砌	设计断面衬砌数量	$10m^3$	平导长度≤4 000m 定额
				N_1 ×平导长度 >4 000m 每增 1 000m 定额
6	通风及管线路	隧长（平导长度）	延米	隧长或平导长度≤4 000m 定额
				N_1 ×隧长（平导长度）>4 000m 每增 1 000m 定额
7	洞内材料运输	按规定计算的材料质量	10t	隧长≤1 000m 定额
				N_2 ×隧长每增 1 000m 定额
8	洞内排水	设计断面开挖数量	$10m^3$	隧长≤4 000m 定额
				N_1 ×隧长 >4 000m 每增 1 000m 定额
9	无砟道床支撑块安装	N_3 ×单线铺设长度	单线 1 000m	隧长≤1 000m 定额
				N_2 ×隧长每增 1 000m 定额
10	无砟道床混凝土浇筑	混凝土数量	$10m^3$	隧长≤1 000m 定额
				N_2 ×隧长每增 1 000m 定额

注：1. $N_1 = (L - 4\,000)/1\,000$，$L$ 为全隧长（平导单口掘进长度）或换算隧长，按 1 000m 进级。

2. $N_2 = (L - 1\,000)/1\,000$，$L$ 为全隧长，按 1 000m 进级。

3. N_3 为股道数。

定额规定,套用定额时,隧长及平导长度不足1 000m部分,按1 000m计。

2. 换算隧长

铁路隧道定额为了适应长隧短打的方式,引入了“换算隧长”的概念。正洞内开挖、出渣运输、混凝土运输、通风管线路等与隧长相关的项目,按隧长或换算隧长套用相应的≤1 000m、≤2 000m、≤3 000m、≤4 000m定额之后编制。下面以“出渣运输”为例,解释“换算隧长”的设置原理和计算规定。

在长大隧道施工中,为了加快进度,保证工期,通过设置辅助坑道,开设了多个工作面同时掘进。这时,隧道的施工组织模式相对于无辅助坑道的隧道双向掘进模式发生了较大的变化,其每一个段施工的运渣运距都不一样,承担的正洞开挖数量也不一样。因此,不能直接使用隧道的原始长度套用定额计算其运渣费用。

“换算隧长”就是将不同施工段的运渣运距换算成独立的隧长,然后根据不同施工段负担的工程数量套用不同档次的隧长定额,进而得到较为贴切的该施工段的运渣费用。

换算隧长与施工组织设计联系密切,定额套用也更加灵活。因此,在隧道的工程设计中,应首先完善隧道的施工组织设计,然后,明确辅助坑道的类型和各工作面负担的施工长度,再按照定额规定的模式套用。

例如,铁路双线隧道的正洞出渣运输需用换算隧长套用相应的定额,换算隧长的计算规定如下。

(1)通过隧道进出口开挖正洞,以换算隧长套用相应的出渣定额。换算隧长计算公式为:

$$换算隧长 = 全隧长度 - 通过辅助坑道开挖正洞的长度 \tag{3-18}$$

当换算隧长>4 000m时,以隧长≤4 000m定额为基础,与隧长>4 000m每增1 000m定额叠加使用。

(2)通过斜井开挖正洞,出渣运输按正洞和斜井两段分别计算,二者叠加使用。正洞内运输,当开挖长度≤1 000m时,套用隧长≤1 000m的出渣运输定额;当开挖长度>1 000m时,按换算隧长套用相应的出渣定额,斜井运输按斜井长度套用由斜井出渣运输定额。换算隧长计算公式为:

$$换算隧长 = 2 \times 通过斜井开挖正洞的长度 \tag{3-19}$$

(3)通过平行导坑或横洞开挖正洞,可采用单线隧道有轨运输定额,按换算隧长分别套用相应的出渣定额。换算隧长计算公式为:

$$\begin{aligned}换算隧长 = {} & 4 \times 平行导坑入口至第一个横通道的平导长度或横洞的长度 + \\ & 2 \times 通过平行导坑或横洞开挖正洞的长度\end{aligned} \tag{3-20}$$

当换算隧长>4 000m时,以隧长≤4 000m定额为基础,与隧长>4 000m每增1 000m定额叠加使用。

【例3-5】 某铁路双线隧道,Ⅱ级围岩,隧长5 000m。其中通过斜井开挖正洞2 000m,斜井长80m,其余为通过进出口两个工作面掘进施工,自卸汽车运输,洞外出渣运距1 300m,试确定隧道洞身开挖及出渣运输的人工和机械台班预算定额数量。

解:(1)正洞内开挖

根据隧道工程分册说明三的规定,正洞内开挖、出渣运输,按隧长≤1 000m、≤2 000m、≤3 000m、≤4 000m编制。当隧长>4 000m时,正洞开挖,以隧长≤4 000m定额为基础,与隧长>4 000m增加定额叠加使用。

因此,查正洞开挖≤4 000m 和>4 000m 增加定额,定额编号为 SY-50 和 SY-56,定额单位 $10m^3$。

人工:6.98+0.15=7.13(工日)

气腿式凿岩机:1.05+0.014=1.064(台班)

气动锻钎机 $d\leqslant 90$:0.158(台班)

钻头磨床:0.158(台班)

电动空气压缩机≤$9m^3$/min:0.077+0.002=0.079(台班)

电动空气压缩机≤$20m^3$/min:0.192+0.002=0.194(台班)

(2)正洞出渣运输

根据说明,按通过隧道进出口开挖正洞和通过斜井开挖正洞分别计算换算隧长,套取相应定额。

①通过斜井开挖正洞,出渣运输按正洞和斜井两段分别计算,二者叠加使用。

正洞内运输换算隧长:2×2 000=4 000m,查正洞出渣运输≤4 000m 定额得 SY-110,定额单位 $10m^3$。

斜井运输 80m,查由斜井出渣运输定额得 SY-129,定额单位 $10m^3$。

人工:0.42+2.54=2.96(工日)

轮胎式装载机≤$2m^3$:0.059(台班)

自卸汽车≤8t:0.315(台班)

矿用提升绞车 JT40kN:0.384(台班)

②通过隧道进出口开挖正洞出渣运输

换算隧长:5 000-2 000=3 000m,查正洞出渣运输定额得 SY-104,定额单位 $10m^3$。

人工:0.41(工日)

轮胎式装载机≤$2m^3$:0.059(台班)

自卸汽车≤8t:0.248(台班)

③洞内出渣运输定额,无轨运输含洞门外运距 500m。本隧道洞门外运距 1 300m,超出 800m,超出部分采用增运子目,按 1 000m 计。查洞外运渣无轨增运定额得 SY-150,定额单位 $10m^3$。

自卸汽车≤8t:0.044(台班)

(二)开挖、出渣及洞内反坡排水的工程数量计算

1. 定额中正洞洞身、平导、斜井的开挖、出渣的工程数量

均按设计断面数量计算,其中包含了洞身及所有附属洞室的数量。

定额中的工料机消耗量,乘以各个工序的循环时间,同时考虑工序的搭接时间、辅助时间和幅度差,摊入隧道各个工序完成的工程数量(开挖数量或衬砌量),按照一定的标准单位($10m^3$)汇总,得到就是定额消耗量。

在使用定额时,套用定额采用的工程数量,必须与计算定额时采用的工程数量计算口径相一致,这样才能保证作出的概算和预算的准确性。

在使用定额中,计算隧道开挖、衬砌工程数量,应注意扣除允许超挖和允许超挖回填的工程数量,只需要计算净断面开挖数量和净衬砌断面混凝土数量即可。

以专隧-0014 单线复合衬砌标准图为例,计算见表 3-14。

单线复合衬砌开挖及衬砌数量表(专隧-0014图)(单位:m^3/m)　　表3-14

序号	工程项目	Ⅴ级	Ⅳ级	Ⅲ级	Ⅱ级	说明
1	开挖数量	57.18	54.37	46.34	45.18	含允超
2	超挖数量	2.78	3.13	2.99	2.96	
3	净断面开挖数量(设计数量)	54.40	51.24	43.35	42.22	扣超挖
4	衬砌混凝土数量	15.61	14.35	8.74	8.51	含回填
5	回填数量	2.78	3.13	2.99	2.96	
6	净衬砌断面数量(设计数量)	12.83	11.22	5.75	5.55	扣回填

2. 排水的工程数量

(1)正洞

定额不适用于隧道施工中遇到的大股涌水的治水和排水处理。根据隧道施工现场的调查,在不大于$20m^3/h$排水量下,洞内只需要增加抽水机台班量即可维持正常施工。但当洞内的涌水量超过$20m^3/h$时,洞内的正常施已经受到了影响,因此应采用取治、堵水措施,将总排水量降到$20m^3/h$以内。这时的治、堵水措施应另行计算费用,不能通过简单增加抽水机台班量来解决。

洞内反坡排水的工程数量,不是排水的水量,是综合摊入开挖断面数量的,使用时应采用反坡区段内的全部开挖数量作为工程数量。

洞内反坡排水按全隧长综合编制。使用时不论有多少个反坡区段,仍按照隧道全长套用定额,当隧长>4 000m时,与隧长每增加1 000m定额叠加使用。

(2)斜井

斜井内排水系统按斜井长度综合编制。通过斜井施工的正洞部分,其正洞内排水在斜井底、斜井口的提升在定额中未考虑,实际使用中应根据施工组织安排另行分析计算。

(3)平行导坑

定额中未考虑平导施工的排水,因为在实际设计和施工中,平导坑底高程一般低于隧道底面高程0.2~0.6m,且均设计为向洞外的下坡,因此一般在平导中不会出现反坡排水。如设计中因地形条件必须设置反坡时,可根据施工组织设计另行分析计算。

(三)衬砌的工程数量计算

(1)正洞洞身、平导、斜井的衬砌混凝土拌制、浇筑及运输的工程数量,均按设计断面衬砌数量计算,包含洞身及所有附属洞室衬砌数量。

(2)防水板、明洞防水层工程数量,均按设计敷设面积计算。

(3)止水带、盲沟、透水软管工程数量,均按设计长度计算。

(4)拱顶压浆工程数量,设计时可按每延长米$0.25m^3$综合考虑。

(四)支护的工程数量计算

(1)喷射混凝土的工程数量,按喷射面积乘以设计厚度计算,其中喷射面积按设计外轮廓线计算。

关于“填平补齐”的问题，原“138 号文隧道定额”中考虑了喷射混凝土的“填平补齐”量，“47 号文隧道定额”修订后，根据现场调查和实际测定，认为实际施工中，依据施工规范和安全规定，喷射混凝土只要达到了设计的厚度，是可以随着岩面的起伏有适当的凸凹的，不必要完全用喷射混凝土去填平补齐，填平补齐这些凹凸的量已经由衬砌中的混凝土来完成了，因此，新定额取消了这个概念。

(2)锚杆定额工程数量，均以 100m 作为计算单位。砂浆按每根锚杆 3m 考虑，当杆径变化时，可调整其钢筋及锚杆体规格。

(3)格栅钢架、型钢钢架工程数量，按设计工程数量计算，定额中已考虑了连接钢筋的数量，设计在提供格栅钢架、型钢钢架数量的同时，应提供连接钢筋的数量。

(五)洞门的工程数量计算

洞门砌筑及附属工程，均按设计工程数量计算。

(六)辅助坑道的工程数量计算

(1)斜井的开挖、衬砌工程数量，应包含井身、井底车场、渣仓、水仓与配电室等的综合开挖、衬砌数量。

(2)斜井定额，适用于斜井长≤800m、斜角≤35°，采用有轨运输的斜井工程。不适用于单纯为缩短工期而不计成本修建的无轨运输斜井。

(七)通风、管线路基材料运输的工程数量计算

定额的材料运输定额，适用于衬砌工程中除模板和混凝土运输外的钢筋、钢筋混凝土盖板、防水板、止水带、盲沟、透水管等材料和支护材料的洞内运输。

正洞材料运输是按全隧长综合编制的；平导材料运输按平导长度综合编制；斜井材料运输按斜井长度综合编制。其中，辅助坑道的材料运输均指其本体支护和衬砌使用的上述材料的运输，不包括通过辅助坑道进行正洞使用的材料运输。通过斜井施工正洞期间的材料运输，正洞内的已在全隧运输中综合考虑，斜井内提升已经包含在由斜井出渣运输中，使用时注意不得重复计算。

材料运输的工程数量的计算，其材料质量的计算范围仅为第二章全部子目，第三章中第四节、第五节全部子目。

使用定额时，应先统计上述项目的材料总质量，再以材料总质量分别套用正洞和辅助坑道各自的材料运输定额得到总材料运输费用。使用中应注意需要组合计算，不能漏计。

(八)弹性无砟道床

支撑块安装定额，系按隧长 1 000m 编制。当隧长 >1 000m 时，与隧长每增 1 000m 定额叠加使用。隧长不足 1 000m 部分，按 1 000m 计。

支撑块安装定额，其直线按每公里轨下设置支撑块 1 760 对考虑。当曲线及支撑块数量不同时，可按块数比例予以调整。

道床浇筑定额，系按全隧长综合编制。当隧长 >1 000m 时，与隧长每增 1 000m 定额叠加使用。

(九)改扩建隧道

(1)本定额系按封锁线路施工编制，封锁时间按每工作天给点 2 次、每次 2h 计。如遇其他给点情况及断线改造，人工和机械台班按表 3-15 中的系数调整：

调整系数 表3-15

给点方案	每次封锁时间(h)					断线改造
	1	1.5	2	2.5	3	
每工作天给点两次	1.5	1.3	1	0.78	0.64	0.47
每工作天给点一次	2.5	2	1.75	1.37	1.12	

(2)使用时不得再计列行车干扰施工增加费。

(3)定额中的开挖、衬砌定额,未含出渣、进料、管线路使用及照明用电等内容,使用时应按相应的定额计算。这与新建工程不同,应特别注意。

(十)其他问题

(1)当路基、桥涵等专业定额用于洞内工程时,人工乘以1.257的系数。

(2)有轨运输子目,均按洞内坡度≤13‰编制;当洞内坡度>13‰时,电瓶车及充电机台班消耗量应乘以1.5的系数。

(3)衬砌沟槽模板定额,按双侧沟槽编制,如涉及采用单侧沟槽,定额消耗量应乘以0.7系数。

五、基本定额(定额标准)

(一)定额标准的基本概念

定额标准又称基本定额,它可分为施工定额基本定额和预算定额基本定额两种类型。它是时间定额标准、材料消耗定额标准和与定额有关的施工技术标准的总称。时间定额标准包括劳动时间定额标准和机械时间定额标准。

定额标准是在典型的施工技术和施工组织的条件下,完成一个操作过程(或某一产品的某一工序)所需的时间数值和材料消耗数值标准,根据这些数值标准可以确定完成一个施工过程或一件产品所需劳动时间、机械台班和材料的消耗量。

定额标准是在充分研究施工过程基本要素和施工技术组织等因素的基础上,运用技术测定、统计分析、数据统计等方法制定,并在执行中加以完善的。

(二)定额标准的作用

定额标准是制定施工定额或预算定额的基础,它的具体作用有:

(1)用定额标准制定定额,可以简化定额的制定和修订工作,可以使定额更具有全面性、灵活性。当所测定的施工过程的构成和特点改变时,可以使用定额标准图、表、公式进行查找或计算,也可以使用修正系数,或依据某些操作(或工序)定额标准重新组合定额等办法来制定新的定额。

(2)用定额标准制定定额,可以保持定额水平的平衡或避免企业、作业队、工种、产品、工序之间定额水平不平衡现象。

(3)由于定额标准的制定比较科学,所以用定额标准所确定的定额水平比较合理,具有较大的说服力。

(4)有了定额标准可以直接对照和测定定额,既节省了时间,又解决了一些定额员由于对某些工种、工序不熟悉,难于制定定额的困难。

尽管定额标准有这些作用,但我国基本建设部门,尚没有统一定额标准,只是在各部门建筑安装工程统一劳动定额编制说明中，为了编制劳动定额，制定了一些技术参数表、基本定额和基本定额计算公式，铁道部在《铁路工程基本定额》中提供了一些制定各册预算定额的基本数据和一些计算公式，它们还是定额标准的雏形，尚待今后完善。

（三）定额标准的分类和表现形式

1. 定额标准分类

定额标准的种类可以按其使用范围、综合程度以及标准的形式进行分类。

(1)按使用范围可分为：

①企业定额标准——企业根据自己的施工技术组织条件编制的标准。其使用范围只限于本企业内部。

②部门定额标准——是根据本部门某一类企业共同的生产技术和组织条件制定的定额标准。例如，铁道部根据本部门施工企业特点编制铁路工程劳动定额基本定额和预算定额基本定额，它只适用于铁路系统各施工企业。

③全国性定额标准——是指在全国范围内为一些生产技术条件相近似的企业共同使用的标准，它供部门、省、市、自治区和企业编制各自的定额标准或定额时参考。

(2)按编制定额标准的施工过程内容综合程度可分为：

①详细定额标准——指按工序细分为操作或操作组，并按时间分类来制定的标准。这种标准规定得比较详细，适用范围比较广，只要工种、操作和生产技术条件相同，不分工程类型、构筑物、结构件，均可使用。

②概略定额标准——是指按工序或构筑物、构件并按全部定额时间编制的定额标准，它是选择有代表性的典型工序或构筑物、构件作为对象指定的定额标准(典型定额标准)。这种标准比较概略，只适用于相同或类似的工序、构筑物、构件，对单位生产(如施工企业中的修配厂)很适用。

2. 定额标准的表现形式

定额标准的表现形式，根据资料整理的方法不同可以整理成为定额标准图、定额标准公式、定额标准表以及校正系数。

(1)定额标准图：用图解整理法在坐标纸上绘制的最后直线或曲线，我们称它为定额标准直线或定额标准曲线。有了这种图，就可以从图上找到某一影响因素数值变化的各种基本定额或计算定额的基础资料。

(2)定额标准计算公式：用计算分析法求得的计算公式或经验公式。用这种公式可计算出某一个或几个影响因素数值变化的基本定额或计算定额的基础资料。

(3)定额标准表：将每一个影响因素数值划分成若干档次(子目)，再用定额标准计算公式，或直接从定额标准图上查出各档次(子目)数值条件下的基本定额或计算定额的基础资料，制成一个表，称作定额标准表。

定额标准表便于直接查找，不像定额标准图需要临时读数，特别是后面位数估读不容易准确，也不像定额标准计算公式需要临时计算，但定额标准表过于繁琐，不如计算公式简练。

无论哪一种表示形式，都必须有工作内容、影响因素、施工技术与组织、采用的设备、工具、材料和产品规格、质量要求等说明，必要时要绘图说明。

(4)校正系数(又称修正系数)：影响延续时间和材料消耗的因素很多，在制定基本定额时仅能从主要因素和典型条件(规定的正常条件)以及必要的工作内容考虑，在其他次要因素、客观条件和工作内容改变时，则需要借助校正系数加以修正。

校正系数就是非典型条件与典型条件的比较，也就是未列入基本定额的和列入基本定额的要素（可以是时间、材料消耗量或其他）的比值。一般以典型条件校正系数为1，非典型条件校正系数大于1或小于1，例如风钻钻水平孔，基本定额为4min，若向上钻孔要5min，它的校正系数按公式（3-21）计算则为1.25。

$$校正系数=\frac{未列入基本定额的条件}{列入基本定额的条件}=\frac{5}{4}=1.25 \tag{3-21}$$

式（3-21）中，分子、分母可以是时间（工日或台班），也可以是材料消耗量。使用校正系数时，只要把校正系数乘以列入基本定额的时间，就可求出所需要的时间。例如上例，向上钻孔的校正系数为1.25，则所需时间按公式（3-21）计算为5min。

$$未列入基本定额的时间=列入基本定额的时间\times 校正系数=4\times 1.25=5\text{min}$$

运用校正系数可以扩大基本定额图、表、公式的使用范围，可以缩减基本定额图、表、公式的数目。因此，在制定基本定额时采用校正系数的形式是比较方便的。

（四）铁路工程基本定额

现行铁路工程预算定额手册将基本定额编为第十三册。基本定额规定了预算定额编制和使用过程中涉及的基础性资料和数据，是编制铁路工程预算定额和补充定额的基础。

基本定额主要包括：各种辅助结构所用材料、半成品摊销次数表，模型板制作、安装及拆除，混凝土及水泥砂浆配合比用料表，工地范围内材料、成品、半成品运输等基础数据。

基本定额的工日消耗量一般包括基本用工和辅助用工。当采用基本定额编制预算定额时，除第十章工地范围内材料、成品、半成品运输定额和第十一章备料工程不再另计定额幅度差外，其余工程应结合工程内容和部位，计算定额幅度差系数，纳入预算定额中。机械台班消耗量不另计定额幅度差。

基本定额已含20m以内的垂直运输用工，当采用垂直提升机械时，应扣除相应的人工并加入机械的消耗。

1. 各种辅助结构所用材料、半成品摊销次数表

（1）各种辅助结构所用材料每使用一次的摊销量计算公式如下：

木模板：

$$每使用一次的摊销量=一次使用量/摊销次数 \tag{3-22}$$

钢模板、钢支撑、钢配件：

$$\begin{matrix}每使用一次的\\摊销量\end{matrix}=一次使用量\times(1+施工损耗率)/摊销次数 \tag{3-23}$$

（2）桥涵的金属构件、施工设备以及常用的周转材料，除射水吸泥管路、橡胶管路按年使用费率计算外，其他均分别列有使用一次的损耗率和年使用费率，编制预算时，按有关规定执行。

（3）组合钢模板：由钢模板和配件两大部分组成，钢模板包括平面模板、阴阻角模板、连接角模板等，配件包括U形卡、L形插销、钩头螺栓、紧固螺栓、卡具（包括梁卡、柱卡）等。钢支撑由钢管、支撑链杆、钢管扣件组成。

（4）大钢模板：使用定型的大钢模板，配备钢管、扣件作支撑系统。

（5）定型钢模板：根据定型构件的形状，用钢材制成模具。模板本身自成体系，含配件。

2. 模型板制作、安装及拆除

（1）模板制安已包含了工地搬运及操作损耗。

(2)定额单位 $10m^2$ 指模板与混凝土的接触面积。

(3)编制预算定额时,对于木模板的制作,应先求算定额单位的模板设计量,再按基本定额第一章规定的摊销次数及摊销量计算公式,计算各册预算定额中的各项模板摊销量。木模板的安装及拆除材料(不含模板)已按摊销计,可直接采用,不另行计算。

(4)组合钢模板、大钢模板、定型钢模板的安装拆除,已按基本定额第一章规定的消耗量(或摊销量)及使用次数计列,故在编制预算时,可直接采用,不另行计算。

(5)就地灌注拱桥、拱涵的拱圈,肋拱定额中不包括拱架及拱架下的支架,T 梁及板梁定额中不包括模板下的支架。

(6)沉井定额中已包括刃脚底模板及底模板下垫木制作安装工料在内。

(7)隧道工程定额内的铁拉杆一次损耗,系指施工浇筑混凝土时需要打入混凝土内,不能拆除的材料按一次摊销计算。

3. 钢筋制作及绑扎

基本定额除预应力钢筋外,统一按 Q235 - A 编制,使用时可按采用的钢筋品种、规格进行抽换,人工、机械及其余各项材料消耗量均采用本定额。钢筋制作已包括工地搬运及操作损耗。

4. 钢、木结构制作、安装及拆除

钢、木结构制作定额中没有考虑钢材、木材的摊销。万能杆件和腕扣式钢管支架定额中已考虑了杆件的摊销。

5. 混凝土拌制、灌筑

(1)混凝土已包括工地搬运及操作损耗。

(2)定额单位 $10m^2$ 指构成实体(片石)混凝土的体积。

(3)不同强度混凝土,按每立方米混凝土配合比用量表计算。

(4)定额中水的用量主要是用于冲洗搅拌机、器具等,不含拌制和养生用水。

6. 拌制水泥砂浆

(1)拌制水泥砂浆已包括工地搬运及操作损耗。

(2)不同强度砂浆用料量,按每立方米砂浆配合比用量表计算。

7. 养护

包括人工养护和蒸汽养护。

8. 混凝土及水泥砂浆配合比用料表

(1)混凝土及水泥砂浆配合比用料表是编制铁路工程预算定额时,用于计算不同强度等级混凝土和水泥砂浆用料量的依据。

(2)用料表中配制混凝土的砂、石、水泥等已包括工地搬运及操作损耗。

(3)用料表按天然湿度砂计,使用时不得因含水率和单位重量不同进行换算。

(4)原先的水泥标号与强度等级对照表见表 3-16。

水泥标号与强度等级对照表 表 3-16

水泥标号(原先)	425	525	625
水泥强度等级	32.5	42.5	52.5

9. 砌筑工程

(1)材料用量已包括工地搬运及操作损耗。

(2)定额中的材料计量单位标准,片(漂)石、块石按码方计,预制块、料石按实方计。

(3)砌筑工程中的砂浆用量不包括勾缝用量。

10. 工地范围内材料、成品、半成品运输

(1)隧道外一般工程运输定额只适用于确需短途接运的特殊情况。

(2)工地小搬运超运距用工定额是根据各类工程的材料构成、运输装卸方法和运距综合取定的,当以劳动定额为基础编制各册预算定额时,可根据各册的工程类别,直接或综合后纳入各册的相应定额项目内。编制补充单价分析时,也应按照上述原则执行。

基本定额中所取定的材料工地小搬运运距,已考虑了升高折平因素,运输方法采用人力和双轮车各占一半,当采用机械搬运时,一律按机械台班消耗办理,且不再计列工地小搬运用工。

11. 备料工程

(1)备料工程定额单位,砂、碎石、卵石、道砟按堆方计算,片(漂)石、块石按码方计算,料石按实方计算。

(2)定额中不包括挖除石场的山皮及采砂、卵石、清除覆盖层的因素,已包括开采过程中的废品清除和成品 50m 范围内的堆码。

(3)机制碎石定额中均不包括开采片石。机制碎石定额与开采片石或拣、堆片石定额合并使用。

(4)水中采筛砂时,人工工日乘以系数 1.3;水中采筛卵石时,人工工日乘以系数 1.5。

(5)洗砂、洗石仅适用于含污量超过规定必须加洗的砂石。洗砂、碎石、卵石,不包括取水;洗片石、料石,包括 40m 内取水。

(6)定额中的人工已包括定额幅度差,材料已包括工地搬运及操作损耗。

12. 主要材料工地搬运及操作损耗率表

(1)材料工地搬运及操作损耗是指从工地仓库或现场集中堆放地点至现场加工地点,或操作地点以及加工地点到安装地点的运输损耗、施工损耗、施工现场堆方损耗。

(2)材料的工地搬运及操作损耗率需视工程类别、施工部位的不同而有所区别,各定额在制定时依据各自的具体情况分别予以采用,并按规定计入材料消耗量中。

(3)表中对有关材料已分别进行了归类综合,并按各册定额中的具体材料名称、规格逐项一一对应列表,使用时,具体材料项目与表列名称不同时,应按表中相近材料类别、名称选用。表中凡注明范围的,应按其相应规定执行。

第四节　铁路工程施工机械台班费用定额

一、铁路工程施工机械台班费用定额的概念

施工机械使用费是根据施工中耗用的机械台班数量和机械台班单价确定的。施工机械台班耗用量按预算定额规定计算。施工机械台班单价是指一台施工机械在正常运转条件下一个工作班中所发生的全部费用,每台班按 8h 工作制计算。正确制定施工机械台班单价是合理控

制工程造价的重要方面。

铁路工程施工机械台班费用定额是一定时期内铁路工程设计概(预)算计取施工机械台班费用的基础,是指在一个台班中,为使机械正常运转需要支出和分摊的折旧、安装拆卸、辅助设施以及人工、动力燃料、其他税费等各项费用消耗的标准,即确定机械台班单价的定额。此定额是编制铁路建设工程概、预算,进行经济核算和结算的依据。铁路养护大、中修工程,可参考使用。

现行的铁路工程施工机械台班费用定额是根据《全国统一施工机械台班费用编制规则》(建设部建标[2001]196号),结合铁路工程的特点和具体情况,并按照2005年度价格水平编制,以铁建设[2006]129号文颁布执行。

二、机械台班单价的组成

1. 铁路工程施工机械台班单价的组成

(1)折旧费:指机械在规定的使用期限(耐用总台班)内陆续收回其原值的费用。

(2)大修理费:指机械在规定的使用期限(耐用总台班)内分若干次进行必要的大修理,以恢复其正常功能所需的费用。

(3)经常修理费:指机械除大修理以外的各级技术保养、修理及临时故障排除所需的费用;为保障机械正常运转所需的替换设备、随机配备的工具与附具的摊销和维护费用;机械运转与日常保养所需的润滑、擦拭材料费用;机械停置期间的维护保养费用等。

(4)安装拆卸费:指机械在施工现场进行安装、拆卸与搬运所需的人工费、材料费、机具费和试运转费用;辅助设施(基础、底座、固定锚桩、走行轨道、枕木等)的搭设、拆除与折旧费用等。

(5)人工费:指机上驾驶员和其他操作人员的人工费,以及上述人员在机械规定的年工作台班以外的人工费。

(6)燃料动力费:指机械在运转作业中所耗用的液体燃料(汽油、柴油)、固体燃料(煤)、电和水的费用。其中气动机械所需耗用的"气",因系按其需要量另行配备相应的空气压缩机,故定额中不列。

(7)其他费用:指机械按照国家和有关部门规定应缴纳的养路费、车船使用税、保险费及年检费用等。

2. 机械台班费用项目组成与计算方法

(1)折旧费:指机械在规定的使用期限(耐用总台班)内,陆续收回其原值的费用。

(2)大修理费:指机械在规定的使用期限(耐用总台班)内分若干次进行必要的大修理,以恢复其正常功能所需的费用。

(3)经常修理费:指机械除大修理以外的各级技术保养、修理及临时故障排除所需的费用;为保障机械正常运转所需的替换设备、随机配备的工具与附具的摊销和维护费用;机械运转与日常保养所需的润滑、擦拭材料费用;机械停置期间的维护保养费用等。

(4)安装拆卸费:指机械在施工现场进行安装、拆卸与搬运所需的人工费、材料费、机具费和试运转费用;辅助设施(基础、底座、固定锚桩、走行轨道、枕木等)的搭拆与折旧费用等。

按照全统台班费用编制规则规定,安装拆卸费根据机械项目不同分为计入台班单价、单独计算和不计算3种类型。

①工地间移动较为频繁的小型机械及部分中型机械,其安装拆卸费计入台班单价。

$$台班安装拆卸费 = \frac{一次安装拆卸费 \times 年平均安拆次数}{年工作台班} \tag{3-24}$$

②移动有一定难度的特、大型(包括少数中型)机械,其安装拆卸费单独计算。

③不需安装、拆卸且自身又能开行的机械和固定在车间的机械,不计算安装拆卸费。

铁路工程的施工机械安装拆卸费系根据统计资料综合分析,按照一次安装与拆卸消耗量、辅助设施一次搭设与拆除消耗量及年平均安拆次数计算得出。除船舶和铺架机械外,凡应计取安装拆卸费的机械均已综合取定列入该项费用,使用时不再另行计取。

本项费用不计取进出场费,进出场费用已列入概算编制办法有关费用中。

(5)人工费:指机上驾驶员和其他操作人员的人工费,以及上述人员在机械规定的年工作台班以外的人工费。

本定额人工费的计算方法与原定额不同,计算公式如下:

$$台班人工费 = 人工消耗量 \times \left(1 + \frac{年制度工作日 - 年工作台班}{年工作台班}\right) \times 人工单价 \tag{3-25}$$

年制度工作日为251d,当年工作台班大于年制度工作日时,公式中的分数取为0。

为方便使用,设1 + (年制度工作日—年工作台班)/年工作台班 = 工日系数(取两位小数),采用下列公式计算人工费:

$$台班人工费 = 人工工日数 \times 工日系数 \times 人工单价 \tag{3-26}$$

(6)燃料动力费:指机械在运转作业中所耗用的液体燃料(汽油、柴油)、固体燃料(煤)、电和水的费用。其中气动机械所需耗用的“气”,因系按其需要量另行配备相应的空气压缩机,故定额中不列。

$$台班燃料动力费 = \sum(燃料动力消耗量 \times 燃料动力单价) \tag{3-27}$$

(7)其他费用:指机械按照国家有关部门规定应缴纳的养路费、车船使用税、保险费及年检费用等。

$$台班其他费用 = \frac{\dfrac{月养路费标准 \times 征费标准计量 \times 12}{年工作台班}}{调整系数 + \dfrac{年车船使用税标准 \times 征费标准计量}{年工作台班} + \dfrac{年保险费标准}{年工作台班} + \dfrac{年检费标准}{年工作台班}} \tag{3-28}$$

(8)对执行多班制工作的机车、船舶,仍采用原定额编列一、二、三班制台班单价的办法,使用时按实际使用的台班数乘以对应班制的台班单价计算机械使用费。

例如:某大桥使用工程驳船共200d,其中80d为一班制作业共80个台班,其余120d为二班制作业共240个台班,机械使用费 = 80 × 一班制台班单价 + 240 × 二班制台班单价。

3. 机械基础数据的取定原则与方法

(1)预算价格

机械的预算价格系指机械原值与购置机械至组成固定资产发生的各种费用之和,是计算台班费用的重要基础数据。

国产机械的预算价格由出厂价(含车辆购置税)与供销、采购部门手续费及一次运杂费组成;进口机械的预算价格由合同到岸价、关税、增值税、消费税、车辆购置税、财务费及外贸部门手续费和国内一次运杂费组成。

铁路工程的机械预算价格,原则上按照全统台班费用编制规则的有关规定,结合铁路工程特点与具体情况,参照机电产品报价手册、机电产品出厂价格目录等,并参考有关单位填报的资料,综合取定。

(2)残值率

残值率系指机械报废时回收的残余价值占机械原值的比率。依据企业财务制度的有关规定,结合铁路工程的特点和具体情况,按下列分类取定:

①运输机械:2%;

②特、大型机械:3%;

③中、小型机械:4%;

④掘进机械:5%。

(3)折旧年限

折旧年限系指国家有关文件规定的固定资产计提折旧的年限。企业财务制度对施工企业规定了折旧方法与折旧年限的范围,并允许企业在规定的范围内有权选择具体的折旧方法和折旧年限。

(4)耐用总台班与年工作台班

耐用总台班系指机械从开始投入使用至报废所使用的总台班数。年工作台班系指机械的耐用总台班在规定的折旧年限内每年的平均值。随着施工机械技术能力的进步和利用率的不断提高,根据当前铁路工程施工的具体情况,铁路工程对大部分机械项目提高了耐用总台班和年工作台班。

(5)大修理次数

大修理次数系指机械在使用期限(耐用总台班)内为恢复其正常功能所需的大修理次数。铁路施工机械的大修理次数,按照全统台班费用编制规则的大修理次数和原定额的大修周期,综合取定。

(6)一次大修理费

一次大修理费系指机械进行一次大修理所需的工时、配件、辅助材料、油燃料及送修运杂费等各项费用之和。铁路施工机械的一次大修理费,原则上按照全统台班费用编制规则的有关规定,结合铁路工程的特点和具体情况,参考有关单位填报的资料,综合取定。按机械管理的通常惯例与机械大修理费用的一般规律,同类机械的一次大修理费占新机价格的百分比基本上相同或具有规律性。

(7)经常修理费系数

经常修理费系数系指经常修理费与一次大修理费之比。铁路施工机械的经常修理费系数,原则上按照全统台班费用编制规则的有关规定,结合铁路工程的特点和具体情况,参考有关单位填报的资料,综合取定。

(8)一次安装拆卸费

一次安装拆卸费系指机械安装与拆卸一次所需的人工费、材料费、机械使用费和试运转费用,以及搭设与拆除一次辅助设施的摊销费用。铁路施工机械的一次安装拆卸费,参照有关单位填报的一次安装与拆卸消耗和辅助设施一次搭设与拆除消耗统计资料,综合取定。

(9)年平均安拆次数

年平均安拆次数系指根据每年安装与拆卸次数统计资料,综合分析取定的平均值。铁路施工机械的年平均安拆次数,以全统机械技术经济定额为基础,参照全统台班费用编制规则、基础数据及有关单位填报的资料,综合取定。

(10)人工工日

铁路各项机械项目的人工工日基本按照原定额取定,对混凝土搅拌站、泵类、铺轨机、架桥机等的人工工日作了调整。

(11)燃料动力消耗量

本定额各机械项目的燃料动力消耗量基本按照原定额取定。

(12)养路费

铁路施工机械养路费系按照月养路费标准220.00元/t取定。月养路费标准不调整,编制期的养路费可根据工程所在地区的月养路费标准进行调整,按价差计列。

(13)车船使用税

铁路施工机械的车船使用税系根据全国各地的标准综合取定,使用时不作调整。

(14)保险费

铁路施工机械的保险费只计算第三者责任强制保险。第三者责任强制保险的费用标准,各地有所不同,本定额综合取定,使用时不作调整。

(15)年检费用

各地的年检费用不尽相同,铁路施工机械综合取定,使用时不作调整。

第四章 铁路工程造价构成

第一节 铁路工程造价构成概述

铁路工程造价,按不同工程和费用类别划分为静态投资、动态投资、机车车辆购置费和铺底流动资金4部分。

1. 静态投资

静态投资是指概预算编制期的投资。在编制概预算时,为了简化编制工作,排除价格因素变动的影响和有一个统一的取费基础,并保持一个相对稳定时期,铁路造价管理部门设定2005年为概预算编制的基期年。直接工程费中的人工费、材料费、施工机械使用费等费用均按2005年的价格计算。这样,2005年的价格称为基期价格,用基期价格计算的费用为基期费用。铁路造价管理部门定期调整基期年度和基期价格。

从基期年至概预算编制年这段时间内,由于价格发生的变化产生的费用差额,在编制概预算时,以“价差”的形式列入概预算费用中。即静态投资等于在基期费用的基础上加上基期至概预算编制期的价差因素而形成。

按投资构成划分,静态投资按费用性质分属下列5种费用:

(1)建筑工程费(费用代号:Ⅰ)

指路基、桥涵、隧道及明洞、轨道、通信、信号、信息、电力、电力牵引供电、房屋、给排水、机务、车辆、动车、站场、工务、其他建筑工程等和属于建筑工程范围内的管线敷设、设备基础、工作台等,以及拆迁工程和应属于建筑工程费内容的费用。

(2)安装工程费(费用代号:Ⅱ)

指各种需要安装的机电设备的装配、装置工程,与设备相连的工作台、梯子等的装设工程,附属于被安装设备的管线敷设,以及被安装设备的绝缘、刷油、保温和调整、试验所需的费用。

(3)设备购置费(费用代号:Ⅲ)

指一切需要安装与不需要安装的生产、动力、弱电、起重、运输等设备(包括备品备件)的购置费。

(4)其他费(费用代号:Ⅳ)

指土地征用及拆迁补偿费、建设项目管理费、建设项目前期工作费、研究试验费、计算机软件开发及购置费、配合辅助工程费、联合试运转及工程动态检测费、生产准备费、其他。

(5)基本预备费

指设计概(预)算中难以预料的工程和费用。根据《铁路基本建设工程设计概预算编制办法》的规定,按照大体的施工先后顺序和工程类别,概预算费用按综合概(预)算章节表统一划分为16章34节,其中静态投资由12章30节组成。4种费用性质和12章30节的费用划分,是编制概预算时必须遵循的统一要求。费用组成与章节划分的关系见表4-1。

静态投资费用性质与章节关系 表 4-1

章	节	工程费用及名称	章	节	工程费用及名称
一	1	拆迁及征地费用	六		通信、信号及信息
二		路基		15	通信
	2	区间路基土石方		16	信号
	3	站场土石方		17	信息
	4	路基附属工程	七		电力及电力牵引供电
三		桥涵		18	电力
	5	特大桥		19	电力牵引供电
	6	大桥	八	20	房屋
	7	中桥	九		其他运营生产设备及建筑物
	8	小桥		21	给排水
	9	涵洞		22	机务
四		隧道及明洞		23	车辆
	10	隧道		24	动车
五	11	明洞		25	站场
		轨道		26	工务
	12	正线		27	其他建筑及设备
	13	站线	十	28	大型临时设施与过渡工程
	14	线路有关工程	十一	29	其他费用
			十二	30	基本预备费

2. 动态投资

动态投资是指为完成一个工程项目的建设，预计投资需要量的总和。它除了包括静态投资所含内容以外，还包括建设期贷款利息、投资方向调节税、涨价预备费、新开征税费，以及汇率变动部分。

在铁路工程造价中，动态投资特指概预算编制期至竣工期间，由于价格因素的正常变动，需增加的预测预留工程投资。动态投资由工程造价增涨预留费和建设期投资贷款利息两部分组成。

动态投资费用在综合概算章节表中分别对应第十三章、第十四章。

3. 机车车辆购置费

机车车辆购置费是根据铁道部铁路机车、客车投资有偿占用有关办法的规定，在新建铁路、增建二线和电气化技术改造等基建大中型项目总概（预）算中，计列按初期运量所需要的新增机车车辆的购置费。

本项费用按设计确定的初期运量所需要的新增机车车辆的型号、数量及编制期机车车辆购置价格计算。

机车车辆购置费在综合概算章节表中对应第十五章。

4. 铺底流动资金

铺底流动资金是为保证新建铁路项目投产初期正常运营所需流动资金有可靠来源而设置的费用,主要用于购买原材料、燃料、动力,支付职工工资和其他有关费用。铺底流动资金在综合概算章节表中对应第十六章。

铁路工程造价构成见下图4-1。

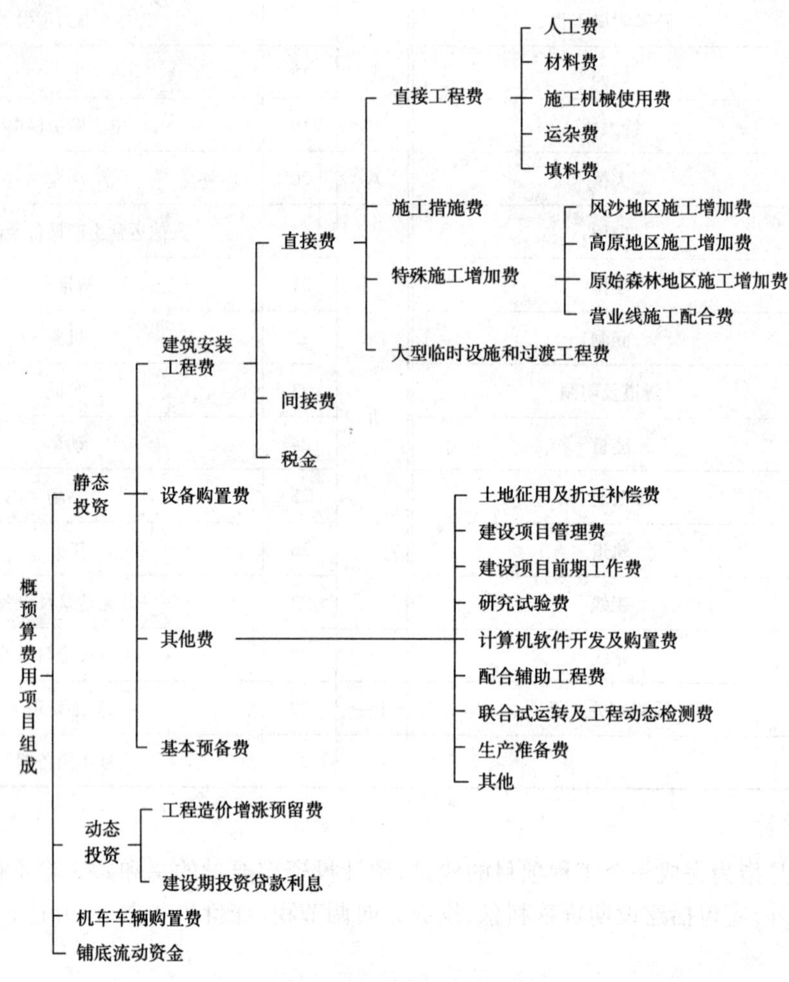

图4-1 铁路工程造价构成

第二节 铁路工程建筑安装费用构成

建筑工程费和安装工程费,是铁路建设项目投资的主要组成部分。它们在投资构成上分属两种费用,但在费用组成内容上却是一致的,所以一并介绍。建筑安装工程费由直接费、间接费和税金3部分组成。

直接费是施工现场在工程施工过程中发生的有关费用。它包括直接工程费、施工措施费、特殊施工增加费、大型临时设施和过渡工程费4种费用。

直接工程费是指在施工过程中,直接耗费在构成工程实体和有助于工程形成的各项费用,包括人工费、材料费、施工机械使用费、运杂费和填料费。

一、人工费

建筑安装工程费中的人工费,是指直接从事建筑安装工程施工的生产工人开支的各项费用。构成人工费的基本要素有两个,即人工工日消耗量和人工工资单价(综合工费标准)。

人工费的基本计算公式为:

$$人工费 = \sum 定额人工消耗量 \times 综合工费标准 \tag{4-1}$$

1. 人工消耗量

是指在正常施工生产条件下,生产单位假定建筑安装产品(分部分项工程获结构件)必须消耗的某种技术等级的人工工日数量。它由分项工程所综合的各个工序施工劳动定额包括的基本用工、其他用工两部分组成。

2. 综合工费的组成

(1)基本工资。指国家规定的各类工人的工资标准。

(2)津贴和补贴。指按规定标准发放的物价补贴,煤、燃气补贴,交通补贴,住房补贴,地区津贴等。

(3)生产工人辅助工资。指生产工人有效施工天数之外的非作业天数的工资。包括开会和执行必要的社会公益义务时间的工资,职工学习、职工培训期间的工资,调动工作和职工探亲期间的工资,因气候影响停工期间的工资,女工哺乳期间的工资,由行政直接支付的六个月以内的病假期间的工资,产、婚、丧假期间的工资。

(4)职工福利费。系指按国家规定标准计提的职工福利费。

(5)生产工人劳动保护费。按国家有关部门规定标准发放的劳动保护用品的购置费、修理费、服装补贴费、防暑降温费,在有害于施工人员身体健康环境中施工生产的保健费用等。

3. 综合工费标准(表4-2)

以上综合工费标准,为2005年度的基期标准,只作为编制概预算基期人工费的依据,与实际支付给工人的工资标准不挂钩。

4. 人工费价差的调整

价差调整是指基期至概(预)算编制期、概(预)算编制期至工程结(决)算期对价格所作的合理调整。铁路工程造价价差调整的阶段,分为基期至设计概(预)算编制期和设计概(预)算编制期至工程结(决)算期两个阶段。

(1)基期至设计概(预)算编制期所发生的各项价差,由设计单位在编制概(预)算时,按本办法规定的价差调整方法计算,列入单项概(预)算。

(2)设计概(预)算编制期至工程结(决)算期所发生的各项价差调整,应符合国家有关政策,充分体现市场价格机制,按合同约定办理。

人工费价差的调整方法为,按定额统计的人工消耗量(不包括施工机械台班中的人工)乘以编制期综合工费单价与基期综合工费单价的差额计算。

人工费价差＝单项预算定额人工消耗量×(编制期综合工费单价－基期综合工费单价)　　(4-2)

综 合 工 费 标 准　　表4-2

综合工费类别		工 程 类 别	综合工费标准(元/工日)	与113号文的价差(元/工日)
Ⅰ类工	Ⅰ－1	路基(不含路基基床表层及过渡段的碎石、砂砾石),小桥涵,房屋、给排水、站场(不包括旅客地道、天桥、雨棚)等工程的建筑工程,取弃土(石)场处理,临时工程	20.35	
	Ⅰ－2	路基基床表层及过渡段的碎石、砂砾石	23.83	3.48
Ⅱ类工	Ⅱ－1	特大桥、大桥、中桥(不含箱梁的预制、运输、架设、现浇,桥面系)、旅客地道、天桥、雨棚、粒料道床,机务、车辆、动车、机务等工程的建筑工程	24.00	
	Ⅱ－2	箱梁(预制、运输、架设、现浇)、桥面系、轨道(不含粒料道床)	29.13	5.13
Ⅲ类工	Ⅲ－1	隧道、通信、信号、信息、电力、电力牵引供电等工程的建筑工程,设备安装工程(不含四电集成的设备安装)	25.82	
	Ⅲ－2	四电集成的设备安装	30.95	5.13
Ⅳ类工		计算机设备安装调试	43.08	

注:1. 本表中的综合工费标准为基期综合工费标准,不包含特殊地区津贴、补贴。特殊地区津贴、补贴按国务院及其有关部门和省(自治区、直辖市)的规定计算,按人工费价差计列。

2. Ⅰ－2类工、Ⅱ－2类工、Ⅲ－2类工的综合工费标准与113号文的综合工费标准的差额按人工费价差计列。

3. 独立建设项目的大型旅客站房及地方铁路中的房屋工程,采用工程所在地地区统一定额的,应采用工程所在地的房屋工程综合工费标准。

4. 隧道外一般工程短途接运运输的综合工费标准采用Ⅰ类工标准。

【例4-1】 某单位在某地新建铁路涵洞工程,按国家规定,该地有特殊地区津贴和补贴,合计为每月65元,若该涵洞工程定额人工消耗量为279工日。试分析该涵洞工程基期与编制期的综合工费单价,并计算人工费价差。

解:(1)基期的综合工费单价,由表4-2可知,涵洞基期的综合工费标准为20.35元/工日。

编制期的综合工费单价,计算工费的年工作日为365－52×2－11＝250(天),平均月工作日为20.83天。该地区的特殊地区津贴和补贴应为:65/20.83＝3.12元/工日。所以编制期的综合工费单价为:20.35＋3.12＝23.47元/工日。

(2)人工费价差＝279×(23.47－20.35)＝870.48元。

二、材料费

指按施工过程中耗用的构成工程实体的原材料、辅助材料、构配件、零件和半成品的用量以及周转材料的摊销量和相应预算价格等计算的费用。

材料费的基本计算公式为:

$$材料费 = \sum 定额材料消耗量 \times 材料预算价格 \tag{4-3}$$

1. 材料预算价格的组成

材料预算价格由材料原价、运杂费、采购及保管费组成。

$$材料预算价格 = (材料原价 + 运杂费) \times (1 + 采购及保管费率) \tag{4-4}$$

(1)材料原价。指材料的出厂价或指定交货地点的价格,对同一种材料,因产地、供应渠道不同而出现几种原价时,其综合原价可按其供应量的比例加权平均确定。

(2)运杂费。是指材料自来源地(生产厂或指定交货地点)运至工地所发生的有关费用,包括运输费、装卸费及其他有关运输的费用等。

(3)采购及保管费。是指材料在采购、供应和保管过程中所发生的各项费用。包括采购费、仓储费、工地保管费、运输损耗费、仓储损耗费,以及办理托运所发生的费用(如按规定由托运单位负担的包装、捆扎、支垫等的料具耗损费,转向架租用费和托运签条)等。

2. 材料预算价格的确定

(1)水泥、木材、钢材、砖、瓦、砂、石、石灰、黏土、花草树木、土工材料、钢轨、道岔、轨枕、钢梁、钢管拱、斜拉索、钢筋混凝土梁、铁路桥梁支座、钢筋混凝土预制桩、电杆、铁塔、机柱、接触网支柱、接触网及电力线材、光电缆线、给水排水管材等材料(电算代号见表4-3)的基期价格采用现行的《铁路工程建设材料预算价格》(铁建设[2006]129号文),编制期价格根据设计单位实地调查分析采用,以上价格均不包含来源地至工地的运杂费,来源地至工地的运杂费应单独计列。若调查价格中未含采购及保管费,要计算其按材料原价计取的采购及保管费。编制期价格与基期价格的差额按价差计列。以上材料的编制期价格应随设计文件一并送审。

采用调查价格材料的品类及电算代号　　表4-3

序号	材料名称	电算代号
1	水泥	1010001 ~ 1010100
2	木材	1110001 ~ 1110018
3	钢材	1900001 ~ 1979999,1980010 ~ 1989999,2000001 ~ 2009999,2200001 ~ 2209999,2220001 ~ 2249999,2810023 ~ 2810999
4	给水排水管材	1400001 ~ 1403999,2300010 ~ 2309999,2330010 ~ 2330109,3372010 ~ 3372999
5	砂	1260022 ~ 1260025
6	石	1230001 ~ 1240599
7	石灰、黏土	1200013 ~ 1200019,1210004,1210016
8	砖、瓦	1300001 ~ 1300054,1310001 ~ 1310099
9	土工材料、花草苗木	3410010 ~ 3412999,1170050 ~ 1179999
10	钢轨	2700010 ~ 2709999
11	道岔	2720010 ~ 2729999

序号	材料名称	电 算 代 号
12	轨枕	2741012~2741799
13	钢梁、钢管拱、斜拉索	2624010~2624999
14	钢筋混凝土梁	2600010~2609999
15	铁路桥梁支座	2610010~2612999,2613110~2613499,2625010~2625999
16	钢筋混凝土桩	1405001~1405999
17	电杆、铁塔、机柱	1410001~1413499,4843010~4844999, 7812010~7812999,8111036~8111099
18	接触网支柱	5200302~5200799,5300051~5399999
19	接触网及电力线材	2120001~2129999,5800001~5800499,5811016~5866999
20	光电缆线	4710010~4715999,4720010~4734960, 7010010~7312999,8010010~8017999

(2)施工机械用汽油、柴油,基期价格采用现行的《铁路工程建设材料基期价格》(铁建设[2006]129 号文),编制期价格结合设计单位实地调查分析采用,以上均为含运杂费和采购及保管费的价格。编制期价格与基期价格的差额按价差计列(计入施工机械使用费价差中)。施工机械用汽油、柴油的编制期价格应随设计文件一并送审。

(3)除上述材料以外的其他材料,基期价格采用现行的《铁路工程建设材料基期价格》(铁建设[2006]129 号文),其编制期与基期的价差按部颁材料价差系数调整。此类材料的基期价格已包含运杂费和采购及保管费,部颁材料价格系数也已考虑运杂费和采购及保管费因素,编制概(预)算时不应另计运杂费和采购及保管费。

3. 再用轨料价格的计算规定

修建正式工程使用的旧轨料(不包括定额规定使用的废轨、旧轨,如桥梁和平交道的护轮轨,车挡弯轨等),其价格按设计调查分析确定;本工程范围内拆除后利用的,一般只计运杂费。需整修的,按相同规格型号新料价格的 10% 计算整修管理费。

4. 材料编制期价格的确定

(1)主要材料价格

铁路建设主管部门从 2006 年 7 月起,建立铁路建设工程主要材料价格信息发布机制,主要材料价格信息作为设计概(预)算编制及审查时分析主要材料预算价格的重要参考。价格信息的发布周期为一个季度,前一季度的价格信息在下一季度第一个月 10 日前发布。价格信息原则上以省、自治区、直辖市为发布地域单元。

价格信息发布的主要材料包括水泥、木材、钢材、给水排水管材、上工材料、钢轨、道岔、轨枕、钢梁、钢管拱、斜拉索、钢筋混凝土梁、铁路桥梁支座、钢筋混凝土预制桩、电杆、铁塔、机柱、接触网支柱、接触网及电力线材、光电缆线以及汽油、柴油等类别,各主要材料价格信息原则上按类别发布,当各类主要材料不同规格型号的价格差别较大时应分规格型号发布。

砖、瓦、砂、石、石灰、黏土等地方材料以及花草苗木不发布价格信息,其价格信息可参考地方造价信息并经实地调查后分析确定。

各类主要材料价格信息的含义如下：

①水泥、木材、钢材、给排水管材、土工材料、钢筋混凝土预制桩、电杆、铁塔、机柱、接触网及电力线材、光电缆线，其信息价为综合出厂价，综合出厂价是指交货地点的厂销或集中采购价格，交货地点指生产厂或能办理货运业务的铁路营业站、水运码头等。由生产厂或铁路营业站、水运码头至工地的运杂费（含以运输费、装卸费及其他有关运输费用之和为基数计取的采购及保管费）应由设计单位另行计算。计算运杂费的运输方式和运输距离，设计单位要经过调查、比选、综合分析确定。要以最经济合理的，并且符合工程要求的交货地点作为计算运杂费的起运点，如距离该建设项目最近的能办理货运业务的铁路营业站或水运码头或生产厂家等。新疆、西藏等边远地区，其运杂费的起运点可根据现场调查另行分析。

②钢轨、道岔、轨枕、钢梁、钢管拱、斜拉索、钢筋混凝土梁、铁路桥梁支座、接触网支柱的信息价为出厂价（在生产厂交货的价格），生产厂家到工地的运杂费（含以运输费、装卸费及其他有关运输费用之和为基数计取的采购及保管费），由设计单位根据材料的质量、数量，综合选定生产厂家作为起运点计算。

③汽油、柴油的价格信息以国家发改委发布的价格为基础，综合确定工地价（材料运至工地的价格，含全部运杂费与采购及保管费）。

（2）其他辅助材料价格

根据铁路建设主管部门的规定，其他辅助材料编制期价格不需单独调查确定，与基期的价差按部颁材料价差系数调整。

由于铁路行业对于设计阶段和施工阶段价差的调整工作采用的方法不统一，手续也很繁杂，工作量大，并经常发生扯皮，耗费了大量的精力。通过充分的调查研究，利用价差系数调整价差被普遍认为是一种简单可行的方法，符合上述要求，因此，铁道部确定了采用价差系数的方法来调整材料价差。从1990年开始，每年铁道部都会发布材料价差系数。2007年度辅助材料价差系数见表4-4。

铁路工程建设2007年度辅助材料价差系数表 表4-4

（铁建设函[2008]105号文）

序号	工程类别	价差系数	序号	工程类别	价差系数
1	路基石方	1.588	11	铺设标准轨（混凝土枕）	1.171
2	路基附属	1.244	12	铺设无缝线路	1.099
3	桥梁基础墩台桥面系及附属	1.198	13	线路有关工程	1.032
4	预制或现浇预应力混凝土梁（含架设）	1.104	14	长途通信光缆	1.016
5	钢筋混凝土梁架构及架设	1.042	15	长途通信电缆	1.028
6	涵洞	1.315	16	无线列调漏泄同轴电缆	1.027
7	钢梁架设	1.144	17	地区及站场通信线路	1.136
8	隧道及明洞	1.254	18	通信设备	1.182
9	铺设标准轨（木枕道钉）	1.233	19	闭塞设备	1.209
10	铺设标准轨（木枕分开式扣件）	1.170	20	联锁装置	1.140

续上表

序号	工程类别	价差系数	序号	工程类别	价差系数
21	驼峰信号	1.254	26	接触网	1.162
22	信息	1.034	27	房屋(含装修和室内水暖电照等)	1.118
23	电力线路	1.052	28	给水排水	1.269
24	电力电源(含其他电力)	1.059	29	机务、车辆、机械	1.286
25	牵引变电(含供电段)	1.204	30	站场、工务、其他建筑及设备(不含无站台柱雨棚)	1.163

注:1. 本系数不适用于无站台柱雨棚工程和以系统集成方式设计的站后相关工程,无站台柱雨棚工程和以系统集成方式设计的站后相关工程的辅助材料价差系数由设计单位另行分析确定。

2. 本系数作为以铁道部《铁路基本建设工程设计概算编制办法》(113 号)、《铁路工程建设材料基期价格(2005 年度)》(129 号)为依据编制工程设计概(预)算时,将辅助材料价格由基期年(2005 年)调整到编制年(2007 年)的依据。

5. 材料费价差的调整

(1)水泥、木材、钢材、砖、瓦、砂、石、石灰、黏土、土工材料、花草苗木、钢轨、道岔、轨枕、钢梁、钢管拱、斜拉索、钢筋混凝土梁、铁路桥梁支座、钢筋混凝土预制桩、电杆、铁塔、机柱、接触网支柱、接触网及电力线材、光电缆线、给水排水管材等材料的价差,按定额统计的消耗量乘以编制期价格与基期价格之间的差额计算。

$$主材价差 = \sum 单项预算定额消耗量 \times (编制期价格 - 基期价格) \tag{4-5}$$

(2)水、电价差(不包括施工机械台班消耗的水、电),按定额统计的消耗量乘以编制期价格与基期价格之间的差额计算。

$$水、电价差 = \sum 单项预算水、电定额消耗量 \times (编制期价格 - 基期价格) \tag{4-6}$$

(3)其他材料的价差以定额消耗材料的基期价格为基数,按部颁材料价差系数调整,系数中不含机械台班中的油燃料价差。

$$其他材料价差 = 单项预算其他材料基期材料费 \times (辅助材料价差系数 - 1) \tag{4-7}$$

设计概(预)算编制期至工程结(决)算期所发生的各项价差调整,应符合国家有关政策,充分体现市场价格机制,按合同约定及相应的法规办理。

【例 4-2】 某铁路路基浆砌片石护坡砌筑工程中,主要材料消耗数量、价格,其他辅助材料消耗数量、价格见表 4-5,试计算此工程材料费价差。

路基浆砌片石护坡砌筑材料数量价格表 表 4-5

材料分类	电算代号	材料名称	单位	数量	基期价格(元)	编制期价格(元)
主要材料	1010002	普通水泥 32.5 级	kg	1 573 631.4	0.26	0.35
	1110001	原木	m^3	17.06	794.00	1 159.00
	1110003	锯材	m^3	49.034	1 013.00	1 348.00
	1230006	片石	m^3	18 474.3	15.00	18.00
	1240118	天然级配砂砾石	m^3	2 621.25	9.00	12.00
	1260022	中粗砂	m^3	6 617.589	16.51	20.00

续上表

材料分类	电算代号	材料名称	单位	数量	基期价格(元)	编制期价格(元)
其他辅助材料	1270015	软煤沥青 8 号	kg	32 917.5	1.06	
	2130012	镀锌低碳钢丝 φ0.7~5	kg	315.8	4.46	
	2900019	木柴	kg	3 135	0.42	
	3420011	青麻(白麻片麻)	kg	14 316.5	8.47	
	3623510	铁线钉	kg	127.36	3.3	
	8999002	其他材料费	元	7 299.45	1	

解:(1)根据公式(4-5),主材调查价差应按定额统计消耗量乘以编制期价格与基期价格的差额汇总计算。

普通水泥 32.5 级价差 =1 573 631.4×(0.35-0.26)=141 626.8(元)

原木价差 =17.06×(1 159-794)=6 226.9(元)

锯材价差 =49.034×(1 348-1 013)=16 426.4(元)

片石价差 =18 474.3×(18-15)=55 422.9(元)

天然级配砂砾石价差 =2 621.25×(12-9)=7 863.8(元)

中粗砂价差 =6 617.589×(20-16.51)=23 095.4(元)

主材调查价差合计 =250 662(元)

(2)其他辅助材料价差以定额消耗材料的基期价格为基数,按铁道部颁布的材料价差系数调整,系数中不含机械台班中的燃油料价差。查表 4-4 知,路基附属工程价差系数为 1.244,则

其他辅助材料的基期材料费 =32 917.5×1.06+315.8×4.46+3 135×0.42+1 4316.5×8.47+127.36×3.3+7 299.45=166 598(元)

其他辅助材料系数价差 =166 598×(1.244-1)=40 650(元)

三、机械使用费

施工机械使用费是指列入概(预)算定额的施工机械台班数量,按相应机械台班费用定额计算的建筑安装工程施工机械台班费和定额所列其他机械使用费,直接用于建筑安装工程施工中,简称机械使用费。

施工机械使用费的基本计算公式为:

$$施工机械使用费 = \sum 定额施工机械台班消耗量 \times 施工机械台班价格 \qquad (4\text{-}8)$$

施工机械使用费是根据施工中耗用的机械台班数量和机械台班单价确定的。施工机械台班耗用量按预算定额规定计算,施工机械台班单价是指一台施工机械在正常运转条件下一个工作班中所发生的全部费用,每台班按 8h 工作制计算。正确制定施工机械台班单价是合理控制工程造价的重要基础。

1. 铁路工程施工机械台班单价的计算规定

铁路工程施工机械台班单价以现行的《铁路工程施工机械台班费用定额》(铁建设[2006]129 号文,2005 年度)作为计算施工机械台班单价的依据。以现行的《铁路工程建设材料基期

价格》中的燃油料价格及现行的铁路工程造价编制办法规定的基期综合工费标准计算出的台班单价作为基期施工机械台班单价；以编制期的综合工费标准、油燃料价格、水电单价及施工机械台班其他费用（如车船使用税、保险费、年检费用等）标准计算出的台班单价为编制期施工机械台班单价。编制期与基期的施工机械台班单价的差额按价差计列。

机械台班单价 = 一类费用 + 二类费用

= 一类费用 + 驾驶员定额工日 × 预算日工资单价 +

Σ（燃料动力数量 × 燃料动力单价）+ 台班其他费用 (4-9)

现行的《铁路工程施工机械台班费用定额》规定的折旧费、大修理费、经常修理费、安装拆卸费原则上不作调整；人工费、燃料动力费、台班其他费用，其定额数量一般不作调整，而价格需随着工程所在地区的费用标准进行调整。但考虑到其中车船使用税各地区的标准各异，其具体情况多变且复杂，为简化起见，该项费用予以综合取定，不再随地区调整。该定额中，除船舶与铺架机械外，凡应计列安装拆卸费者，均已综合考虑列入了该项费用，一律不再另行计取。

2. 施工机械使用费价差调整方法

按定额统计的机械台班消耗量，乘以编制期施工机械台班单价（按编制期综合工费标准、油燃料价格、水电单价及养路费标准计算）与基期施工机械台班单价的差额计算。

施工机械使用费价差 = Σ单项预算定额机械台班消耗量 ×（编制期施工机械台班单价 - 基期施工机械台班单价） (4-10)

【例 4-3】 已知某新建铁路路基工程中灰浆搅拌机≤400L 的台班消耗量为 106.39 台班，试分析该机械基期与编制期台班单价，并计算机械费价差。

解：查铁建设[2006]129 号文《铁路工程施工机械台班费用定额》，得出灰浆搅拌机≤400L 的台班费用组成如下。

折旧费：4.67 元/台班；大修理费：1.33 元/台班；经常修理费：5.32 元/台班；人工消耗：1.43 工日/台班；电消耗：15.17 度/台班。

由表 4-2 可知，基期的综合工费标准为 20.35 元/工日，设编制期的综合工费标准为 45 元/工日。已知电的基期单价为 0.55 元/(kW · h)，设编制期电的价格为 0.7 元/(kW · h)。

灰浆搅拌机≤400L 基期台班单价为：

$4.67 + 1.33 + 5.32 + 1.43 \times 20.35 + 15.17 \times 0.55 = 48.764$（元/台班）

编制期台班单价为：

$4.67 + 1.33 + 5.32 + 1.43 \times 45 + 15.17 \times 0.7 = 86.289$（元/台班）

机械费价差为：

$106.39 \times (86.289 - 48.764) = 3\,992.285$（元）

四、工程用水、电综合单价

1. 工程用水综合单价

水是工程建设中不可缺少的重要材料，但它又不同于一般材料，具有特殊性。有的工程在施工过程中水几乎是免费的，有的工程中则水的价值“贵如油”，正确确定水的单价，对工程造价有着重要的意义。

工程用水基期单价为 0.38 元/t。特殊缺水地区或取水困难的工程，可按施工组织设计确定的供水方案，另行分析工程用水单价，分析水价与基期水价的差额，按价差计列；在大、中城市中施工时，必须使用城市自来水的，可按当地规定的自来水价格作为工程用水单价，与基期水价的差额按价差计列。

工程施工时，水的来源不一，供水方式不同，应根据供水方式和供水数量分析综合水价。

【例4-4】 某工程用水情况见表4-6。本工程有关供水资料为：所在地区综合工资单价45元/工日，电价0.5元/度，汽车综合运价0.6元/(t·km)，吨次费1元/t。

某工程施工用水情况表 表4-6

工点	用水总量(m^3)	供水方式		
		汽车运输(便道)		
		水量(m^3)	运距(km)	抽水站(个)
一工点	13 649	2 856	7.00	1
		10 838	5.00	
二工点	22 152	22 152	5.00	1
三工点	295 958	98 653	8.00	2
		147 979	5.00	
		49 326	18.00	
四工点	31 210	31 210	5.00	1
合计	363 014	363 014	7.60	5

施工组织安排汽车运水，需设抽水站，由抽水机抽水装车，共设抽水站5个，每站设单级离心清水泵≤60m^3/h－50m一台。施工工期为3年，每年按300d施工，每天抽水工作0.5台班。根据已知条件分析该工程用水综合单价。

解：(1)汽车运水费用

由表可知，汽车运水总量：363 014m^3，加权平均运距：7.60km。

运输道路为汽车运输便道，综合运价率按当地汽车运输单价乘以1.2的系数计算。吨次费为1元/t。

汽车运水费用＝(1.0＋7.6×0.6×1.2)×363 014
＝2 349 427.61(元)

(2)抽水费用

抽水机台班＝(3×300×0.5)×5＝2 250(台班)

单级离心清水泵≤60m^3/h－50m台班单价，查铁建设[2006]129号文《铁路工程施工机械台班费用定额》(9105308)。

(2.44＋0.61＋1.47＋2.62)＋(0.7×1.67×45＋68×0.5)＝93.745(元/台班)

抽水机使用费＝2 250×93.745＝210 926.25(元)

汽车供水费用＝运水费用＋抽水机使用费
＝2 349 427.61＋210 926.25＝2 560 353.86(元)

$$汽车供水单价 = \frac{256\ 035\ 386}{363\ 014} = 7.05(元/t)$$

2. 工程用电综合单价

工程用电基期单价为 0.55 元/(kW·h)。

编制设计概(预)算时,可根据施工组织设计所确定的供电方案,按下述工程用电单价分析办法,计算出各种供电方式的单价。

(1)采用地方电源的电价算式:

$$Y_{地} = Y_{基}(1 + c) + f_1 \tag{4-11}$$

式中:$Y_{地}$——采用地方电源的电价[元/(kW·h)];

$Y_{基}$——地方供电部门基本电价[元/(kW·h)];

c——变配电设备和线路损耗率,为 7%;

f_1——变配电设备的修理、安装、拆除、设备和线路的运行维修的摊销费等 0.03 元/(kW·h)。

(2)采用内燃发电机临时集中发电的电价算式:

$$Y_{集} = \frac{Y_1 + Y_2 + Y_3 + \cdots + Y_n}{W(1 - R - c)} + s + f_1 \tag{4-12}$$

式中:$Y_{集}$——临时内燃集中发电站的电价[元/(kW·h)];

Y_1、Y_2、Y_3、…、Y_n——各型发电机的台班费(元);

W——各型发电机的总发电量(kW·h)。

$$W = (N_1 + N_2 + N_3 + \cdots + N_n) \times 8 \times B \times M$$

N_1、N_2、N_3、…、N_n——各型发电机的额定能力(kW);

B——台班小时的利用系数,为 0.8;

M——发电机的出力系数,为 0.8;

R——发电站的用电率,为 5%;

s——发电机的冷却水费,为 0.02 元/(kW·h)。

c、f_1 意义同前。

(3)采用分散发电的电价算式:

$$Y_{分} = \frac{Y_1 + Y_2 + Y_3 + \cdots + Y_n}{(W_1 + W_2 + W_3 + \cdots W_n)(1 - c)} + s + f_1 \tag{4-13}$$

式中:$Y_{分}$——分散发电的电价[元/(kW·h)];

Y_1、Y_2、Y_3、…、Y_n——各型发电机的台班费(元);

W_1、W_2、W_3、…、W_n——各型发电机的台班产量(kW·h)。

$$W_i = 8 \times B_i \times M$$

B_i——某种型号发电机台班小时的利用系数,由设计确定;

M、c、s、f_1 意义同前。

分析电价与基期电价的差额按价差计列。

【例 4-5】 某工程施工用电,根据施工组织安排的进度要求,日高峰用电量 16 000kW·h,其中可利用地方电占 50%,另 50% 自发电解决,自发电中 80% 为集中发电,20% 为分散发电。集中发电拟由以下发电机组构成临时电站:700kW 柴油发电机组 6 台,400kW 柴油发电机组 6 台,200kW 柴油发电机组 12 台,100kW 柴油发电机组 10 台。

分散发电,根据工点分布,共有100kW 柴油发电机组20台,50kW 柴油发电机组10台。

已知资料:地方电厂收费单价动力用电0.45元/(kW·h),照明用电0.50元/(kW·h),照明用电量占总用电量的30%。本工程预算工资单价为45元/工日,柴油6.0元/kg,水3.0元/t。

根据以上资料分析本工程的综合电价。

解:(1)地方电电价

$Y_{基}=0.45\times70\%+0.50\times30\%=0.465$[元/(kW·h)]

$c=7\%$,$f_1=0.03$元/(kW·h)

$Y_{地}=Y_{基}\times(1+c)+f$

$=0.465\times(1+7\%)+0.03$

$=0.5276$[元/(kW·h)]

(2)集中自发电价

①确定发电站发电机组总额定电量。

确定原则应满足高峰用电需要,本工程高峰用电16 000kW·h,50%用地方电,另50%为自发电,自发电中80%为集中发电,因此集中发电站发电量应≥0.5×16 000×80%,即应≥64 000kW·h。由拟订的集中发电站发电机组计算:

$(700\times6+400\times6+200\times12+100\times10)\times B\times M$

$=10\ 000\times0.8\times0.8=6\ 400$kW　满足日高峰需求

②根据公式 $Y_{集}=\dfrac{Y_1+Y_2+Y_3+\cdots+Y_n}{W(1-R-c)}+s+f_1$,计算各因素的值:

柴油发电机组 Y 值,查铁建设[2006]129号《铁路工程施工机械台班费用定额》计算。

700kW 柴油发电机组:

$Y_1=(299.49+70.83+193.37+30.07)+(2\times1.57\times45+840\times6.0)=5\ 775.06$(元/台班)

400kW 柴油发电机组:

$Y_2=(198.45+47.00+128.31+19.26)+(2\times1.57\times45+504\times6.0)=3\ 558.32$(元/台班)

200kW 柴油发电机组:

$Y_3=(70+16.5+53.79+11.33)+(2\times1.57\times45+241\times6.0)=1\ 738.92$(元/台班)

100kW 柴油发电机组:

$Y_4=(30.96+7.42+24.19+15.76)+(2\times1.57\times45+106.7\times6.0)=859.83$(元/台班)

$W=(6\times700+6\times400+12\times200+10\times100)\times8\times0.8\times0.8=51\ 200$(kW·h)

$R=5\%$,$c=7\%$,$s=\dfrac{0.02\times3}{0.38}=0.16$[元/(kW·h)]

$f_1=0.03$[元/(kW·h)]

将各值代入公式:

$$Y_{集}=\frac{6\times5\ 775.06+6\times3\ 558.32+12\times1\ 738.92+10\times859.83}{51\ 200(1-0.05-0.07)}+0.16+0.03$$

$=2.087$[元/(kW·h)]

(3)分散发电电价

①确定分散发电总发电量。

分散发电总量应大于或等于$\left[(\dfrac{1}{2}\times16\ 000)\times20\%\right]=1\ 600$kW·h

由分散发电机总台数计算得：$(20\times100+10\times50)\times0.8\times0.8=1\,600$kW·h，满足需要。

②根据公式 $Y_{分}=\dfrac{Y_1+Y_2+Y_3+\cdots+Y_n}{(W_1+W_2+W_3+\cdots W_n)(1-c)}+s+f_1$

查铁建设[2006]129 号《铁路工程施工机械台班费用定额》计算各 Y 值。

100kW 柴油发电机：

$$Y_4=(30.96+7.42+24.19+15.76)+(2\times1.57\times45+106.7\times6.0)=859.83(元/台班)$$

50kW 柴油发电机：

$$Y_4=(19.68+4.72+15.39+4.43)+(2\times1.57\times45+71.9\times6.0)=616.92(元/台班)$$

W 值计算：

100kW 柴油发电机：

$$W=100\times8\times B\times M=100\times8\times0.8\times0.8=512(\text{kW}\cdot\text{h})$$

50kW 柴油发电机：

$$W=50\times8\times B\times M=50\times8\times0.8\times0.8=256(\text{kW}\cdot\text{h})$$

$$c=7\%,s=\frac{0.02\times3}{0.38}=0.16,f_1=0.03$$

将各值代入公式中：

$$Y_{分}=\frac{20\times859.83+10\times616.92}{(20\times512+10\times256)\times(1-0.07)}+0.16+0.03$$

$$=2.153[元/(\text{kW}\cdot\text{h})]$$

(4)综合电价

$$Y_{综}=50\%\times Y_{地}+50\%\times(80\%\times Y_{集}+20\%\times Y_{分})$$

$$=50\%\times0.527\,6+50\%\times(80\%\times2.087+20\%\times2.153)$$

$$=1.31[元/(\text{kW}\cdot\text{h})]$$

五、运杂费

运杂费是指水泥、木材、钢材、砖、瓦、砂、石、石灰、黏土、土工材料、花草苗木、钢轨、道岔、轨枕、钢梁、钢管拱、斜拉索、钢筋混凝土梁、铁路桥梁支座、钢筋混凝土预制桩、电杆、铁塔、机柱、接触网支柱、接触网及电力线材、光电缆线、给水排水管材等材料(电算代号见表 4-3)，自来源地运至工地所发生的有关费用，包括运输费、装卸费、其他有关运输的费用(如火车运输的取送车费等)以及应按运输费、装卸费、其他有关运输的费用之和计取的采购及保管费。

运杂费在本质上应属于材料费的范畴，但铁路建设项目具有“点多、线长、面广”的特点，其交通运输形式复杂，根据现行铁路工程造价计价办法对铁路工程主要材料的运杂费单独计列。

$$运杂费=\Sigma\ 主材质量\times主材运杂费单价$$

运杂费单价的计算规定如下：

1. 各种运输单价

(1)火车运价

火车运价分营业线火车、临管线火车、工程列车、其他铁路 4 种。

①营业线火车

按编制期《铁路货物运价规则》的有关规定计算，计算公式如下：

$$营业线火车运价(元/t)=K_1\times(基价 1+基价 2\times运价里程)+附加费运价\qquad(4\text{-}14)$$

附加费运价 = K_2 ×（电气化附加费费率 × 电气化里程 + 新路新价均摊运价率 × 运价里程 + 铁路建设基金费率 × 运价里程）（4-15）

计算公式中的有关因素说明如下：

a. 各种材料计算货物运价所采用的运价号、综合系数 K_1、K_2 见表 4-7。

铁路运价号、综合系数

表 4-7

序号	项目 / 分类名称	运价号（整车）	综合系数 K_1	综合系数 K_2
1	砖、瓦、石灰、砂石料、道砟	2	1.00	1.00
2	道砟	2	1.20	1.20
3	钢轨（≤25m）、道岔、轨枕、钢梁、电杆、机柱、钢筋混凝土预制桩、接触网圆形支柱	5	1.08	1.08
4	100m 长定尺钢轨	5	1.80	1.80
5	钢筋混凝土梁	5	3.48	1.64
6	接触网方形支柱、铁塔、硬横梁	5	2.35	2.35
7	接触网及电力线材、光电缆线	5	2.00	2.00
8	其他材料	5	1.05	1.05

注：1. K_1 包含了游车、超限、限速和不满载等因素；K_2 只包含不满载及游车因素。

2. 火车运土的运价号和综合系数 K_1、K_2，比照"砖、瓦、石灰、砂石料、道砟"确定。

3. 爆炸品、一级易燃液体除 K_1、K_2 外的其他加成，按编制期《铁路货物运价规则》的有关规定计算。

b. 电气化附加费按该批货物经由国家铁路正式营业线和实行统一运价的运营临管线电气化区段的运价里程合并计算。

c. 货物运价、电气化附加费费率、新路新价均摊运价率、铁路建设基金费率等按编制期《铁路货物运价规则》及铁道部的有关规定执行。

d. 计算货物运输费用的运价里程，由发料地点起算，至卸料地点止，按编制期《铁路货物运价规则》有关规定计算。其中，区间（包括区间岔线）装卸材料的运价里程，应由发料地点后方站起算，至卸料地点的前方站（均系指办理货运业务的营业站）止。

编制期铁路货物运价率表见表 4-8。

②临管线火车

临管线火车运价应执行由部批准的运价。运价中包括路基、轨道及有关建筑物和设备（包括临管用的临时工程）的养护、维修、折旧费等。运价里程应按发料地点起算，至卸料地点止，区间卸车算至区间工地。

③工程列车

工程列车运价包括机车、车辆的使用费，乘务员及有关行车管理人员的工资、津贴和差旅费，线路及有关建筑物和设备的养护维修费、折旧费以及有关运输的管理费用。运价里程应按发料地点起算，至卸料地点止，区间卸车算至区间工地。工程列车运价按营业线火车运价（不包括铁路建设基金、电气化附加费、限速加成等）的 1.4 倍计算。

铁路货物运价率表(发改价格[2008]1558 号)　　表 4-8

办理类别	运价号	基价 1		基价 2	
		单位	标准	单位	标准
整车	1	元/t	5.70	元/(t·km)	0.033 6
	2	元/t	6.40	元/(t·km)	0.037 8
	3	元/t	7.60	元/(t·km)	0.043 5
	4	元/t	9.60	元/(t·km)	0.048 4
	5	元/t	10.40	元/(t·km)	0.054 9
	6	元/t	14.80	元/(t·km)	0.076 5
	7			元/(t·km)	0.244 5
	机械冷藏车	元/t	11.50	元/(t·km)	0.079 0
零担	21	元/10kg	0.117	元/(10kg·km)	0.000 55
	22	元/10kg	0.167	元/(10kg·cm)	0.000 75
集装箱	1t 箱	元/箱	10.10	元/(箱·km)	0.036 9
	20ft[1]箱	元/箱	219.00	元/(箱·km)	1.037 4
	40ft 箱	元/箱	429.80	元/(箱·km)	1.637 4

计算公式:

$$工程列车运价(元/t)=1.4\times K_2\times(基价1+基价2\times运价里程) \quad (4\text{-}16)$$

④其他铁路

其他铁路运价按该铁路主管部门的规定办理。

(2)汽车运价

原则上参照现行的《汽车运价规则》确定。为简化概(预)算编制工作,按下列计算公式分析汽车运价:

$$汽车运价(元/t)=吨次费+公路综合运价率\times公路运距+汽车运输便道综合运价率\times汽车运输便道运距 \quad (4\text{-}17)$$

计算公式中有关因素说明如下:

①吨次费:按工程项目所在地的调查价格计列。

②公路综合运价率:材料运输道路为公路时,考虑过路过桥费等因素,以建设项目所在地的汽车运输单价乘以 1.05 的系数计算。

③汽车运输便道综合运价率:材料运输道路为汽车运输便道时,结合地形、道路状况等因素,按当地汽车运输单价乘以 1.2 的系数计算。

④公路运距:应按发料地点起算,至卸料地点止所途经的公路长度计算。

⑤汽车运输便道运距:应按发料地点起算,至卸料地点止所途经的汽车运输便道长度计算。

[1] 1 英尺 = 30.48cm。

(3)船舶运价及渡口等收费标准

按建设项目所在地的标准计列。

(4)其他

材料运输过程中,因确需短途接运而采用的双(单)轮车、单轨车、大平车、轻轨斗车、轨道平车、机动翻斗车等运输方法的运价,应按有关定额资料分析确定。

2. 各种装卸费单价

(1)火车、汽车装卸单价,按表4-9所列综合单价计算。

火车、汽车装卸费单价(单位:元/t) 表4-9

一般材料	钢轨、道岔、接触网支柱	其他1t以上的构件
3.4	12.5	8.4

注:其中装占60%,卸占40%。

(2)水运等的装卸费单价,按建设项目所在地的标准计列。

(3)双(单)轮车、单轨车、大平车、轻轨斗车、轨道平车、机动翻斗车等的装卸费单价,按有关定额资料分析确定。

3. 其他有关运输费用

(1)取送车费(调车费)

用铁路机车往专用线、货物支线(包括站外出岔)或专用铁路的站外交接地点调送车辆时,核收取送车费。计算取送车费的里程,应自车站中心线起算,到交接地点或专用线最长线路终端止,里程往返合计(以km计)。取送车费的计费标准原则上按铁道部运输主管部门的规定办理。取送车费按0.10元/(t·km)计列。

(2)汽车运输的渡船费

按建设项目所在地的标准计列。

4. 采购及保管费

指按运输费、装卸费及其他有关运输的费用之和为基数计取的,应列入运杂费中的采购及保管费。采购及保管费率见表4-10。

采购及保管费率 表4-10

序号	材料名称	费率(%)	其中运输损耗费率(%)
1	水泥	3.53	1.00
2	碎石(包括道砟及中、小卵石)	3.53	1.00
3	砂	4.55	2.00
4	砖、瓦、石灰	5.06	2.50
5	钢轨、道岔、轨枕、钢梁、钢管拱、斜拉索、钢筋混凝土梁、铁路桥梁支座、电杆、钢筋混凝土预制桩、接触网支柱、机柱	1.00	—
6	其他材料	2.50	—

5. 运杂费计算的其他规定

(1)单项材料运杂费单价的编制范围,原则上应与单项概(预)算的编制单元相对应。

(2)运输方式和运输距离要经过调查、比选,综合分析确定。以最经济合理的,并且符合工程要求的材料来源地作为计算运杂费的起运点。

(3)分析各单项材料运杂费单价,应按施工组织设计所拟订的材料供应计划,对不同的材料品类及不同的运输方法分别计算平均运距。平均运距应考虑各种运输方法的起码运距及进级规定,如系采用加权平均计算的运距,则不应再次进级。

(4)各种运输方法的比例,按施工组织设计确定。

(5)旧轨件的运杂费,其质量应按设计轨型计算。如设计轨型未确定,可按代表性轨型的质量,其运距由调拨地点的车站起算。如未明确调拨地点者,可按以下原则编列:

①已明确调拨的铁路局,但未明确调拨地点者,则由该铁路局所在地的车站起算。

②未明确调拨的铁路局者,则按工程所在地区的铁路局所在地的车站起算。

【例4-6】 某铁路桥梁墩台混凝土工程为一个单项预算的编制单元,根据相关资料已知主要材料消耗量及运输供应计划如表4-11所示。

材料运输供应计划 表4-11

序号	分类材料名称	材料数量	材料来源	运输终点	运输方式
1	水泥	510 333kg	水泥厂	工地料库	汽车运输20km,其中汽车运输便道5km
2	钢材	961kg	钢厂	工地料库	由钢厂用工程列车运往某站,运距210km,再用汽车运至工地,平均运距80km,其中汽车便道运输5km
		2 005kg	钢厂	工地料库	由钢厂用汽车直接运至工地,运距240km,其中汽车便道运输5km
3	碎石	167m^3	石场	工地	汽车运输12km,其中汽车便道运输5km
4	卵石	833m^3	石场	工地	汽车运输11km,其中汽车便道运输5km
5	中粗砂	490m^3	砂场	工地	汽车运输17km,其中汽车便道运输5km
6	其他主材	18t	厂家	工地料库	汽车运输23km,其中汽车便道运输5km

运价有关资料为:火车运价依据现行《铁路货物运价规则》,见表4-8;汽车运价执行工程所在地标准,汽车综合运价率0.4元/(t·km),吨次费1元/t。运杂费其他取费参照现行铁路工程概预算编制办法确定。

计算各项材料运杂费单价,并确定此单项预算的主材总运杂费。

解:(1)各种主材运输单价

水泥运输单价:$1+0.4\times1.05\times15+0.4\times1.2\times5=9.7$(元/t)

钢材运输单价:

路径1 $[1.4\times1.05\times(10.4+0.0549\times210)]+[1+0.4\times1.05\times75+0.4\times1.2\times5]$

$=32.24+34.9=67.14$(元/t)

路径2 $1+0.4\times1.05\times235+0.4\times1.2\times5=102.1$(元/t)

碎石运输单价:$1+0.4\times1.05\times7+0.4\times1.2\times5=6.34$(元/t)

卵石运输单价:$1+0.4\times1.05\times6+0.4\times1.2\times5=5.92$(元/t)

中粗砂运输单价:$1+0.4\times1.05\times12+0.4\times1.2\times5=8.44$(元/t)

其他主材运输单价:$1+0.4\times1.05\times18+0.4\times1.2\times5=10.96$(元/t)

(2)主材全程运杂费单价

水泥:$(9.7+3.4)\times(1+3.53\%)=13.56$(元/t)

钢材:$[(67.14+3.4+3.4)\times(1+2.5\%)]\times\dfrac{961}{961+2\,005}+[(102.1+3.4)\times(1+2.5\%)]\times\dfrac{2\,005}{961+2\,005}=24.25+73.54=97.79$(元/t)

碎石:$(6.34+3.4)\times(1+3.53\%)=10.08$(元/t)

卵石:$(5.92+3.4)\times(1+3.53\%)=9.65$(元/t)

中粗砂:$(8.44+3.4)\times(1+4.55\%)=12.38$(元/t)

其他主材:$(10.96+3.4)\times(1+2.5\%)=14.72$(元/t)

(3)单项预算主材综合平均运杂费单价

主要材料质量合计:

$510.333+0.961+2.005+167\times1.5+833\times1.55+490\times1.43+18=2\,773.65$(t)

综合平均运杂费单价为

$13.56\times\dfrac{510.333}{2\,773.65}+97.79\times\dfrac{2.966}{2\,773.65}+10.08\times\dfrac{167\times1.5}{2\,773.65}+9.65\times\dfrac{833\times1.55}{2\,773.65}+12.38\times\dfrac{490\times1.43}{2\,773.65}+14.72\times\dfrac{18}{2\,773.65}=11.225$(元/t)

(4)单项预算主材总运杂费

$2\,773.65\times11.22=31\,134.4$(元)

六、填料费

指购买不作为材料对待的土方、石方、渗水料、矿物料等填筑用料所支出的费用。填料费以填料编制期价格和购买量计算,价购填料发生的运杂费包含在填料费中。

七、施工措施费

施工措施费的内容包括:

1. 冬雨季施工增加费

指建设项目的某些工程需在冬季、雨季施工,以致引起需采取的防寒、保温、防雨、防潮和防护措施,人工与机械的功效降低以及技术作业过程的改变等,所需增加的有关费用。

2. 夜间施工增加费

指必须在夜间连续施工或在隧道内铺砟、铺轨,敷设电线、电缆,架设接触网等工程时,所发生的工作效率降低、夜班津贴,以及有关照明设施(包括所需照明设施的装拆、摊销、维修及油燃料、电)等增加的有关费用。

3. 小型临时设施费

指施工企业为进行建筑安装工程施工,所必须修建的生产和生活用的一般临时建筑物、构筑物和其他小型临时设施所发生的费用。

(1)小型临时设施

①为施工及施工运输(包括临管)所需修建的临时生活及居住房屋,文化教育及公共房屋(如三用堂、广播室等)和生产、办公房屋(如发电站,变电站,空压机站,成品厂,材料厂、库,堆

料棚，停机棚，临时站房，货运室等）。

②为施工或施工运输而修建的小型临时设施，如通往中小桥、涵洞、牵引变电所等工程和施工队伍驻地以及料库、车库的运输便道引入线（包括汽车、马车、双轮车道），工地运输便道、轻便轨道、龙门吊走行轨，由干线到工地或施工队伍驻地的地区通信引入线、电力线和达不到给水干管路标准的给水管路等。

③为施工或维持施工运输（包括临管）而修建的临时建筑物、构筑物。如临时给水（水井、水塔、水池等），临时排水沉淀池，钻孔用泥浆池、沉淀池，临时整备设备（给煤、砂、油、清灰等设备），临时信号，临时通信（指地区线路及引入部分），临时供电，临时站场建筑设备。

④其他。大型临时设施和过渡工程项目内容以外的临时设施。

（2）小型临时设施费用

小型临时设施的搭设、移拆、维修、摊销及拆除恢复等费用，因修建小型临时设施，而发生的租用土地、青苗补偿、拆迁补偿、复耕及其他所有与土地有关的费用等。

4. 工具、用具及仪器、仪表使用费

指施工生产所需不属于固定资产的生产工具、检验用具及仪器、仪表等的购置、摊销和维修费，以及支付给生产工人自备工具的补贴费。

5. 检验试验费

指施工企业按照规范和施工质量验收标准的要求，对建筑安装的设备、材料、构件和建筑物进行一般鉴定、检查所发生的费用，包括自设试验室进行试验所耗用的材料和化学药品费用等，以及技术革新的研究试验费。不包括应由研究试验费和科技三项费用支出的新结构、新材料的试验费；不包括应由建设单位管理费支出的建设单位要求对具有出厂合格证明的材料进行试验，对构件破坏性试验及其他特殊要求检验试验的费用；不包括设计要求的和需委托其他有资质的单位对构筑物进行试验的费用。

6. 工程定位复测、工程点交、场地清理费

7. 文明施工及施工环境保护费

指现场文明施工费用及防噪声、防粉尘、防振动干扰、生活垃圾清运排放等费用。

8. 已完工程及设备保护费

是指竣工验收前，对已完工程及设备进行保护所需费用。

施工措施费，以各类工程的基期人工费与基期施工机械使用费之和为计算基数，根据施工措施费地区划分表（表4-12），按表4-13所列费率计列。

施工措施费地区划分表 表4-12

地区编号	地域名称
1	上海，江苏，河南，山东，陕西（不含榆林地区），浙江，安徽，湖北，重庆，云南，贵州（不含毕节地区），四川（不含凉山彝族自治州西昌市以西地区、甘孜藏族自治州）
2	广东，广西，海南，福建，江西，湖南
3	北京，天津，河北（不含张家口市、承德市），山西（不含大同市、朔州市、忻州地区原平以西各县），甘肃，宁夏，贵州毕节地区，四川凉山彝族自治州西昌市以西地区、甘孜藏族自治州（不含石渠县）
4	河北张家口市、承德市，山西大同市、朔州市、忻州地区原平以西各县，陕西榆林地区，辽宁

续上表

地区编号	地域名称
5	新疆(不含阿勒泰地区)
6	内蒙古(不含呼伦贝尔盟—图里河及以西各旗),吉林,青海(不含玉树藏族自治州曲麻莱县以西地区、海北藏族自治州祁连县、果洛藏族自治州玛多县、海西蒙古族藏族自治州格尔木市辖的唐古拉山区),西藏(不含阿里地区和那曲地区的尼玛、班戈、安多、聂荣县),四川甘孜藏族自治州石渠县
7	黑龙江(不含大兴安岭地区),新疆阿勒泰地区
8	内蒙古呼伦贝尔盟—图里河及以西各旗,黑龙江大兴安岭地区,青海玉树藏族自治州曲麻莱县以西地区、海北藏族自治州祁连县、果洛藏族自治州玛多县、海西蒙古族藏族自治州格尔木市辖的唐古拉山区,西藏阿里地区和那曲地区的尼玛、班戈、安多、聂荣县

施工措施费率

表4-13

类别代号	地区编号 / 工程类别	1	2	3	4	5	6	7	8	附注
		费率(%)								
1	人力施工土石方	16.10	16.64	20.25	22.25	22.51	25.05	25.66	26.72	包括人力拆除工程,绿色防护、绿化,各类工程中单独挖填的土石方,爆破工程
2	机械施工土石方	7.89	8.46	12.31	13.56	13.85	16.54	17.20	18.32	包括机械拆除工程,填级配碎石、砂砾石、渗水土、公路路面,各类工程中单独挖填的土石方
3	汽车运输土石方采用定额“增运”部分	4.16	4.06	4.48	5.11	5.28	5.62	5.78	6.34	包括隧道出渣洞外运输
4	特大桥、大桥	8.61	7.53	10.63	11.72	12.37	12.43	12.53	12.71	不包括梁部及桥面系
5	预制混凝土梁	26.08	20.67	36.20	39.77	43.04	43.31	43.81	44.70	包括桥面系
6	现浇混凝土梁	15.83	12.48	22.09	24.43	26.46	26.62	26.93	27.49	包括梁的横向联结和湿接缝,包括分段预制后拼接的混凝土梁
7	运架混凝土简支箱梁	4.17	4.17	4.30	4.61	4.70	4.85	4.94	5.18	
8	隧道、明洞、棚洞,自采砂石	10.46	10.11	10.98	11.89	12.03	12.10	12.18	12.23	
9	路基加固防护工程	14.93	14.07	16.66	17.73	17.92	17.89	18.06	18.09	包括各类挡土墙及抗滑桩

续上表

类别代号	工程类别＼地区编号	1	2	3	4	5	6	7	8	附 注
		费率(%)								
10	框架桥、中桥、小桥,涵洞,轮渡、码头,房屋、给排水、工务、站场、其他建筑物等建筑工程	15.50	14.56	17.58	19.06	19.52	19.75	19.94	20.11	不包括梁式中、小桥梁部及桥面系
11	铺轨、铺岔,架设混凝土梁(简支箱梁除外)、钢梁、钢管拱	25.46	25.33	26.21	27.73	28.39	30.69	32.35	39.19	包括支座安装,轨道附属工程,线路备料
12	铺砟	8.78	7.52	10.83	12.02	12.25	12.83	13.17	14.31	包括线路沉落整修、清床清筛
13	无砟道床	24.14	20.08	31.72	35.05	37.51	37.71	38.08	38.76	包括道床过渡段
14	通信、信号、信息、电力、牵引变电、供电段、机务、车辆、动车,所有安装工程	20.85	20.95	21.35	22.90	23.18	23.45	23.85	24.70	
15	接触网建筑工程	22.07	20.84	24.28	25.94	26.10	26.41	26.87	27.14	

注:1. 对于设计速度≤120km/h 的工程,其机械施工土石方工程、铺架工程的施工措施费应按表 4-14 规定的费率计算,其余工程类别的费率采用表 4-13 中的规定。

2. 大型临时设施工程按表列同类正式工程的费率乘以 0.45 的系数计列。

设计速度≤120km/h 的工程施工措施费费率表 表 4-14

工程类别＼地区编号	1	2	3	4	5	6	7	8
机械施工土石方	7.50	8.07	11.92	13.17	13.46	16.15	16.81	17.93
铺轨、铺岔,架设混凝土梁	23.71	23.58	24.46	25.98	26.65	28.94	30.61	37.44

八、特殊施工增加费

特殊施工增加费的内容包括:

(1)风沙地区施工增加费。指在内蒙古及西北地区的非固定沙漠地区施工时,月平均风力在四级以上的风沙季节,进行室外建筑安装工程时,由于受风沙影响应增加的费用,本项费用按下列算法计列:

$$风沙地区施工增加费用 = 室外建筑安装工程的定额工天 \times 编制期综合工费单价 \times 3\% \quad (4\text{-}18)$$

【例 4-7】 新疆某地区风沙季节施工路基土方 100 000m^3，≤1.0m^3自行式铲运机施工，运距 800m，普通土，已知编制期综合工费单价为 45 元/工日，试计算风沙地区施工增加费。

解：查定额 LY－112，得人工工日消耗为 0.60 工日/100m^3。

总工天消耗量＝100 000÷100×0.60＝600(工日)

风沙地区施工增加费＝600×45×3%＝810(元)

(2)高原地区施工增加费。指在海拔 2 000m 以上的高原地区施工时，由于人工和机械受气候、气压的影响而降低工作效率，所增加的费用。

本项费用根据工程所在地的不同海拔高度，不分工程类别，按下列算法计列：

高原地区施工增加费＝定额工天×编制期综合工费单价×高原地区工天定额增加幅度＋定额机械台班量×编制期机械台班单价×高原地区机械台班定额增加幅度　　(4-19)

高原地区施工定额增加幅度见表 4-15。

高原地区施工定额增加幅度　　表 4-15

海拔高度(m)	定额增加幅度(%)		海拔高度(m)	定额增加幅度(%)	
	工天定额	机械台班定额		工天定额	机械台班定额
2 000～3 000	12	20	4 501～5 000	40	60
3 001～4 000	22	34	5 000 以上	60	90
4 001～4 500	33	54			

(3)原始森林地区施工增加费。指在原始森林地区进行新建或增建二线铁路施工，由于受气候影响，其路基土方工程应增加的费用。本项费用按下列算法计列：

(路基土方工程的定额工天×编制期综合工费单价＋路基土方工程的定额机械台班量×编制期机械台班单价)×30%　　(4-20)

(4)行车干扰施工增加费。指在不封锁的营业线上，在维持通车的情况下，进行建筑安装工程施工时，由于受行车影响造成局部停工或妨碍施工而降低工作效率等所需增加的费用。

①行车干扰施工增加费的计费范围

受行车干扰的范围见表 4-16。

行车干扰施工增加费计费范围　　表 4-16

名　称	受行车干扰范围	受行车干扰项目	包　括	不包括
路基	在行车线上或在行车线中心平距 5m 及以内	填挖土方、填石方	路基抬高落坡全部工程	路基加固防护及附属土石方工程
	在行车线的路堑内	开挖土石方的全部数量，以及路堑内的挡土墙、护墙、护坡、边沟、吊沟的全部砌筑工程数量	以邻近行车线的一股道为限	控制爆破开挖石方，路堤挡土墙、护坡
	平面跨越行车线运土石方	跨越运输的全部数量	隧道弃渣	

续上表

名　称	受行车干扰范围	受行车干扰项目	包　括	不包括
桥涵	在行车线上或在行车线中心平距5m及以内	涵洞的主体圬工，桥梁工程的下部建筑主体圬工	桥梁的锥体护坡及桥头填土	桥涵其他附属工程及桥梁架立和桥面系等，框架桥、涵洞的挖土、顶进，框架桥内、涵洞内的路面、排水等工程
隧道及明洞	在行车线的隧道、明洞内施工	改扩建隧道或增设通风、照明设备的全部工程数量	明洞、棚洞的挖基及衬砌工程	明洞、棚洞拱上的回填及防水层、排水沟等
轨道	在行车线上或在行车线中心平距5m及以内或在行车线的线间距≤5m的邻线上施工	全部数量	拆铺、改拨线路，更换钢轨、轨枕及线路整修作业	线路备料
电力牵引供电	在行车线上或在行车线两侧中心平距5m及以内或在行车线的线间距≤5m的邻线上施工	在既有线上非封锁线路作业的全部数量，以及邻线未封锁而本线封锁线路作业的全部数量		封锁线路作业的项目（邻线未封锁的除外），牵引变电及供电段的全部工程
其他室外建筑安装及拆除	在行车线上或在行车线两侧中心平距5m及以内	全部数量	靠行车线较近的基本站台、货物站台，天桥、灯桥，地道的上下楼梯	站台土方不跨线取土者

在封锁的营业线上施工（包括要点施工在内，封锁期间邻线行车的除外），在未移交正式运营的线路上施工和在避难线、安全线、存车线及其他段管线上施工均不计列行车干扰施工增加费。

②行车干扰施工增加费的计算

每次行车的行车干扰施工定额人工和机械台班增加幅度按0.31%计（接触网工程按0.40%计）。行车干扰施工定额增加幅度包含施工期间因行车而应做的整理和养护工作，以及在施工时为防护所需的信号工、电话工、看守工等的人工费用及防护用品维修、摊销费用。

本项费用，根据每昼夜的行车次数（以现行铁路局运输部门的计划运行图为准，所有计划外的小运转、轨道车、补机、加点车的运行等均不计算），按受行车干扰范围内的工程项目的工程数量，以其定额工天和机械台班量，乘以行车干扰施工定额增加幅度计算。

a. 土石方施工及跨股道运输行车干扰施工增加费，不论施工方法如何，均按下列算法计算：

行车干扰施工增加费 = 表4-17所列工天 × 编制期综合工费单价 × 受干扰土石方数量 × 每昼夜行车次数 × 0.31%　　(4-21)

土石方施工及跨股道运输计行车干扰的工天(单位:工日/100m³,天然密度体积)　表4-17

序　号	工作内容	土　方	石　方
1	仅挖、装(爆破石方仅为装)在行车干扰范围内	20.4	8.0
2	仅卸在行车干扰范围内	4.0	5.4
3	挖、装、卸(爆破石方为装、卸)均在行车干扰范围内	24.4	13.4
4	平面跨越行车线运输土石方,仅跨越一股道或跨越双线、多线股道的第一股道	15.7	23.0
5	平面跨越行车线运输土石方,每增跨一股道	3.1	4.6

b. 接触网工程的行车干扰施工增加费按下列算法计列:

行车干扰施工增加费=受行车干扰范围内的工程数量×(所对应定额的应计行车干扰的工天×编制期综合工费单价+所对应定额的应计行车干扰的机械台班量×编制期机械台班单价)×每昼夜行车次数×0.40%　(4-22)

c. 其他工程的行车干扰施工增加费按下列算法计列:

行车干扰施工增加费=受行车干扰范围内的工程数量×(所对应定额的应计行车干扰的工天×编制期综合工费单价+所对应定额的应计行车干扰的机械台班量×编制期机械台班单价)×每昼夜行车次数×0.31%　(4-23)

【例4-8】　改建铁路,路基土方工程,施工方法为≤1m³挖掘机挖普通土,≤10t自卸汽车运输800m,工程量1 500m³,挖、装、卸及运输均在干扰范围内(不封锁线路施工),即有线每昼夜行车次数50次,编制期综合工费标准为45元/工日,柴油单价为6元/kg。试计算该项目行车干扰施工增加费。

解:(1)根据土石方施工行车干扰增加费的计算规定,查表4-17可得,挖、装、卸普通土均在干扰范围内,每100m³消耗的工日为24.4。

$$土方挖装卸的行车干扰费=24.4\times45\times\frac{1\ 500}{100}\times50\times0.31\%=2\ 531.93(元)$$

(2)纵向运输土方,按设计的运输方法和受干扰的运距选用相应的定额,乘以行车干扰施工增加幅度计算。查定额LY-144,运输800m消耗自卸汽车0.845台班。

查《铁路工程施工机械台班费用定额》(铁建设[2006]129号):

≤10t自卸汽车台班单价=131.02+20.97+70.04+2×1.14×45+43.19×6=583.77(元/台班)

$$土方运输行车干扰费=\frac{1\ 500}{100}\times0.845\times583.77\times50\times0.31\%=1\ 146.89(元)$$

九、大型临时设施和过渡工程费

指施工企业为进行建筑安装工程施工及维持既有线正常运营,根据施工组织设计确定所需的大型临时建筑物和过渡工程修建及拆除恢复所发生的费用。

1. 项目及费用内容

(1)大型临时设施(简称大临)

①铁路岔线、便桥。指通往混凝土成品预制厂、材料厂、道砟场(包括砂、石场)、轨节拼装场、长钢轨焊接基地、钢梁拼装场、存梁场的岔线,机车转向用的三角线和架梁岔线,独立特大

桥的吊机走行线，以及重点桥隧等工程专设的运料岔线等。

②铁路便线、便桥。指混凝土成品预制厂、材料厂、道砟场（包括砂、石场）、轨节拼装场、长钢轨焊接基地、钢梁拼装场、存梁场等场（厂）内为施工运料所需修建的便线、便桥。

③汽车运输便道。指通行汽车的运输干线及其通往隧道、特大桥、大桥和轨节拼装场、混凝土成品预制厂、材料厂、砂石场、钢梁拼装场、制（存）梁场、混凝土集中拌和站、填料集中拌和站、大型道砟存储场、长钢轨焊接基地、换装站等的引入线，以及机械化施工的重点土石方工点的运输便道。

④运梁便道。指专为运架大型混凝土成品梁而修建的运输便道。

⑤轨节拼装场、混凝土成品预制厂、材料厂、制（存）梁场、钢梁拼装场、混凝土集中拌和站、填料集中拌和站、大型道砟存储场、长钢轨焊接基地、换装站等的场地土石方、圬工及地基处理。

⑥通信工程。指困难山区（起伏变化很大或比高 >80m 的山地）铁路施工所需的临时通信干线（包括由接轨点最近的交接所为起点所修建的通信干线），不包括由干线到工地或施工地段沿线各施工队伍所在地的引入线、场内配线和地区通信线路。当采用无线通信时，其费用应控制在有线通信临时工程费用水平内。

⑦集中发电站、集中变电站（包括升压站和降压站）。

⑧临时电力线（供电电压在 6kV 及以上）。包括临时电力干线及通往隧道、特大桥、大桥和混凝土成品预制厂、材料厂、砂石场、钢梁拼装场等的引入线。

⑨给水干管路。指为解决工程用水而铺设的给水干管路（管径 100mm 及以上，或长度 2km 及以上）。

⑩为施工运输服务的栈桥、跨度 100m 以上的缆索吊。

⑪渡口、码头、浮桥、吊桥、天桥、地道。指通行汽车为施工服务者。

⑫铁路便线、便桥和汽车运输便道的养护费。

⑬修建“大临”而发生的租用土地、青苗补偿、拆迁补偿、复耕及其他所有与土地有关的费用等。

(2)过渡工程

指由于改建既有线、增建第二线等工程施工，需要确保既有线（或车站）运营工作的安全和不间断地运行，同时为了加快建设进度，尽可能地减少运输与施工之间的相互干扰和影响，从而对部分既有工程设施必须采取的施工过渡措施。

内容包括临时性便线、便桥和其他建筑物及设备，以及由此引起的租用土地、青苗补偿、拆迁补偿、复耕及其他所有与土地有关的费用等。

2. 费用计算规定

(1)大型临时设施和过渡工程，应根据施工组织设计确定的项目、规模及工程量，按本办法规定的各项费用标准，采用定额或分析指标，按单项概（预）算计算程序计算。

(2)大型临时设施和过渡工程，均应结合具体情况，充分考虑借用本建设项目正式工程的材料，以尽可能节约投资。其有关费用的计算规定如下：

①借用正式工程的材料

a. 钢轨、道岔计列一次铺设的施工损耗；钢轨配件、轨枕、电杆计列铺设和拆除各一次的施工损耗（拆除损耗与铺设同）；便桥枕木垛所用的枕木，计列一次搭设的施工损耗。

b. 借用表 4-3 中所列的材料，计列由材料堆存地点至使用地点和使用完毕由材料使用地点运至指定归还地点的运杂费，其余材料不另计运杂费。

c. 借用正式工程的材料，在概(预)算中一律不计折旧费，损耗率均按《铁路工程基本定额》执行。

②使用施工企业的工程器材

a. 使用施工企业的工程器材，按表4-18所列的施工器材年使用费率计算使用费。

临时工程施工器材年使用费率 表4-18

序号	材料名称	年使用费率（%）	序号	材料名称	年使用费率（%）
1	钢轨、道岔	5	5	木制构件	15
2	钢筋混凝土枕、钢筋混凝土电杆	8	6	素枕、素材电杆、木横担	20
3	钢铁构件、钢轨配件、铁横担、钢管	10	7	通信、信号及电力线材(不包括电杆及横担)	30
4	油枕、油浸电杆、铸铁管	12.5			

注：1. 不论按摊销或折旧计算，均一律按表列费率作为编制概(预)算的依据。其中通信、信号及电力线材的使用年限超过3年时，超过部分的年使用费率按10%计。困难山区使用的钢筋混凝土电杆，不论其使用年限多少，均按100%摊销。

2. 计算单位为季度，不足一季度，按一季度计。

b. 以上材料、构件的运杂费，属表4-3所列材料类别的，计列由始发地点至使用地点的往返运杂费，其余不再另计运杂费。

③利用旧道碴，除计运杂费外，还应计列必要的清筛费用。

④不能倒用的材料，如圬工用料、道碴(不能倒用时)，计列全部价值。

(3)铁路便线、岔线、便桥的养护费计费标准。为使铁路便线、岔线、便桥经常保持完好状态，其养护费按表4-19规定的标准计列。

铁路便线、岔线、便桥养护费 表4-19

项目	人工	零星材料费	道碴(m^3/月·km)		
			3个月以内	3~6个月	6个月以上
便线、岔线	32工日/月·km	—	20	10	5
便桥	11工日/月·百换算米	1.25元/月·延长米	—	—	—

注：1. 人工费按概(预)算综合工费标准计算。

2. 便线、岔线长度不满100m者，按100m计；便桥长度不满1m者，按1m计。计算便线、岔线长度，不扣除道岔及便桥长度。

3. 便桥换算长度的计算：

钢梁桥：1m=1换算米

木便桥：1m=1.5换算米

圬工及钢筋混凝土梁桥：1m=0.3换算米

4. 养护的期限，根据施工组织设计确定，按月计算，不足一个月者，按一个月计。

5. 道碴数量采用累计法计算(例：1km便线当其使用期为一年时，所需道碴数量$=3\times20+3\times10+6\times5=120m^3$)。

6. 费用内包括冬季积雪清除和雨季养护等一切有关养护费用。

7. 架梁及存梁岔线等，均不计列养护费。

8. 便线、岔线、便桥，如通行工程列车或临管列车，并按有关规定计列运费者，因运价中已包括了养护费用，不应另列养护费；如修建的临时岔线(如运土、运料岔线等)只计取送车费或机车、车辆租用费者，可计列养护费。

9. 营业线上施工，为保证不间断行车而修建通行正式运营列车的便线、便桥，在未办理交接前，其养护费按照表列规定加倍计算。

(4)汽车便道养护费计费标准。为使通行汽车运输便道经常保持完好的状态,其养护费按表4-20规定的标准计算。

汽车运输便道养护费　　表4-20

项　目		人工	碎石或粒料
		工日/月·km	m^3/月·km
土路		15	—
粒料路(包括泥结碎石路面)	干线	25	2.5
	引入线	15	1.5

注:1. 人工费按概(预)算综合工费标准计算。

2. 计算便道长度,不扣除便桥长度。不足1km者,按1km计。

3. 养护的期限,根据施工组织设计确定,按月计算,不足一个月者,按一个月计。

4. 费用内包括冬季积雪清除和雨季养护等一切有关养护费用。

5. 便道中的便桥不另计养护费。

十、间接费

间接费包括企业管理费、规费和利润。

1. 费用内容

(1)企业管理费

是指建筑安装企业组织施工生产和经营管理所需的费用。内容包括:

①管理人员工资。是指管理人员的基本工资、津贴和补贴、辅助工资、职工福利费、劳动保护费等。

②办公费。指管理办公用的文具、纸张、账表、印刷、邮电、书报、宣传、会议、水、电、烧水和集体取暖用煤等费用。

③差旅交通费。指职工因公出差、调动工作的差旅费,助勤补助费,市内交通费和误餐补助费,职工探亲路费,劳动力招募费,职工退休、退职一次性路费,工伤人员就医路费以及管理部门使用的交通工具的油料、燃料、养路费及牌照费。

④固定资产使用费。是指管理和试验部门及附属生产单位使用的属于固定资产的房屋、车辆、设备仪器等的折旧、大修、维修或租赁费。

⑤工具用具使用费。是指管理使用的不属于固定资产的生产工具、器具、家具、交通工具和检验、试验、测绘、消防用具等的购置、维修和摊销费。

⑥财产保险费。是指施工管理用财产、车辆保险。

⑦税金。是指企业按规定交纳的房产税、车船使用税、土地使用税、印花税等各项税费。

⑧施工单位进退场及工地转移费。指施工单位根据建设任务需要,派遣人员和机具设备从基地迁往工程所在地,或从一个项目迁至另一个项目所发生的往返搬迁费用,以及施工队伍在同一建设项目内,因工程进展需要,在本建设项目内往返转移,以及民工上、下路所发生的费用。包括:承担任务职工的调遣差旅费,调遣期间的工资,施工机械、工具、用具、周转性材料及其他施工装备的搬运费用;施工队伍在转移期间所需支付的职工工资、差旅费、交通费、转移津贴等;民工的上、下路所需车船费、途中食宿补贴及行李运费等。

⑨劳动保险费。指由企业支付离退休职工的易地安家补助费、职工退职金、6个月以上病假人员的工资、职工死亡丧葬补助费、抚恤费以及按规定支付给离休干部的各项经费等。

⑩工会经费。指企业按照职工工资总额计提的工会经费。

⑪职工教育经费。指企业为职工学习先进技术和提高文化水平,按职工工资总额计提的费用。

⑫财务费用。指企业为筹集资金而发生的各种费用,包括企业经营期间发生的短期贷款利息净支出,金融机构手续费,以及其他财务费用。

⑬其他。包括技术转让费、技术开发费、业务招待费、绿化费、广告费、公证费、法律顾问费、审计费、咨询费、无形资产摊销费、投标费、企业定额测定费等。

(2)规费

是指政府和有关部门规定必须缴纳的费用(简称规费)。内容包括:

①社会保障费。是指企业按规定缴纳的基本养老保险费、失业保险费、基本医疗保险费、工伤保险费、生育保险费。

②住房公积金。是指企业按规定缴纳的住房公积金。

③工程排污费。是指施工现场按规定缴纳的工程排污费用。

(3)利润

指施工企业完成所承包工程获得的盈利。

2. 费用计算

本项费用以基期人工费和基期施工机械使用费之和为计算基数,按不同工程类别,采用表4-21所规定费率计列。

间接费率 表4-21

类别代号	工程类别	费率(%)	附注
1	人力施工土石方	59.7	包括人力拆除工程,绿色防护、绿化,各类工程中单独挖填的土石方,爆破工程
2	机械施工土石方	19.5	包括机械拆除工程,填级配碎石、砂砾石、渗水土、公路路面,各类工程中单独挖填的土石方
3	汽车运输土石方采用定额"增运"部分	9.8	包括隧道出渣洞外运输
4	特大桥、大桥	23.8	不包括梁部及桥面系
5	预制混凝土梁	67.6	包括桥面系
6	现浇混凝土梁	38.7	包括梁的横向联结和湿接缝、分段预制后拼接的混凝土梁
7	运架混凝土简支箱梁	24.5	
8	隧道、明洞、棚洞,自采砂石	29.6	
9	路基加固防护工程	36.5	包括各类挡土墙及抗滑桩

续上表

类别代号	工程类别	费率(%)	附　注
10	框架桥、中桥、小桥、涵洞、轮渡、码头、房屋、给排水、工务、站场、其他建筑物等建筑工程	52.1	不包括梁式中、小桥梁部及桥面系
11	铺轨、铺岔,架设混凝土梁(简支箱梁除外)、钢梁、钢管拱	97.4	包括支座安装、轨道附属工程、线路备料
12	铺砟	32.5	包括线路沉落整修、清床清筛
13	无砟道床	73.5	包括道床过渡段
14	通信、信号、信息、电力、牵引变电、供电段、机务、车辆、动车,所有安装工程	78.9	
15	接触网建筑工程	69.5	

注:大型临时设施和过渡工程按表列同类正式工程的费率乘以0.8的系数计列。

十一、税金

指按国家税法规定应计入建筑安装工程造价内的营业税、城市维护建设税及教育费附加。

1. 计列标准

根据国家规定,税金计列标准如下:

(1)营业税按营业额的3%计列。

(2)城市维护建设税以营业税税额作为其计税基数,其税率随纳税人所在地不同而异,即市区按7%;县城、镇按5%;不在市区、县城或城镇者按1%计列。

(3)教育费附加按营业税的3%计列。

2. 简化计算

为简化概(预)算编制,税金统一按建筑安装工程费(不含税金)的3.35%计列。

第三节　铁路工程设备购置费构成

设备购置费指构成固定资产标准的设备购置和虽低于固定资产标准,但属于设计明确列入设备清单的设备,按设计确定的规格、型号、数量,以设备原价加设备运杂费计算的购置费用。工程竣工验交时,设备(包括备品备件)应移交运营部门。

购买计算机设备硬件所附带软件未单独计价的,其软件费应随设备硬件一起,列入设备购置费。

一、设备购置费的内容

1. 设备原价

指设计单位根据生产厂家的出厂价及国家机电产品市场价格目录和设备信息价等资料综合确定的设备原价。内容包括按专业标准规定的保证在运输过程中不受损失的一般包装费，及按产品设计规定配带的工具、附件和易损件的费用。非标准设备的原价（包括材料费、加工费及加工厂的管理费等），可按厂家加工订货等价格资料，并结合设备信息价格，经分析论证后确定。

2. 设备运杂费

设备自生产厂家（来源地）运至施工工地料库（或安装地点）所发生的运输费、装卸费、供销部门手续费、采购及保管费等统称为设备运杂费。

二、设备购置费的计算规定

1. 设备原价

编制设计概（预）算时，采用现行的《铁路工程建设设备预算价格》中的设备原价，作为基期设备原价。编制期设备原价由设计单位根据调查资料确定。编制期与基期设备原价的差额按价差处理，直接列入设备购置费中。缺项设备由设计单位进行补充。

2. 设备运杂费

为简化概（预）算编制工作，设备运杂费以基期设备原价为计算基数，一般地区按6.1%计列，新疆、西藏按7.8%计列。

第四节　铁路工程其他费构成

其他费指根据有关规定，应由基本建设投资支付并列入建设项目总概（预）算内，除建筑安装工程费、设备购置费以外的有关费用。

一、土地征用及拆迁补偿费

指按照《中华人民共和国土地管理法》规定，为进行铁路建设所支付的土地征用及拆迁补偿费用。

1. 费用内容

(1)土地征用补偿费：土地补偿费，安置补助费，被征用土地地上、地下附着物及青苗补偿费，征用城市郊区菜地缴纳的菜地开发建设基金，征用耕地缴纳的耕地开垦费，耕地占用税等。

(2)拆迁补偿费：被征用土地上的房屋及附属构筑物、城市公共设施等迁建补偿费等。

(3)土地征用、拆迁建筑物手续费：在办理“征地拆迁”过程中，所发生的相关人员的工作经费及土地登记管理费等。

(4)用地勘界费：委托有资质的土地勘界机构对铁路建设用地界进行勘定所发生的

费用。

2. 土地征用及拆迁补偿费用的计算规定

土地征用补偿费、拆迁补偿费应根据设计提出的建设用地面积和补偿动迁工程数量，按工程所在地区的省(自治区、直辖市)人民政府颁发的各项规定和标准计列。

土地征用、拆迁建筑物手续费按土地补偿费与征用土地安置补助费的0.4%计列。

用地勘界费按国家和工程所在地区的省(自治区、直辖市)人民政府的有关规定计列。

二、建设项目管理费

1. 建设单位管理费

指建设单位从筹建之日起至办理竣工财务决算之日止发生的管理性质开支。

(1)建设单位管理费费用内容

包括工作人员工资、基本养老保险费、基本医疗保险费、失业保险费、工伤保险费、生育保险费、住房公积金，办公费、差旅交通费、劳动保护费、工具用具使用费、固定资产使用费、零星购置费、招募生产工人费、技术图书资料费、印花税、业务招待费、施工现场津贴、竣工验收费和其他管理性质开支。

(2)建设单位管理费计算规定

本项费用以工程总概算为计算基数，按表4-22所规定的费率采用累进法计列。

建设单位管理费率 表4-22

工程总概算(万元)	费率(%)	算例(万元)	
		工程总概算	建设单位管理费
1 000及以内	1.5	1 000	1 000×1.5% =15
1 001~5 000	1.2	5 000	15+(5 000-1 000)×1.2% =63
5 001~10 000	1.0	10 000	63+(10 000-5 000)×1% =113
10 001~50 000	0.8	50 000	113+(50 000-10 000)×0.8% =433
50 001~100 000	0.5	100 000	433+(100 000-50 000)×0.5% =683
100 001~200 000	0.2	200 000	683+(200 000-100 000)×0.2% =883
200 000以上	0.10	280 000	883+(280 000-200 000)×0.1% =963

2. 建设单位其他费

(1)建设单位其他费费用内容

包括建设期交通工具购置费，建设单位前期工作费、建设单位招标工作费，审计(查)费，合同公证费，经济合同仲裁费，法律顾问费，工作总结费，宣传费，按规定应缴纳的税费，以及要求施工单位对具有出厂合格证明的材料进行试验、对构件破坏性试验及其他特殊要求检验试验的费用等。

(2)建设单位其他费计算规定

建设期交通工具购置费按表4-23所列的标准计列,其他费用按第二章~第十章费用总额的0.12%计列。

建设期交通工具购置标准　　表4-23

线路长度(正线公里)	交通工具配置情况		
	数量(台)		价格(万元/台)
	平原微丘区	山区	
100及以内	5	6	40~60
101~300	6	7	
301~700	8	9	
700以上	10	11	

注:1. 平原丘陵区指起伏小或比高≤80m的地区;山区指起伏大或比高>80m的山地。

2. 工期4年及以上的工程,在计算建设期交通工具购置费时,均按100%摊销;工期小于4年的工程,在计算建设期交通工具购置费时,按每年25%计算。

3. 海拔4 000m以上的工程,交通工具价格另行分析确定。

3. 建设项目管理信息系统购建费

指为利用现代信息技术,实现建设项目管理信息化需购建项目管理信息系统所发生的费用,包括有关设备购置与安装、软件购置与开发等。

本项费用按铁道部有关规定计列。

4. 工程监理与咨询服务费

是指由建设单位委托具有相应资质的单位,在铁路建设项目的招投标、勘察、设计、施工、设备采购监造(包括设备联合调试)等阶段实施监理与咨询的费用[设计概(预)算中每项监理与咨询服务费应列出详细条目]。

本项费用按国家发改委、建设部《建设工程监理与相关服务收费管理规定》(发改价格[2007]670号)的有关规定计列。

(1)招投标咨询服务费

本项费用按国家和铁道部有关规定计列。

(2)勘察监理与咨询费

本项费用按国家和铁道部有关规定计列。

(3)设计咨询服务费

本项费用按国家和铁道部有关规定计列。

(4)施工监理与咨询费

其中施工监理费以第二章~第九章建筑安装工程费用总额为基数,按表4-24费率采用内插法计列,施工咨询费按国家和铁道部有关规定计列。

施工监理费率 表4-24

第二章～第九章建筑安装工程费用总额 M(万元)	费率 b(%)	
	新建单线、独立工程、增建二线、电气化改造工程	新建双线
$M \leqslant 500$	2.5	0.7
$500 < M \leqslant 1\,000$	$2.5 > b \geqslant 2.0$	
$1\,000 < M \leqslant 5\,000$	$2.0 > b \geqslant 1.7$	
$5\,000 < M \leqslant 10\,000$	$1.7 > b \geqslant 1.4$	
$10\,000 < M \leqslant 50\,000$	$1.4 > b \geqslant 1.1$	
$50\,000 < M \leqslant 100\,000$	$1.1 > b \geqslant 0.8$	
$M > 100\,000$	0.8	

(5)设备采购监造监理与咨询费

5. 工程质量检测费

指为保证工程质量,根据铁道部规定由建设单位委托具有相应资质的单位对工程进行检测所需的费用。

本项费用按国家和铁道部有关规定计列。

6. 工程质量安全监督费

工程质量安全监督费是指按国家有关规定实行工程质量安全监督所发生的费用。根据铁建设[2008]259号文的规定,本项费用取消。自2009年1月1日后不再收取此项费用。

7. 工程定额测定费

指为制定铁路工程定额和计价标准,实现对铁路工程造价的动态管理而发生的费用。根据铁建设[2008]259号文的规定,本项费用取消。自2009年1月1日后不再收取此项费用。

8. 施工图审查费

指建设主管部门认定的施工图审查机构按照有关法律、法规,对施工图涉及公共利益、公共安全和工程建设强制性标准的内容进行审查所需的费用。本项费用按国家和铁道部有关规定计列。

9. 环境保护专项监理费

指为保证铁路施工对环境及水土保持不造成破坏,而从环保的角度对铁路施工进行专项检测、监督、检查所发生的费用。本项费用按国家有关部委及建设项目所经地区省(自治区、直辖市)环保监理部门的有关规定计列。

10. 营业线施工配合费

指施工单位在营业线上进行建筑安装工程施工时,需要运营单位在施工期间参加配合工作所发生的费用(含安全监督检查费用)。本项费用按不同工程类别的计算范围,以编制期人工费与编制期施工机械使用费之和为基数,乘以表4-25所列费率计列。

营业线施工配合费费率表　表4-25

工程类别	费率(%)	计算范围	说明
一、路基			
1. 石方爆破开挖	0.5	既有线改建、既有线增建二线需要封锁线路作业的爆破	不含石方装、运、卸及压实、码砌
2. 路基基床加固	0.9	挤密桩等既有基床加固及基床换填	仅限于行车线路基,不含土石方装、运、卸
二、桥涵			
1. 架梁	9.1	既有线改建、增建二线拆除和架设成品梁	增建二线限于线间距10m以内
2. 既有桥涵改建	2.7	既有桥梁墩台、基础的改建、加固,既有桥梁部加固;既有涵洞接长、加固、改建	
3. 顶进框架桥、顶进涵洞	1.4	行车线加固及防护,行车线范围内主体的开挖及顶进	不包括主体预制、工作坑、引道、土方外运及框架桥、涵洞内的路面、排水等工程
三、隧道及明洞	4.1	需要封锁线路作业的既有隧道及明、棚洞的改建、加固、整修	
四、轨道			
1. 正线铺轨	3.5	既有轨道拆除、起落、重铺及拨移;换铺无缝线路	仅限于行车线
2. 铺岔	5.5	既有道岔拆除、起落、重铺及拨移	仅限于行车线
3. 道床	2.4	既有道床扒除、清筛、回填或换铺、补砟及沉落整修	仅限于行车线
五、通信、信息	2.0	通信、信息改建建安工程	
六、信号	24.4	信号改建建安工程	
七、电力	1.1	电力改建建安工程	
八、接触网	2.0	既有线增建电气化接触网建安工程和既有电气化改造接触网建安工程	已含牵引变电所,供电段等工程的施工配合费
九、给排水	0.5	全部建安工程	

三、建设项目前期工作费

1. 项目筹融资费

是指为筹措项目建设资金而支付的各项费用。主要包括向银行借款的手续费以及为发行股票、债券而支付的各项发行费用等。本项费用根据项目融资情况，按国家和铁道部的有关规定计列。

2. 可行性研究费

是指编制和评估项目建议书（或预可行性研究报告）、可行性研究报告所需的费用。本项费用按国家和铁道部有关规定计列。

3. 环境影响报告编制与评估费

是指按照有关规定编制与评估建设项目环境影响报告所发生的费用。本项费用按国家和铁道部有关规定计列。

4. 水土保持方案报告编制与评估费

是指按照有关规定编制与评估建设项目水土保持方案报告所发生的费用。本项费用按国家和铁道部有关规定计列。

5. 地质灾害危险性评估费

是指按照有关规定对建设项目所在地区的地质灾害危险性进行评估所需的费用。本项费用按国家有关规定计列。

6. 地震安全性评估费

是指按照有关规定对建设项目进行地震安全性评估所需费用。本项费用按国家有关规定计列。

7. 洪水影响评价报告编制费

是指按照有关规定就洪水对建设项目可能产生的影响和建设项目对防洪可能产生的影响作出评价，并编制洪水影响评价报告所需的费用。本项费用按国家有关规定计列。

8. 压覆矿藏评估费

是指按照有关规定对建设项目压覆矿藏情况进行评估所需的费用。本项费用按国家有关规定计列。

9. 文物保护费

是指按照有关规定对受建设项目影响的文物进行原址保护、迁移、拆除所需的费用。本项费用按国家有关规定计列。

10. 森林植被恢复费

是指按照有关规定缴纳的所征用林地的植被恢复费用。本项费用按国家有关规定计列。

11. 勘察设计费

(1)勘察费。指勘察单位根据国家有关规定，按承担任务的工作量应收取的勘察费用。本项费用按国家主管部门颁发的工程勘察收费标准和铁道部有关规定计列。

(2)设计费。指设计单位根据国家有关规定，按承担任务的工作量应收取的设计费用。

本项费用按国家主管部门颁发的工程设计收费标准和铁道部有关规定计列。

(3)标准设计费。指采用铁路工程建设标准设计图所需支付的费用。本项费用按国家主管部门颁发的工程设计收费标准和铁道部有关规定计列。

四、研究试验费

指为建设项目提供或验证设计数据、资料等所进行的必要的研究试验,以及按照设计规定在施工中必须进行的试验、验证所需的费用。不包括:

(1)应由科技三项费用(即新产品试制费、中间试验费和重要科学研究补助费)开支的项目。

(2)应由检验试验费开支的施工企业对建筑材料、设备、构件和建筑物等进行一般鉴定、检查所发生的费用及技术革新的研究试验费。

(3)应由勘察设计费开支的项目。本项费用应根据设计提出的研究试验内容和要求,经建设主管单位批准后按有关规定计列。

五、计算机软件开发与购置费

指购买计算机硬件所附带的单独计价的软件,或需另行开发与购置的软件所需的费用。不包括项目建设、设计、施工、监理、咨询工作所需软件。本项费用应根据设计提出的开发与购置计划,经建设主管单位批准后按有关规定计列。

六、配合辅助工程费

指在该建设项目中,凡全部或部分投资由铁路基本建设投资支付修建的工程,而修建后的产权不属铁路部门所有者,其费用应按协议额或具体设计工程量,按本办法的有关规定计算完整的第一章~第十一章概(预)算费用。

七、联合试运转及工程动态检测费

指铁路建设项目在施工全面完成后至运营部门全面接收前,对整个系统进行负荷或无负荷联合试运转或进行工程动态检测所发生的费用。包括所需的人工、原料、燃料、油料和动力的费用,机械及仪器、仪表使用费用,低值易耗品及其他物品的购置费用等。

本项费用的计算方法:

(1)需要临管运营的,按0.15万元/正线公里计列。

(2)不需临管运营而直接交付运营部门接收的,按下列指标计列:

新建单线铁路:3.0万元/正线公里;

新建双线铁路:5.0万元/正线公里。

(3)时速200km/h及以上客运专线铁路联合试运转费另行分析确定。

八、生产准备费

(1)生产职工培训费

指新建和改扩建铁路工程,在交验投产以前对运营部门生产职工培训所必需的费用。内容包括:培训人员的工资、津贴和补贴、职工福利费、差旅交通费、劳动保护费、培训及教学实习费等。本项费用按表4-26所规定的标准计列。

(2)办公和生活家具购置费

指为保证新建、改扩建项目初期正常生产、使用和管理,所必须购置的办公和生活家具、用具的费用。范围包括:行政、生产部门的办公室、会议室、资料档案室、文娱室、食堂、浴室、单身宿舍、行车公寓等的家具用具。不包括应由企业管理费、奖励基金或行政开支的改扩建项目所需的办公和生活家具购置费。本项费用按表4-27所规定的标准计列。

生产职工培训费标准(单位:元/正线公里)　　表4-26

线路类别 \ 铁路类别	非电气化铁路	电气化铁路
新建单线	7 500	11 200
新建双线	11 300	16 000
增建第二线	5 000	6 400
既有线增建电气化	—	3 200

注:时速200km/h及以上客运专线铁路的生产职工培训费另行分析确定。

办公和生活家具购置费标准(单位:元/正线公里)　　表4-27

线路类别 \ 铁路类别	非电气化铁路	电气化铁路
新建单线	6 000	7 000
新建双线	9 000	10 000
增建第二线	3 500	4 000
既有线增建电气化	—	2 000

注:时速200km/h及以上客运专线铁路的办公和生活家具购置费另行分析确定。

(3)工器具及生产家具购置费

指新建、改建项目和扩建项目的新建车间,验交后为满足初期正常运营必须购置的第一套不构成固定资产的设备、仪器、仪表、工卡模具、器具、工作台(框、架、柜)等的费用。不包括:构成固定资产的设备、工器具和备品、备件;已列入设备购置费中的专用工具和备品、备件。本项费用按表4-28所规定的标准计列。

工器具及生产家具购置费标准(单位:元/正线公里)　　表4-28

线路类别 \ 铁路类别	非电气化铁路	电气化铁路
新建单线	12 000	14 000
新建双线	18 000	20 000
增建第二线	7 000	8 000
既有线增建电气化	—	4 000

注:时速200km/h及以上客运专线铁路的工器具及生产家具购置费标准另行分析确定。

九、安全生产费

安全生产费是指为加强铁路建设工程安全生产管理，建立安全生产投入长效机制，改善铁路工程施工作业条件，减少施工伤亡事故发生，切实保障铁路工程安全生产所需要的费用。安全生产费按项目建筑安装工程费的1.5%计列。铁路工程安全生产费按表4-29所列范围支出。

安全生产费支出范围表 表4-29

一、完善、改造和维护安全防护设备、设施支出
1. “四口”（楼梯口、电梯井口、预留洞口、通道口）、“五临边”（未安装栏杆的平台临边、无外架防护的层面临边、升降口临边、基坑临边、上下斜道临边）等防护、防滑设施
2. 施工场地安全围挡设施
3. 施工供配电及用电安全防护设施（漏电保护、接地保护、触电保护等装置，变压器、配电盘周边防护设施，电器防爆设施，防水电缆及备用电源等）
4. 各类机电设备安全装置
5. 隧道瓦斯检测设备
6. 地质监控设施
7. 防风、防腐、防火、防尘、防水、防辐射、防雷电、防危险气体等设备设施及备品
8. 起重机械、提升设备上的各种保护及保险装置
9. 锅炉、压力器、压缩机的保险和信号装置
10. 防治边帮滑坡设备
11. 作业中防止物体、人员坠落设置的安全网、棚、护栏等
12. 起重、爆破作业及穿越村镇、公路、河流、地下管线进行施工、运输作业所增设的防护、隔离、拦挡等设施
13. 各种安全警示、警告标志
14. 航道临时防护及航标设置等
15. 安全防护通信设备
16. 其他安全防护设备、设施
二、配备必要的应急救援器材、设备和现场作业人员安全防护物品支出
1. 应急照明、通风、抽水设备及锹镐铲、千斤顶等
2. 防洪、防坍塌、防山体落石、防自然灾害等物资设备
3. 急救药箱及器材
4. 应急救援设备、器械（包括救援车等）
5. 救生衣、圈、船等
6. 各种消防设备和器材

续上表

7. 各种现场工作人员的安全防护用品支出
8. 其他救援器材、设备
三、安全生产检查与评价支出
1. 特种机械设备、压力容器、避雷设施等检查检测费
2. 聘请专家参与安全检查和评价费用
3. 各级安全生产检查、督导与评价费
四、重大危险源、重大事故隐患的评估、整改、监控支出
1. 超前地质预报、重大危险源监控费用
2. 水上及高空作业评估、整改
3. 危险源辨识与评估(高路堑坚石开挖、瓦斯隧道、既有线隧道评估等)
4. 重大事故隐患评估
5. 应急预案措施投入
6. 自然灾害预警费用
7. 爆炸物运输、储存、使用时安全监控、防护费用及安全检查与评估费用
8. 施工便桥安全检测、评估费用
9. 其他重大危险源、重大事故隐患的评估、整改、监控支出
五、安全技能培训及进行应急救援演练支出
1. 购置编印安全生产书籍、刊物、影像资料等
2. 举办安全生产展览和知识竞赛活动,设立陈列室、教育室等
3. 召开安全生产专题会议
4. 专职安检人员、生产管理人员安全生产专业培训
5. 全员安全及特种(专项)作业安全技能培训
6. 安全应急救援及预案演练
7. 各种安全生产宣传支出
8. 其他安全教育培训费用
六、其他与安全生产直接相关的支出
1. 特种作业人员(从事高空、井下、尘毒作业的人员及炊管人员等)体检费用
2. 办理安全施工许可证
3. 办公、生活区的防腐、防毒、防四害、防触电、防煤气、防火患等支出
4. 与安全员有关的费用支出
5. 其他

注:列入本表内的安全生产费支出项目不得在概算其他部分重复计列。

十、其他

指除以上费用之外的，国家和部委及工程所在省（自治区、直辖市）规定应纳入设计概（预）算的费用。

第五节　基本预备费的费用内容

一、基本预备费的主要用途

（1）在进行设计和施工过程中，在批准的设计范围内，必须增加的工程和按规定需要增加的费用。本项费用不含Ⅰ类变更设计增加的费用。

（2）在建设过程中，未投保工程遭受一般自然灾害所造成的损失和为预防自然灾害所采取的措施费用，及为了规避风险而投保全部或部分工程的建筑、安装工程一切险和第三者责任险的费用。

（3）验收委员会（或小组）为鉴定工程质量，必须开挖和修复隐蔽工程的费用。

（4）由于设计变更所引起的废弃工程，但不包括施工质量不符合设计要求而造成的返工费用和废弃工程。

（5）征地、拆迁的价差。

二、基本预备费的计费标准

本项费用以第一章～第十一章费用总额为基数，初步设计概算按5%计列，施工图预算、投资检算按3%计列。

第六节　动 态 投 资

一、工程造价增涨预留费

1. 工程造价增涨预留费的内涵

本项费用指为正确反映铁路基本建设工程项目的概（预）算总额，在设计概（预）算编制年度到项目建设竣工的整个期限内，因形成工程造价诸因素的正常变动（如材料、设备价格的上涨，人工费及其他有关费用标准的调整等），导致必须对该建设项目所需的总投资额进行合理地核定和调整，而需预留的费用。

2. 工程造价增涨预留费的计算规定

本项费用应根据建设项目施工组织设计安排，以其分年度投资额及不同年限，按国家及铁道部公布的工程造价年上涨指数计算。计算公式：

$$E = \sum_{n=1}^{N} F_{n}\left[(1+p)^{c+n}-1\right] \tag{4-24}$$

式中：E——工程造价增涨预留费；

N——施工总工期(年);

F_n——施工期第 n 年的分年度投资额;

c——编制年至开工年年限(年);

n——开工年至结(决)算年年限(年);

p——工程造价年增长率。

【例 4-9】 某建设项目,建设期为 3 年,各年投资计划额如下,第一年投资 7 200 万元,第二年投资 10 800 万元,第三年投资 3 600 万元,年均投资价格上涨率为 6%,求建设项目建设期间造价增涨价预留费。

解:第一年造价增涨价预留费为:

$$E_1 = F_1[(1+p)-1] = 7\ 200 \times 0.06$$

第二年造价增涨价预留费为:

$$E_2 = F_2[(1+p)^2-1] = 10\ 800 \times (1.06^2 - 1)$$

第三年造价增涨价预留费为:

$$E_3 = F_3[(1+p)^3-1] = 3\ 600 \times (1.06^3 - 1)$$

所以,建设期的涨价预备费为:

$$E = 7\ 200 \times 0.6 + 10\ 800 \times (1.06^2 - 1) + 3\ 600 \times (1.06^3 - 1) = 2\ 454.54(\text{万元})$$

二、建设期投资贷款利息

1. 建设期投资贷款利息的内涵

本项费用指建设项目中分年度使用国内贷款,在建设期应归还的贷款利息。

2. 建设期投资贷款利息的计算规定

建设期投资贷款利息 = ∑(年初付息贷款本金累计 + 本年度付息贷款额 ÷2) ×年利率

即:

$$S = \sum_{n=1}^{N}\left(\sum_{m=1}^{n} F_m \times b_m - F_n \times b_n \div 2\right) \times i \tag{4-25}$$

式中:S——建设期投资贷款利息;

N——建设总工期;

n——施工年度;

m——还息年度;

F_n、F_m——在建设年度的第 n、m 年的分年度资金供应量;

b_n、b_m——在建设的第 n、m 年份还息贷款占当年投资比例;

i——建设期贷款年利率。

【例 4-10】 某新建项目,建设期为 3 年,分年均衡进行贷款,第一年贷款 300 万元,第二年贷款 600 万元,第三年贷款 400 万元,年利率为 12%,建设期内利息只计息不支付,计算建设期贷款利息。

解:在建设期,各年利息计算如下:

$$q_1 = \frac{1}{2}A_1 \cdot i = \frac{1}{2} \times 300 \times 12\% = 18(\text{万元})$$

$$q_2 = \left(P_1 + \frac{1}{2}A_2\right) \cdot i = \left(300 + 18 + \frac{1}{2} \times 600\right) \times 12\% = 74.16(\text{万元})$$

$$q_3 = \left(P_2 + \frac{1}{2}A_3\right)\cdot i = \left(318 + 600 + 74.16 + \frac{1}{2}\times 400\right)\times 12\% = 143.06(\text{万元})$$

所以,建设期贷款利息 $= q_1 + q_2 + q_3 = 18 + 74.16 + 143.06 = 235.22$(万元)。

第七节　机车车辆购置费及铺底流动资金

一、机车车辆购置费

根据铁道部铁路机车、客车投资有偿占用有关办法的规定,在新建铁路、增建二线和电气化技术改造等基建大中型项目总概(预)算中,计列按初期运量所需要的新增机车车辆的购置费。

本项费用按设计确定的初期运量所需要的新增机车车辆的型号、数量及编制期机车车辆购置价格计算。

二、铺底流动资金

为保证新建铁路项目投产初期正常运营所需流动资金有可靠来源,而计列本项费用。主要用于购买原材料、燃料、动力,支付职工工资和其他有关费用。

本项费用按下列指标计列:

(1)地方铁路

新建Ⅰ级地方铁路,6.0 万元/正线公里;

新建Ⅱ级地方铁路,4.5 万元/正线公里。

既有地方铁路改扩建、增建二线以及电气化改造工程不计列铺底流动资金。

(2)其他铁路

新建单线:Ⅰ级铁路,8.0 万元/正线公里;

Ⅱ级铁路,6.0 万元/正线公里;

新建双线:12.0 万元/正线公里;

如初期运量较小,上述指标可酌情核减。

既有线改扩建、增建二线以及电气化改造工程不计列铺底流动资金。

第五章　铁路工程工程量计量

铁路工程计量作为铁路工程建设中的一项重要而特殊的工作内容,有其固有的内在规律和专门的计算方法。本章从铁路工程量计量的基本原理出发,探讨铁路工程量的含义、特点和铁路工程量计量的方法。

第一节　铁路工程工程量计量原理

一、工程量的含义

工程量是指以物理计量单位或自然计量单位所表示的各个具体分部分项工程和构配件的实物量。物理计量单位是指需要量度的具有物理性质的单位。如长度以米(m)为计量单位,面积以平方米(m^2)为计量单位,体积以立方米(m^3)为计量单位,质量以千克(kg)或吨(t)为计量单位等。自然计量单位指不需要量度的具有自然属性的单位,如铁路道岔以"组"为单位,施工机械以"台班"为单位等。

计量单位的选择关系到工程量计算的繁简和准确性,因此,要正确地采用各种计量单位。一般可以依据建筑构件形体的特点确定:当构件的三个度量都发生变化时,采用立方米作为计量单位,如土石方工程、砌筑工程和混凝土工程;当构件的厚度有一定规格而其他两个度量经常发生变化时,采用平方米为计量单位,如楼地面、墙柱面的装饰面层和屋面工程等;当构件的断面有一定形状和大小,但是长度不定时,采用延长米作为计量单位,如扶手栏杆、各种管道、电气线路等;当构件主要取决于设备或材料的质量时,可以采用吨、千克作为计量单位,如钢结构构件、钢筋工程等;当构件没有一定规格,其构造又较为复杂时,可采用个、套、座、组为计量单位,如铁路道岔、橡胶支座等。

二、工程量的作用

计算工程量就是根据施工图、工程量计算规则,按照预算要求列出分部分项工程名称和计算式,最后计算出结果的过程。

工程量计算的工作,在整个工程计价的过程中是最繁重的一道工序,是编制施工图预算的重要环节。一方面,工程量计算工作在整个预算编制工作中所花的时间最长,它直接影响到预算的及时性;另一方面,工程量计算正确与否直接影响到各个分项工程直接工程费计算的正确,从而影响到工程预算造价的准确性。因此,要求预算人员具有高度的责任感,耐心细致地进行计算。

一般来说,工程量计算的结果主要用在以下方面:

(1)作为工程计价的基础。若要对一个工程项目计价,必须按一定规则计算出分部分项工程的工程量,然后用工程量乘以工程单价和定额消耗量,就可以计算出直接工程费,进而确定工程造价。

(2)作为工料分析的基础。完成任何一个工程项目,都要使用一定数量的人工和品种繁多、数量巨大的各种材料,必须在开工前和施工中做好供应计划,用工程量乘以定额消耗量便可确定人工和材料的实际需求量,这一工作称之为“工料分析”,是工程计价中的重要工作之一。

(3)作为支付工程款的依据。无论一个工程项目工期长短,一般业主都要在每个月向承包人支付工程进度款,在实行工程量清单计价以后,每月支付的工程款,其额度就等于已完工程的工程量乘以合同约定的工程单价。

(4)作为工程结算的依据。在工程结束竣工验收时,工程量是表明工程任务完成情况真实存在的尺度,经过认真准确的核算,就可以成为工程结算的重要依据。

三、铁路工程量的计量原理

(一)项目划分

任何一个建设项目,就其投资构成或物质形态而言,是由众多部分组成的复杂而又有机结合的总体,相互存在许多外部和内在的联系。要对一个建设项目的投资耗费进行计量,就必须对建设项目进行科学合理的分解,使之划分为若干形体简单、便于计算的部分或单元。另外,建设项目根据其产品生产的工艺流程和使用功能,按照设计规范要求必须进行必要而科学的分解,使设计符合工艺流程及使用功能的客观要求。

根据我国现行有关规定,一个建设项目一般可以分解为若干单项工程,一个单项工程可以分解为若干单位工程,一个单位工程可以分解为若干分部工程,一个分部工程可以分解为若干分项工程。

1. 建设项目

建设项目是指在一个总体设计或初步设计的范围内,由一个或若干个单项工程所组成的,经济上实行统一核算,行政上有独立机构或组织形式,实行统一管理的基本建设单位。一般以一个行政上独立的企事业单位作为一个建设项目,如一条铁路、一家工厂、一所学校等。

2. 单项工程

单项工程是指具有单独的设计文件,建成后能够独立发挥生产能力和使用效益的工程。单项工程又称为工程项目,它是建设项目的组成部分。

工业建设项目的单项工程,一般是指能够生产出设计所规定的主要产品的车间或生产线以及其他辅助或附属工程,如工业项目中某机械厂的一个铸造车间或装配车间等建筑单体;非工业建设项目的单项工程,一般是指能够独立发挥设计规定的使用功能和使用效益的各项独立工程,如铁路建筑项目中某条铁路的一段。

3. 单位工程

单位工程是指具有单独的设计文件,独立的施工条件,但建成后不能够独立发挥生产能力和使用效益的工程。单位工程是单项工程的组成部分,如:铁路工程中的一座桥梁、一条隧道等;建筑工程中的一般土建工程、装饰装修工程、给排水工程、电气照明工程、弱电工程、采暖通风空调工程、煤气管道工程、园林绿化工程等均可以独立作为单位工程,但它们中任何一部分单独完成都不能使建筑单体发挥生产能力和使用效益。单位工程是工程计价或工程概预算的对象,也是概预算定额的划分对象。

4. 分部工程

分部工程是指各单位工程的组成部分。它一般根据建筑物、构筑物的主要部位、工程的结构、工种内容、材料结构或施工程序等来划分。如桥梁工程可划分为基础、墩台身、上部结构、附属工程等分部工程。分部工程在现行预算定额中一般表达为“章”。

5. 分项工程

分项工程是指各分部工程的组成部分，是通过较为简单的施工过程就可以生产出来的建筑产品或构配件。如桥梁基础分部中的挖基础、垫层、基础混凝土、回填等。分项工程是工程计量或计价的基本要素，是概预算中最基本的计算单元。

(二)计量内容

招标文件中工程量清单所列的工程数量，是在图纸和说明、技术规范中规定的工程量计算方法的基础上估算的工程量，不是实际施工中完成的工程量，不能作为支付的凭据。工程量计量是指监理工程师按照合同文件(工程量清单及说明、合同图纸、工程变更及修订的工程清单、合同条件、技术规范、有关计量的补充协议等)的要求对承包人完成的实际工程量进行商量和计算。计量内容不仅包括对工程量清单及修订的工程量清单中所列项目的实际工程量进行测定，而且还包括对施工过程中所有与费用有关项目的工作内容进行详实准确地计量。

工程实施中，在计量时须遵循以下原则：工程量必须按合同文件规定的方法、范围、内容、单位计量，必须按监理工程师同意的计量方法计量，不符合合同文件要求的工程不得计量。

(三)计量统一规定

(1)所采用的测量方法，是计算工程量清单的统一依据，既适用于在建工程，也适用于该工程的竣工测量。

(2)工程量清单不仅包括合同规定的所有必须完成的工作项目，还包括该项目工作所必需的一切有关费用(人工、材料、机械、附属工程、管理费、利润、税收等)。计量和支付是紧密结合在一起的。

(3)对所采用的测量方法，如用于特殊地段、特殊部位的工程项目时，应根据具体情况制定补充规定。

(4)工程量清单的细目，均需逐项进行较详细的说明。这些说明应以设计文件和图纸为依据，并与合同文件中的施工技术规范相呼应。

(5)计算的工程量，不论采用什么方法，其计算结果都应该是净尺寸工程量。计算结果中不包括施工中必然发生的允许的“合理超量”，超量价值应包括在净量单价内。

(6)以长和宽计量的项目，应注明其断面尺寸、形状大小、周长或周长范围及其他适应的说明。管道工程应注明其内径或外径尺寸。

(7)以面积计量的项目，应注明厚度或其他的说明。

(8)以质量计量的项目，应注明材料的规格或其他适应的说明。

(9)对于专利产品，应尽量适合制造厂价目表或习惯的计量方法，可不受本原则的限制。

(10)工程量清单中的项目说明，要以其他文件或图纸为依据，在这种情况下，应理解为该资料是符合本计算原则的。

(四)工程量计算的依据

工程量是编制投资估算、初步设计概算、技术设计修正概算、施工图预算、施工预算、标底、投标报价以及进行施工期中的结算和竣工决算的基本依据。能否正确计算或计量工程量、直接关系到编制概、预算等造价文件的正确性和编制结果的准确性。因此，在概预算等造价文件的编制中，要能正确计算工程量。

工程量的计算或计量要按照规定的计算方法或规则进行。不同的行业、不同的造价编制阶段对工程量的计算或计量，在计算方法或规则上是不相同的。

工程量计算与计量要有依据，概括来讲，主要有4方面的依据：

(1)编制的造价文件种类及适用的定额。编制不同阶段的铁路工程造价文件，要采用不同的定额标准。例如，编制“投资估算”，要采用《铁路工程估算指标》；编制“设计概算”及“施工图预算”，要采用《铁路工程预算定额》等。不同阶段的铁路工程造价文件编制中，对工程量的计算或计量的要求不同，单位工程量所包含的工作(工程)内容不同，工程量的计算规则、方法也有差异。因此，工程量的计算或计量要以编制的造价文件种类及适用的定额为依据。

(2)经审定的设计文件。工程建设的不同阶段要对应编制相应的造价文件。其工程量计算规则或计算方法中的基本尺寸、数据主要来自于经审定的设计图、表(投资估算为方案设计图、设计概算为初步设计图、施工图预算为施工图设计图纸)及其设计说明。因此，经审定的设计图是工程量计算或计量的依据之一。

(3)经审定的施工组织设计或施工技术措施方案。作为设计文件组成部分的施工组织设计(或施工组织计划、施工方案)、施工技术措施方案，是编制工程概、预算等造价文件的主要依据之一，也是工程量计算或计量的依据之一。例如便道、便桥、预制场、电力电信线路等临时工程、临时设施的数量，临时用地的数量，材料的运输距离等，就应按施工组织计划或施工技术措施方案来计算。

(4)其他有关技术经济文件及经济调查资料。其他有关技术经济文件是指国家或行业主管部门发布的现行与概预算编制有关的法规、规范、规程等技术经济文件；经济调查资料是指在勘察设计和造价文件编制期间所进行的技术经济调查而搜集的技术经济方面的资料。技术经济文件及经济调查资料也是工程量计算或计量的依据之一。

第二节 铁路工程量计算规则

一、铁路工程计量规则与方法

计算规则亦即工程量计算规则，是根据计量对象的特殊性，为使计算简便可行而制订的工程量计算的准则，是对清单项目工程量的计算规定和对相关清单项目的计量界面的划分。在工程实施过程中，计量与支付必须严格执行工程量计算规则。

在我国，土木工程至今没有一个标准计量方法，大都以习惯计量方法为主，并在各专业工程(建筑、铁路、公路、水运、水利等)的定额中加以规定。这些计量原则和方法的规定对概预算编制和预算包干的工程实施是可行的，但对招投标工程来说则有一定的问题。因为招投标工程的工程量清单的工程细目划分、计量和概、预算定额的工程项目不尽相同，而且工程量清单的计量不能按照传统的习惯方法进行，必须符合合同规定的条件。工程量除了包括数量方面的内容外，还包括质量方面的内容，即工程质量不合格，监理工程师有权不予计量，承包人将得不到付款，并由承包人自己承担由此而造成的损失。因此，确定一个工程量清单中的工程量计量原则和方法是非常必要的。

目前，我国的工程量计算规则由各行业政府主管部门制定并发布，按适用范围可分为全国统一规则、地方规则和行业规则。它表现为一种行政法规，参与工程建设各方必须遵照执行，并作为工程计量计价、解决合同纠纷的唯一尺度。

我国铁路工程现行的工程量计算规则为:

(1)《建筑工程建筑面积计算规范》(GB/T 50353—2005)于2005年7月1日由建设部以“建设部第326号”文件发布,为国家标准。其中包括建筑面积及各分部分项工程的计算规则,是目前铁路工程计算施工工程量的重要依据之一。

(2)《铁路工程工程量清单计价指南》(铁建设[2007]108号)(以下简称《清单指南》),其中的“工程量清单计量规则”(以下简称“清单规则”)是目前编制“铁路工程量清单”时计算工程量的重要准则。铁路工程量清单计量规则由编码、节号、项目名称、计量单位、项目划分特征、工程量计算规则和工程(工作)内容组成。

二、共性计量规则

(1)土石方数量以体积计算时,开挖与运输数量以天然密实体积计算,填筑数量以压(夯)实体积计算。土方体积如遇有必须以天然密实体积换算时,除另有规定外,可按表5-1系数换算。

土方体积换算系数表 表5-1

虚方体积	天然密实度体积	夯实后体积	松填体积
1.00	0.77	0.67	0.83
1.20	0.92	0.80	1.00
1.30	1.00	0.87	1.08
1.50	1.15	1.00	1.25

(2)平整场地指原地面挖填土方厚度在±0.3m以内的原土找平。挖填土方厚度超过±0.3m以外时,按土石方挖填数量计算。

(3)平整场地和原地面压实的数量按设计边界线所包围的面积计算。

(4)沟槽、基坑开挖、回填:

①沟槽、基坑开挖数量以天然密实体积计算,填筑数量以压实体积计算。

②当在天然土层上挖沟槽、基坑,深度在5m以内,施工期较短、坑底在地下水位以上,土的湿度接近最佳含水率、土层构造均匀时,计算挖沟槽、基坑工程量需放坡时,放坡坡度见表5-2。

沟槽、基坑开挖放坡坡度 表5-2

岩土分类	坑壁坡度		
	坡顶缘无载重	坡顶缘有静载	坡顶缘有动载
砂类土	1:1	1:1.25	1:1.5
碎石类土	1:0.75	1:1	1:1.25
黏性土、粉土	1:0.33	1:0.5	1:0.75
极软岩、软岩	1:0.25	1:0.33	1:0.67
较软岩	1:0	1:0.1	1:0.25
极硬岩、硬岩	1:0	1:0	1:0

注:1. 挖沟槽、基坑通过不同土层时,边坡可分层选定,并酌留平台。

2. 在既有建筑物旁开挖时,应符合设计文件的规定。

3. 计算放坡时,在交接处的重复工程量不予扣除,原槽、坑作基础垫层时,放坡自垫层上表面开始计算。

③沟槽、基坑深度大于5m时,应将坑壁坡度适当放缓或加设平台。

④当土的湿度可能引起坑壁坍塌时,坑壁坡度应缓于该湿度下土的天然坡度。

⑤基础施工所需工作面宽度。

a. 桥涵基础施工所需工作面,无水土质基坑底面,按基础设计平面尺寸每边放宽0.5m计算。适宜垂直开挖且不立模板的基坑,基底尺寸应按基础轮廓确定。有水基坑底面,应满足四周排水沟与汇水井的设置需要,按每边放宽0.8m计算。

b. 除另有规定外,其他构筑物基础所需工作面宽度见表5-3。

基础施工所需工作面宽度 表5-3

基础材料	每边各增加工作面宽度(m)	基础材料	每边各增加工作面宽度(m)
砖基础	0.20	混凝土基础支模板	0.30
浆砌石基础	0.15	基础垂直面做防水层	0.80(防水层面)
混凝土基础垫层支模板	0.30		

⑥挖管道沟槽,沟底宽度设计有规定的按设计规定尺寸计算,设计无规定的可按管道外径加0.6m计算。计算管道沟土石方开挖数量时,除另有规定外,各种井类及管道接口等处需加宽增加的土石方量按沟槽全部土石方开挖体积的2.5%计算。

⑦除另有规定外,沟槽、基坑深度按设计图示沟槽、坑底面至地面深度计算。

⑧挖沟槽、基坑需支挡土板时,其宽度按设计图示沟槽、基坑底宽,单面加0.1m,双面加0.2m计算。挡土板面积按槽、坑垂直支撑面积计算,支挡土板后不得再计算放坡。

⑨沟槽、基坑回填的工程量按设计开挖体积扣除构筑物(含基础及垫层等)所占体积计算;管道沟槽回填的工程量,管径500mm以上的,按开挖体积扣除管道所占的体积计算;管径500mm及以下的,不扣除管道所占的体积。

(5)余土或取土工程量,可按下式计算:余土外运体积=挖土总体积-回填土总体积,式中计算结果为正值时为余土外运体积,负值时为取土体积。

(6)土(石)方运距,挖方区重心至填方或堆方区重心之间的最短距离计算。

(7)汽车运输运距按1km进级,不足1km者按1km计,其余运输方式按10m进级,不足10m者按10m计。

(8)砌体体积按设计图示尺寸以实体体积计算,除另有规定外,不扣除预留孔洞、预埋件的体积。勾缝、抹面按设计砌体表面勾缝、抹面的面积计算。

(9)混凝土的体积,按混凝土设计尺寸以实体体积计算,除另有规定外,不扣除混凝土中钢筋(钢丝、钢绞线)、预埋件和预留压浆孔道等所占的体积。

(10)非预应力钢筋的质量按钢筋设计长度(应含架立筋和定位筋)乘理论单位质量计算。不得将搭接和焊接、绑扎料、接头套筒、垫块等材料等计入工程数量。

(11)预应力钢筋(钢丝、钢绞线)的质量按设计图示结构物内的长度或两端锚具之间的预应力筋长度乘理论单位质量计算。不得将张拉等施工所需的预留长度部分和锚具、管道、锚板及联结钢板、封锚、捆扎、焊接材料等计入工程数量。

(12)钢结构的质量按设计图示尺寸计算,不含搭接、焊接材料、下脚料、缠包料和垫衬物、涂装料等的质量。

(13)复合地基处理桩(包括石灰桩、碎石桩、水泥搅拌桩、旋喷桩、砂桩、CFG桩等),其桩身体积按设计桩长×设计桩截面积计算,其桩长按设计桩顶至桩底的长度计算。如需试桩,按设计文件要求计入工程数量。

(14)工程量以面积计算时，除另有规定外，其面积按设计图示尺寸计算，不扣除各类井和 $1m^2$ 及以下的构筑物所占的面积。

(15)工程量以长度计算时，除另有规定外，按设计图示中心线的长度计算，不扣除接头、检查井等所占的长度。

(16)各种光缆、电缆、导线敷设(架设)的工程量，按设计长度计算，并将附加长度计入工程量。附加长度包括垂度、弛度、预留长度等。

(17)除另有规定外，工地设场预制的小型混凝土构件，其制作运输及操作损耗按 1.5% 计入工程数量。

三、路基工程工程量计算规则

路基预算定额明确了工程量计算规则、规范，统一了设计中路基数量的计算口径和方法，使用中应严格按照工程数量计算规则执行。

(1)开挖与运输数量以天然密实体积计算，填筑数量以压(夯)实体积计算。

(2)圬工体积按设计尺寸以实体体积计算，不扣除圬工中钢筋、钢绞线、预埋件和预留压浆孔道所占体积。

(3)路堑开挖按照设计开挖线计算土石方数量，侧沟的土石方数量计入挖方数量，不再单独计算。

(4)路堤填筑按照设计填筑线计算土石方数量，护道土石方、需要预留的沉降数量计入填方数量。

(5)清除表土及原地面压实后回填至原地面高程所需的土、石方数量按设计确定的数量计算并纳入到路基填方数量内。

“清除表土及原地面压实后回填至原地面高程所需的土石方数量按照设计确定的数量计算，并纳入到路基填方数量内”，是指设计有特殊要求的“清除表土及原地面压实”工程项目，如①线路通过耕地缺乏的地区，设计中明确要求清除耕地表层熟土以便用于再造耕地，清除熟土后需要回填至原地面的这一部分土石方应按照设计确定的数量计算，并纳入到路基填方数量内；②路基基地承载力等指标不满足要求，但不需特殊处理，设计文件中明确要求加强原地面压实的工程项目，压实下沉后回填至原地面高程所需的土石方数量按设计确定的数量计算，并纳入到路基填方数量内。其他因施工工艺需要而进行的“场地平整、原地面压实”不需单独计算数量，在定额中已经包含。

(6)全坡面护坡、护墙其挖基数量仅计算原地面(或路基面)线以下部分；骨架护坡挖基需另计在坡面开挖沟槽的数量。

(7)铺设土工织物、土工格栅按照设计铺没面积计算，但特殊设计需要回折的，回折部分另行计算并纳入工程数量中。

(8)路基边坡斜铺土工网垫按照设计铺设面积计算，定额中已经包括了撒播草籽。

(9)锚杆挡土墙中锚杆制安以及锚索制安按照所需主材(钢筋或钢绞线)质量计算，附件质量，不得计入。

(10)石灰桩、碎石桩、水泥搅拌桩、旋喷桩按照设计桩长 × 设计桩截面积计算，如需试桩，按设计文件计入工程数量。

(一)土石方工程

(1)当以填方压实体积为工程量,采用以天然密实方为计量单位的定额时,所采用的定额应乘以相应的系数,系数见表3-1。需要注意的是,该系数已包括路堤两侧超填的土石方数量,即路堤两侧超填帮宽的土石方数量在计算路基工程数量时不予考虑。采用该系数后,也不得再计边坡压实的费用。

当采用借土(石)填方时,借方的开挖、运输在套用定额时均应乘以换算系数,但当移挖作填时,利用的挖方和弃方应通过换算确定。

(2)路堑开挖按照设计开挖线计算土石方数量,侧沟的土石方数量计入挖方数量,不再单独计算。

(3)路堤填筑按照设计填筑线计算土石方数量,护道土石方、需要预留的沉降数量计入填方数量。

(4)清除表土及原地面压实后回填至原地面高程所需的土、石方数量按设计确定的数量计算,并纳入到路基填方数量内。

清除表土及原地面压实后回填至原地面高程所需的土、石方数量,是指设计有特殊要求的"清除表土及原地面压实"工程项目,如①线路通过耕地缺乏的地区,设计中明确要求清除耕地表层熟土以便用于再造耕地,清除熟土后需要回填至原地面的这一部分土石方应按照设计确定的数量计算,并纳入到路基填方数量内;②路基基地承载力等指标不满足要求,但不需特殊处理,设计文件中明确要求加强原地面压实的工程项目,压实下沉后回填至原地面高程所需的土石方数量按设计确定的数量计算,并纳入到路基填方数量内。其他因施工工艺需要而进行的"场地平整、原地面压实"不需单独计算数量,在定额中已经包含。

(二)路基防护及加固工程

(1)全坡面护坡、护墙其挖基数量仅计算原地面(或路基面)线以下部分;骨架护坡挖基需另计在坡面开挖沟槽的数量。

(2)砂浆锚杆按设计锚杆长度计算。

(3)喷射混凝土按设计喷射混凝土外围面积计算。

(4)沙漠路基防护:

①铺卵石按设计铺设面积计算。

②栽草方格按设计外围面积计算。

③铺黏土按设计实体体积计算。

④树条沙障、刺铁丝网按设计长度计算。

(5)地基处理:

①插塑料排水板按设计长度计算。

②钻孔按设计钻孔长度计算,压浆按设计压浆体积计算。

③强夯加固地基按设计夯击面积计算。

④地基垫层那设计压实后的体积计算。

⑤钢筋混凝土管桩的数量按设计图示桩顶至桩底的长度计算。

(6)铺设土工材料:

①铺设土工织物、土工膜、土工格室、土工格栅等按设计铺设面积计算,但特殊设计需要回折的,回拆部分另行计算并纳入工程数量中。

"特殊设计需要回折"是指结构要求、并在设计图纸中有明确标识的回折部分,施工工艺需要回折的不需要单独计算数量,在定额中已经包含。

②路基边坡斜铺土工网垫按照设计铺设面积计算,定额中已经包括了撒播草籽。该定额已经包含了在土工网垫上撒播草籽、覆盖土、竹钉连接的工程内容,设计计算工程数量时仅需要铺设网垫面积即可。

③透水软管按设计软管敷设长度计算。

(7)填筑砂石等按设计填筑体积计算。

(8)铺设排水管道按设计管道长度计算。

(三)路基支挡结构工程

1. 锚杆挡土墙

(1)锚杆、锚索制安按所需主材(钢筋或钢绞线)质量计算,附件质量不得计入。其计算长度是指嵌入岩石设计有效长度,按规定应留的外露部分及加工过程中的损耗,均已计入定额。

(2)钻孔及压浆按设计钻孔长度计算。

(3)锚墩、承压板制安按设计数量以"个"计算。

2. 加筋土挡墙

(1)编织带拉筋按设计拉筋长度计算。

(2)钢塑复合带拉筋按设计拉筋带质量计算。

3. 挡土墙栏杆

按设计长度以延长米计算。

4. 防水层、伸缩缝

按设计敷设面积计算。

5. 抗滑桩桩孔开挖

不论哪一深度均执行总孔深定额。桩身混凝土工程量按桩顶至桩底的长度乘以设计桩断面积计算,不包括护壁混凝土的数量。护壁混凝土按设计实体体积另计。

(四)其他

(1)沉降板、位移桩按设计观测断面数量以"个"计算。

(2)洒水按设计要求以洒水质量计算。

(3)在斜坡上挖台阶按设计水平投影面积计算。

(4)路拱、路面、底面、边坡修整按设计修整面积计算。

(5)原地面压实、推土机推除植被按设计面积计算。

(6)推土机清除表土按设计要求以天然密实体积计算。

(7)割草、挖竹根按设计外围面积计算。

(8)挖树根按树的数量以"棵"计算。

(9)喷播植草、喷混植生、栽植露地花卉、花坛内应季花草、铺草皮、撒草籽、铺设植生袋和花卉、草皮养管按设计外围面积计算。

(10)栽植香根草、穴植容器苗按设计数量以"株"计算。

(11)灌木、乔木栽植、养护按设计数量以"株"计算。

(12)绿篱栽植及养管分单双排按设计栽植长度计算。

(13)栽植攀援植物按设计数量以"株"计算。

(14)换填种植土按设计换填体积计算。

四、桥涵工程工程量计算规则

(一)桥梁长度的确定

梁式桥按桥台(挡砟)前墙之间的长度计算;拱桥按拱上侧墙与桥台侧墙间两伸缩缝外端之间的长度计算;框架式桥按框架顺跨度方向外侧间的长度。涵洞长度系指设计图示进出口帽石外边缘之间中心线长度。

(二)下部工程工程量计算规则

(1)基坑开挖的工程量按基坑设计容量计算。

(2)挡土板支护的工程量按所支挡的基坑开挖数量计算。

(3)基坑回填数量=基坑开挖数量-基础(承台)圬工数量。

(4)基坑深度一般按坑的原底面中心高程、路堑地段按路基成形断面路肩设计高程至坑底的高程计算。

(5)井点降水定额的井点降水设备,一级井点降水所需的设备为一套,当需要采用多级井点降水时,每增加一级井点降水,增加一套井点降水设备。使用24h为一天。

(6)基坑抽水工程量为地下水位以下的湿处开挖数量。已含开挖、基础浇(砌)筑及至混凝土终凝期间的抽水。与无砂混凝土管井配套的水泵台班数量,按施工组织设计确定的日历天数计算,24h为一天,每天每台水泵计3个台班。

(7)抽静水定额仅适用于排除水塘、水坑等的积水。工程量按设计抽水量计算。

(8)土坝、土袋围堰:

①围堰堰顶宽度按1.5m计算,长度按围堰中心长度,高度按设计施工水位加0.5m计算。

②围堰填筑坡度,土坝围堰按外侧1:2、内侧1:1计算,土袋围堰按外侧1:1、内侧1:0.5计算。

③堰底内侧坡脚距基坑顶缘距离按1m计算。

④围堰内填芯数量,按设计填筑数量计算。

(9)钢围堰浮运的工程量按设计确定所需的浮运质量计算。

(10)钢围堰制作、拼装按设计的围堰身质量计算,不包括工作平台的质量。

(11)双壁钢围堰在水中下沉的工程量按围堰外缘所包围的断面积乘以施工设计水位至原河床面中心高程的高度计算。下沉设备制安拆按设计使用墩数计算。

(12)双壁钢围堰在覆盖层下沉的工程量按围堰外缘所包围的断面积乘以河床面中心高程至围堰刃脚基底中心高程的高度计算。

(13)钢围堰拆除的工程量按施工组织设计确定的拆除数量计算。

(14)双壁钢围堰基底清理的工程量按围堰刃脚外缘所包围的断面积计算。钢围堰内抽水按设计所需抽水量计算。

(15)拼装船组拼拆除的工程量按设计使用次数计算。

(16)双壁钢围堰下沉设备制安拆的工程量按设计使用墩数计算。

(17)钻孔桩钻孔深度,路上以地面高程、水上以河床面高程、筑岛施工以筑岛平面高程、路堑地段以路基设计成形断面路肩高程至桩尖设计高程计算。当采用管柱作为钻孔护筒时,钻孔深度应扣除管柱入土深度。

(18)钻孔桩桩身混凝土工程量按承台底至桩底的长度乘以设计桩径断面积计算,不得将扩孔因素计入工程量。

(19)水中钻孔工作平台的工程量,一般钻孔工作平台按承台面尺寸每边各加2.5m计算面积,钢围堰钻孔工作平台按围堰外缘尺寸每边加1m计算面积。

(20)钢护筒和钢导向护筒的工程量按设计质量计算,包括加劲肋及连接部件的质量,不包括固定架的质量。当设计确定有困难时,可参考表5-4所列计算。当设计桩径介于表列桩径之间时,采用内插法计算。

表5-4

桩径(m)	0.6	0.8	1.0	1.2	1.5	2.0	2.5
钢护筒质量(kg/m)	109.90	140.35	175.94	258.62	312.62	513.70	630.50

(21)钻孔用泥浆和钻渣外运工程量按钻孔体积计算,计算公式为:

$$V=0.25\pi D^2 H \qquad (m^3)$$

式中:D——设计桩径(m);

H——钻孔深度(m)。

(22)挖孔桩开挖工程量按护壁外缘包围的断面积乘以设计孔深计算。

(23)挖孔桩桩身混凝土工程量按承台底至桩底的长度乘以设计桩径断面积计算,不包括护壁混凝土的数量。护壁混凝土按设计实体体积计算,木护壁按设计孔壁面积计算。

(24)钢筋混凝土方桩预制与沉入的工程量按承台底至桩尖的长度乘以桩断面积计算。

(25)钢筋(预应力)混凝土管桩的工程量按承台底至桩尖的长度计算。

(26)钢管桩制作的工程量按设计质量计算。

(27)钢管桩沉入的工程量按承台底至桩尖的长度计算。

(28)管柱下沉定额中未含管柱的数量。预制管柱的工程量按承台底至柱底的长度计算。

(29)管柱下沉的工程量按设计的入土深度计算。

(30)沉井陆上下沉的工程量按沉井外缘所包围的断面积乘以原地面或筑岛平面中心高程至沉井刃脚基底中心高程的高度计算。

(31)浮运钢沉井在水中下沉的工程量按钢沉井外缘所包围的断面积乘以设计施工水位至原河床面中心高程的深度计算。

(32)浮运钢沉井在覆盖层下沉的工程量按钢沉井外缘所包围的断面积乘以河床面至沉井刃脚基底中心高程的高度计算。

(33)沉井基底清理的工程量按沉井刃脚外缘所包围的断面积计算。

(34)劲性钢骨架的工程量按设计钢结构质量计算,不包括钢筋的质量。

(三)上部工程工程量计算规则

(1)钢拱架安拆按设计所需钢材质量计算。

(2)木拱架按设计所需木材体积计算。

(3)架设铁路桥T梁按设计数量以“单线孔”计算。

(4)架设公路桥T梁按设计数量以“片”计算。

(5)架桥机安拆、调试一般按每台机械在一个项目为1次计算。

(6)桥头线路加固按设计桥梁座数计算。

(7)架设简支钢板梁按设计数量以“单线孔”计算。

(8)架设钢桁梁按设计杆件和节点板的质量计算,不包括附属钢结构、检修设备走行轨和支座、高强度螺栓的质量。

(9)钢桁梁架设用上下滑道按设计滑道长度计算。

(10)钢桁梁纵移、横移按设计钢梁质量与移动距离之乘积以“t·m”计算。

(11)钢桁梁就位按设计孔数计算。

(12)浮箱压重安拆按设计压重与次数之乘积以“t·次”计算。

(13)钢桁梁拼装脚手架制安拆按设计脚手架杆件质量计算。

(14)临时走道制铺拆按设计走道长度计算。

(15)吊索塔架制安拆按设计塔架杆件质量计算,吊索塔架卸载与走行按钢梁孔数计算。

(16)安全网安拆按沿桥梁的长度计算。

(17)钢梁面漆按钢梁构件的质量计算。

(18)钢管拱按设计质量计算,不包括支座和钢管拱内混凝土的质量。

(19)系杆按设计质量计算,不包括锚具、保护层(套)的质量。

(20)斜拉索的工程量按设计斜拉索质量计算。不包括锚具、锚板、锚箱、防腐料、缠包带的质量。

(21)斜拉索张拉的工程量按设计数量计算,每根索为一根次。

(22)斜拉索调索的工程量按设计要求计算,每根调整一次算一次。

(23)斜拉桥钢梁的工程量按设计杆件和节点板的质量计算,包括锚箱质量,不包括附属钢结构、检修设备走行轨和支座、高强度螺栓的质量。

(24)简支梁金属支座、板式橡胶支座按设计简支梁单线孔数计算。

(25)盆式橡胶支座按设计支座个数计算。

(26)钢桁梁金属支座按设计的支座质量计算。

(27)铁路桥面:

①钢梁桥面人行道板及栏杆按设计栏杆长度以“双侧延长米”计算。

②铁路桥面防护网按设计网面面积计算。

③桥上电缆槽、明桥面风水管路按桥长计算。

④护轮轨按设计铺设长度计算,不包括弯轨和梭头的长度。弯轨和梭头按桥梁座数计算。

⑤梁端伸缩缝按横向敷设长度计算。

(28)公路桥面:

①人行道栏杆按设计栏杆长度以“单侧延长米”计算。

②梳形板按设计的铸钢梳形板及与之连接的钢料质量之和计算。

③氯丁橡胶条按设计敷设长度计算。

④毛勒按设计质量计算。

⑤沥青路面按设计表面积计算。

⑥桥面排水管路按自公路面至钢梁底的直线长度计算。

(29)桥上设施:

①围栏、吊篮支架、栏杆、检查梯、铁镫、护栅按设计金属构件质量计算。

②桥梁拼装式检查工具按设计套数计算,固定设备按桥梁孔数计算,悬吊式检查设施按设计套数计算。

③预应力混凝土梁检查车轨道按设计长度计算。

④通信、信号、电力支架按设计套数计算。

⑤防震落梁挡块内钢筋及旧钢轨数量按设计钢材质量计算。

(30)缆索吊：

①钢塔架、地锚钢结构、索鞍、主缆、牵引索、缆风索、锚绳钢绞线等按设计金属件质量计算。

②地锚混凝土按设计混凝土实体体积计算。

(四)涵洞工程工程量计算规则

1. 倒虹吸管

(1)钢筋混凝土倒虹吸管身及套管数量按设计管身长度计算。

(2)倒虹吸附属设施按设计数量以"单孔座"计算。

(3)铸铁管管节按设计管身长度计算。曲管或丁字管安装按管件设计质量计算。

2. 渡槽

(1)渡槽双侧人行道栏杆按设计长度计算。

(2)止水缝按设计孔数计算。

(3)支座按设计质量计算。

(五)既有线顶进桥涵工程

(1)顶进框架式桥涵身质量按设计的钢筋混凝土桥涵身和钢刃脚的质量计算。

(2)打拔槽钢桩的数量按不同桩长的设计根数计算。打拔钢板桩按设计钢板桩质量计算。

(3)底板隔离层及润滑层按设计面积计算。

(4)桥涵身涂石蜡按设计涂层面积计算。

(5)桥涵身止水缝按设计止水缝长度计算。

(6)钢构件、预埋件按设计钢件质量计算。

(7)桥涵身顶进的工程量按设计顶程计算，即为被顶进的结构重心移动的距离。

(8)接缝处隔板与钢插销的工程量按桥身外沿周长计算。

(9)框架桥人行道栏杆按设计单侧栏杆长度计算。

(10)既有线加固：

①横抬梁法加固按设计加固股道数计算。

②施工便梁法加固按设计加固孔数计算。

(六)其他工程

(1)防水层、防护层(玻璃纤维混凝土和聚丙烯网状纤维混凝土除外)和伸缩缝按设计敷设(涂刷)面积计算。玻璃纤维混凝土和聚丙烯网状纤维混凝土防护层按设计混凝土体积计算。

(2)枕木垛、木支架搭拆按设计木料体积计算。

(3)吊轨梁、扣轨梁安拆按设计单线长度计算。

(4)军用梁、钢万能脚手架安拆按设计军用梁质量计算。

(5)使用满堂式支架搭拆定额时，满堂支架的工程量按以下公式计算：

满堂支架空间体积＝梁底至地面的平均高度×［梁的跨度(L_p)－1.2m］×(桥面宽＋1.5m)

(6)桥上电缆槽：

①电缆槽按设计电缆槽长度计算。

②接头电缆盒按设计数量以“处”计算。

(7)拆除及凿毛：

①拆除砌体与混凝土按砌体与混凝土的实体体积计算。

②混凝土凿毛按设计表面凿毛面积计算。

③拆除钢板梁按拆除孔数计算。

(8)航标灯支架制安按设计所需设置航标灯的墩数计算。

(9)限高防撞架按设计防撞架钢结构质量计算。

(10)零小构件防腐处理按设计构件质量计算。

(11)铁路便线轨道铺拆及使用按设计便线长度计算。

五、隧道工程工程量计算规则

(一)隧道长度

隧道长度按隧道进出口(含与隧道相连的明洞)洞门端墙墙面之间的距离，以端墙面与内轨顶面的交线同线路中线的交点计算。双线隧道按下行线长度计算，位于车站上的隧道以正线长度计算。设有缓冲结构的隧道长度应从缓冲结构的起点计算。

(二)洞身开挖、出砟

正洞洞身开挖、出砟工程数量，按设计图示不含设计允许超挖、预留变形量的设计开挖断面数量计算，包含沟槽及各种附属洞室的开挖数量。

(三)支护

(1)喷射混凝土的工程数量，按喷射面积乘以设计厚度以混凝土体积计算。喷射面积按设计外轮廓线计算。

(2)锚杆工程数量按锚杆设计长度计算。砂浆锚杆按每根长3m、直径22mm考虑，中空锚杆、自钻式锚杆按每根长3m考虑，当杆径变化时，可调整其钢筋及锚杆体规格。

(3)格栅钢架、型钢钢架工程数量，按设计钢架及连接钢筋工程数量计算。

(4)超前支护：

①管棚钻孔与顶管按设计钻孔与钢管长度计算。

②超前小导管按设计钢管长度计算。

③注浆按设计注浆体积计算。

(四)洞身衬砌

(1)正洞洞身衬砌混凝土拌制、浇筑及运输的工程数量，按设计图示不含设计允许超挖回填、预留变形量的设计衬砌断面数量计算，包含沟槽及各种附属洞室衬砌数量。

(2)模板：

①洞身模板按设计洞身长度计算。

②沟槽模板按设计沟槽长度计算。

(3)防水板、明洞防水层按设计敷设面积计算。

(4)止水带、盲沟、透水软管按设计长度计算。

(5)拱顶压浆工程数量,设计时可按每延长米0.25m^3综合考虑。

(6)明洞衬砌:

①砌体与混凝土按设计实体体积计算。

②拱顶回填按设计回填实体体积计算。

③黏土防水层按实体体积计算,甲、乙、丙3种防水层按设计敷设面积计算。

(五)通风及管线路

正洞通风及管线路按设计隧道长度计算。

(六)洞门

(1)洞门砌体与混凝土按设计实体体积计算。

(2)钢制检查体按设计钢材质量计算。

(3)洞门装饰按设计面层表面积计算。

(4)洞门牌及号标按设计个数计算。

(七)辅助坑道

(1)辅助坑道开挖、出砟数量,按设计图示不含设计允许超挖、预留变形量的设计开挖断面数量计算,包含沟槽及各种附属洞室的开挖数量。

(2)辅助坑道衬砌混凝土拌制、浇筑及运输数量,按设计图示不含设计允许超挖回填、预留变形量的设计衬砌断面数量计算,包含沟槽及各种附属洞室衬砌数量。

(3)斜井开挖、衬砌数量,应包含井身、井底车场、砟仓、水仓与配电室等的综合开挖、衬砌数量。

(4)辅助坑道通风及管线路按设计辅助坑道长度计算。

①平行导坑长度为洞口至平导尽头的距离,贯通的平行导坑为两洞口间的距离。

②斜井(有轨)长度为井口至斜井井身与井底车场中心线相交点的斜长加井底车场到隧道边墙内轮廓线的距离。

③横洞及无轨斜井长度为洞口至隧道边墙内轮廓线的中心线距离。

④竖井长度为锁口至井底的距离。

(八)弹性无砟道床

(1)弹性支承块预制按设计块数计算。

(2)弹性支承块安装按设计单线长度计算。

(九)材料运输及洞内排水

(1)材料运输,按正洞和辅助坑道分别计算,其材料质量的计算范围仅为第二章全部子目,第三章中第四节、第五节全部子目。

(2)洞内排水数量,均按设计图示不含设计允许超挖、预留变形量的设计断面开挖数量计算,应包含所有水流不能顺坡自主流出的地段,以变坡点起算。

(十)改扩建

(1)圬工拆除按设计拆除实体体积计算。

(2)混凝土、岩体凿毛按设计表面凿毛面积计算。

(3)凿槽按设计凿槽长度计算。

(4)衬砌按设计混凝土体积计算。

(5)凿排水槽、堵漏注浆、堵漏嵌缝按漏水缝长度计算。

(6)喷止漏浆液按设计喷射面积计算。

(7)线路加固：

①扣轨梁按设计数量以“组次”计算。

②支墩按线设计加固路长度计算。

③钢拱架按设计数量以“架次”计算。

(8)管线路铺拆按设计所需各种管线路长度计算。

(9)管线路使用、照明用电按设计改扩建隧道长度计算。

第六章　铁路工程工程量清单计价

《铁路建设项目工程量清单计价指南》于2007年颁布实施，全国的铁路大中型建设项目均应执行此规范。这标志着我国铁路工程造价管理实现了由传统量价合一模式向量价分离的市场模式的重大转变，也标志着我国铁路工程的造价计价工作向逐步实现“政府宏观调控、企业自主报价、市场形成价格”的目标迈出了坚实的一步。铁路项目工程量清单是铁路工程编制工程标底和投标报价的依据，也是支付工程进度款和办理工程结算、调整工程量以及工程索赔的依据。

铁路项目工程量清单计价是指在建设项目招标投标中，由招标人或委托具有资质的中介机构编制反映工程实体消耗和措施性消耗的工程量清单，并作为招标文件的一部分提供给投标人，投标人依据工程量清单自主报价的计价模式。

计价指南是工程量清单编制及清单计价的主要依据。计价指南共6部分，包括：总则、工程量清单编制、工程量清单计价、工程量清单及其计价格式、工程量清单计量规则及附录，分别就计价指南的适用范围、遵循的原则、工程量计价活动的规则、工程量清单及其计价格式作了明确的规定，涉及的内容包括铁路建设项目的建筑、安装工程及与施工单位有关的其他费。

一、工程量清单的编制

工程量清单由招标人按照工程量清单计价指南的要求编制，招标人不具有编制资质的要委托有工程造价咨询资质的单位编制。依据设计文件和计价规范编制工程量清单时按照统一的项目编码、项目名称、计量单位、项目划分特征、工程量计算规则、工作内容进行。招标人必须按规定执行，不得因情况不同而变动。

一般认为，工程量清单是表现拟建工程非实体性项目和实体性项目名称和相应数量的明细清单。工程量清单还要反映项目特征、工作内容、使用材料和施工工艺标准等重要信息。其目的是为了给投标人提供一个统一的、具有较高可比性的投标报价平台和载体，降低投标成本，提高招投标工作的效率。正因为如此，工程量清单一般均由招标人准备，并作为招标文件的重要组成部分之一提供给投标人。

采用工程量清单计价是国际通行的计价方式。按照国际上相对成熟和权威的英国标准工程量计算规则（Standard Method of Measurement of Building Works，7th Edition，简称SMM7）的定义，工程量清单应当完整和准确地反映拟建工程涉及的各项工作的质量和数量。因此，除非能够以索引方式引用国家和工程所在地现行的规范、规程、标准或者招标文件的其他组成部分的相关内容，工程量清单应当以详细的数据和文字对完成合同工程的各个工作子目的性质、内容、材料设备的技术规格和施工工艺的标准等进行准确的定义。

铁路工程工程量清单一般包括以下几个组成部分：

1. 工程量清单编码

铁路工程量清单编码由字母和数字组成，费用类别和新建、改建以英文字母编码：建筑工程费—J，安装工程费—A，其他费—Q，新建—X，改建—G；其余编码采用每2位阿拉伯数字为1组，前4位分别表示章号、节号，如：第一章第1节为01 01，第三章第5节为0305，以次类推。后面各组按主从属关系顺序编排。

2. 项目名称

项目名称包括了各章节名称和费用名称，项目划分特征为"综合"的项目名称一般是指形成工程实体的名称。项目划分特征为"综合"的项目，即为编制工程量清单填写工程数量（计量单位为"元"的除外）的清单项目，也是投标报价和合同签订后工程实施中计量与支付的清单项目。

3. 计量单位

计量单位一般采用以下基本单位：

（1）以体积计算的项目——m^3。

（2）以面积计算的项目——m^2。

（3）以长度计算的项目——m、km。

（4）以质量计算的项目——t。

（5）以自然计量单位计算的项目——个、处、孔、组、座或其他可以明示的自然计量单位。

（6）没有具体数量的项目——元。

工程数量小数点后有效位数应按以下规定取定：

（1）计量单位为"m^3"、"m^2"、"m"的取2位，第3位4舍5入。

（2）计量单位为"km"的，轨道工程取5位，第6位4舍5入；其他工程取3位，第4位4舍5入。

（3）计量单位为"t"的取3位，第4位4舍5入。

（4）计量单位为"个、处、孔、组、座或其他可以明示的自然计量单位"和"元"的取整，小数点后第1位4舍5入。

4. 项目划分特征

是指对清单项目的不同类型、结构、材质、规格等影响综合单价的特征的描述，是设置最低一级清单项目的依据。

工程量清单项目特征是用来表述清单项目的实质内容，用于区分工程量清单中各个具体的清单项目。没有项目特征的准确描述，对于相同或相似的清单项目名称，就无从区分。由于工程量清单的特征决定了工程实体的实质内容，必然直接决定了工程实体的自身价值。因此，项目特征描述的准确与否，直接关系到清单项目综合单价的准确确定。

实行工程量清单计价，工程量清单及其综合单价是施工合同的组成部分，因此如果清单项目特征描述不清或漏项、错误，从而引起在施工过程中的更改，都会引起合同实施中的分歧，导致纠纷。由此可见，清单项目特征的描述，应根据清单计价指南关于项目特征的要求，结合技术规范、标准图集、施工图纸，按照工程结构、使用材质及规格或安装位置，予以详细地表述和说明。可以说离开了清单项目特征的准确描述，清单项目就将没有生命力。

5. 工程量计算规则

工程量计算规则是对清单项目工程量的计算规定和对相关清单项目的计量界面的划分。在工程实施过程中，计量与支付必须严格执行工程量计算规则，在编制工程量清单时，限于部分清单项目的设计深度难于达到按图纸计算数量的程度，此类清单项目的工程数量可估列。

除另有说明外，清单项目工程量均以完成后的按设计图示的工程实体净值计算。施工中的各种损耗和因施工工艺需要所增加的工程量，应由投标人在投标报价时考虑，计入综合单价，不单独计量，计量支付仅以设计图示实体净值为准。具体规定如下：

(1)计算钢筋(预应力)混凝土的体积时，不扣除钢筋、预埋件和预应力筋张拉孔道所占的体积。

(2)普通钢筋的质量按设计图示长度乘理论单位质量计算，不含搭接和焊接、绑扎料、接头套筒、垫块等材料的质量。

(3)预应力钢筋(钢丝、钢绞线)的质量按设计图示结构物内的长度乘理论单位质量计算，不含结构物以外张拉所需的部分和锚具、管道、锚板及联结钢板、压浆、封锚、捆扎、焊接材料等的质量。

(4)钢结构的质量按设计图示尺寸计算，不含搭接、焊接材料、下脚料和垫衬物、涂装料等的质量。

(5)各种桩基如以体积计量时，其体积按设计图示桩顶(混凝土灌注桩为承台底)至桩底的长度乘以设计桩径断面积计算，不得将扩孔(扩散)因素或护壁圬工计入工程数量。如需试桩，按设计文件的要求计入工程数量。

(6)以面积计量时，除另有规定外，其面积按设计图示尺寸计算，不扣除面积在 $1m^2$ 及以下固定物(如检查井等)的面积。

(7)以长度计量时，除另有规定外，按设计图示中心线的长度计算，不扣除接头、检查井等所占的长度。

6. 工程(工作)内容

工程(工作)内容是指完成该清单项目可能发生的具体工程(工作)。除工程量清单计量规则列出的内容外，均包括场地平整、原地面挖台阶、原地面碾压，工程定位复测，测量、放样，工程点交、场地清理，材料(含成品、半成品、周转性材料)和各种填料的采备保管、装卸运输，小型临时设施，按照规范和施工质量验收标准的要求对建筑安装的设备、材料、构件和建筑物进行检验试验、检测，防寒、保温设施，防雨、防潮设施，照明设施，环境保护、文明施工(施工标识、防尘、防噪声、施工场地围栏等)和水土保持、防风防沙、卫生防疫措施，已完工程及设备保护措施等内容。

计价指南所列工程(工作)内容仅供投标人参考，投标人在投标报价时，应按照现行国家和铁道部产品标准、设计规范和施工规范(指南)、施工质量验收标准、安全操作规程、设计图纸、招标文件、补遗文件等要求完成的全部内容来考虑。

对于改建工程的清单项目或靠近既有线(既有建筑物)较近的清单项目，除另有说明或单列清单项目外，应包括既有线(既有建筑物)的拆(凿)除(凿毛)、整修、改移、加固、防护、更换构件和与相关产权单位的协调、联络、封锁线路要点施工或行车干扰降效以及运营单位配合施工等内容。

除另有说明或单列清单项目外，施工中引起的过渡费用应计入该清单项目。如修建涵洞引起的沟渠引水过渡费用计入涵洞等。

常用工程(工作)内容的表示方法统一如下：

(1)土方挖填。包括围堰或挡水埝填筑及拆除，挖、运、卸，弃方整理，降排水，分层填筑、洒水、翻晒、改良、压实、修整。

(2)石方挖填。包括围堰或挡水埝填筑及拆除，爆破、挖、运、卸，解小，弃方整理，降排水，分层填筑，塞紧空隙、压(夯)实，选石及修石，码砌边坡，修整。

(3)基坑(工作坑、检查井孔)挖填。包括筑岛、围堰及拆除(第三章的桥梁工程除外)，土石挖、运、弃，弃方整理，坑(孔)壁支护及需要时拆除，降排水，修坡，修底，垫层铺设，回填(包括原土回填和外运填料或圬工回填)、压实。

(4)桩(井)孔开挖。包括桩(井)孔土石挖、运、弃，弃方整理，孔壁支护及需要时拆除，通风，降排水，清孔。

(5)沟槽(管沟、排水沟)挖填。包括筑岛、围堰及拆除，土石挖、运、弃，弃方整理，沟壁支护及需要时拆除，降排水，修坡，修底，地基一般处理(含换填，垫层铺设)，回填(包括原土回填和外运填料回填)、压实，标志埋设。

(6)砌体(包括干砌和浆砌)砌筑或铺砌。包括砂浆配料、拌制，石料或砌块选修，挂线，填塞，勾缝，抹面，养护。

(7)混凝土浇筑。包括配料(含各种外加剂)，拌制，浇筑，振捣，养护。

(8)钢筋及预埋件制安。包括调直、除锈，切割、钻孔、弯曲、捆束、堆放、焊接、绑扎、安放、定位、检查、校正。

(9)模板制安拆。包括制作、挂线放样、模板及配件安装，校正，紧固、涂刷脱模剂，拆除、整修、涂油、堆放。

(10)圬工砌筑。包括脚手架搭拆，砌体砌筑，模板制安拆，钢筋及预埋件制安，混凝土浇筑。

(11)(钢筋)混凝土预制构件制安。包括脚手架搭拆，钢筋及预埋件制安，模板制安拆，混凝土浇筑，安砌(装)，勾缝，抹面，养护。

(12)金属构件制安。包括放样、除锈、切割、钻孔、煨制、堆放、安装、焊接、检查、校正，防腐处理。

(13)管道铺(架)设。包括支(吊)架、支墩制安，管道、管件、阀门、计量表安装，接口处理，防腐、保温处理，管道试验。

(14)设备安装、调试。包括开箱检验、安装定位，配管、配线连接，调试、试运转(不包括由建设单位负责的联合试运转)。

二、工程量清单的计价

一般认为，工程量清单计价是以工程量清单作为投标人投标价格和合同协议书签订时合同价格的唯一载体，在合同协议书签订时，经标价的工程量清单的全部或者绝大部分内容被赋予合同约束力。实行工程量清单计价是因应“统一量、市场价、竞争费”的建设工程计价体系市场化改革的需要。

投标人进行工程量清单计价的主要依据为招标文件中提供的设计图纸和工程量清单，以及设计文件、施工方案、企业定额、市场要素价格和计价规范等。设计图纸是确定工程范围、内容和技术要求的重要文件，也是投标人确定施工方法等施工计划的主要依据。企业定额是施工企业根据企业的施工技术和管理水平，以及有关工程造价资料制定的，并提供企业使用的人工、材料、机械台班消耗量，是投标人确定拟投标工程计划成本的重要依据。

清单计价指南规定，工程量清单计价应包括按招标文件规定，完成工程量清单所列项目的全部费用。

招标工程如设标底，标底应根据招标文件中的工程量清单和有关要求、施工现场实际情况、合理的施工组织与方法以及按照铁道部发布的有关工程造价计价标准进行编制。

投标报价应根据招标文件中的工程量清单和有关要求、施工现场实际情况及拟定的施工方案或施工组织设计，结合投标人的施工、管理水平及市场价格信息自主填报。

工程量清单计价的适用性不受合同形式的影响。实践中常见的单价合同和总价合同两种主要的合同形式，均可采用工程量清单计价，区别仅在于工程量清单中所填写的工程量的合同约束力。采用单价合同时，工程量清单是合同文件必不可少的组成内容，其中的工程量一般具备合同约束力（量可调），工程款结算时按照实际发生的理论计算量进行调整，由招标人提供统一的工程量清单则彰显了工程量清单计价的主要优点。而对总价合同形式，工程量清单中的工程量不具备合同约束力（量不可调），工程量以合同图纸的标示内容为准，工程量以外的其他内容一般赋予合同约束力，以方便合同变更的计量和计价。

1. 工程量清单的综合单价和合价

工程量清单应采用综合单价计价。工程量清单项目的综合单价，应根据本指南规定的综合单价组成，按设计文件或参照本指南中工程量清单计量规则的“工程（工作）内容”确定。

（1）综合单价

综合单价是指完成最低一级的规定计量单位（计量单位为“元”的除外）清单项目全部具体工程（工作）内容所需的费用。综合单价应包括以下费用：

①人工费。指直接从事建筑安装工程施工的生产工人开支的各项费用。包括基本工资、津贴和补贴、生产工人辅助工资、职工福利费、生产工人劳动保护费。

②材料费。指购买施工过程中耗用的构成工程实体的原材料、辅助材料、构配件、零件、半成品、成品所支出的费用和不构成工程实体的周转材料的摊销费。包括材料原价、运杂费、采购及保管费。除招标文件另有规定外，投标报价时，材料费均按运至工地的价格计算，且全部材料均按投标人购买考虑。

③施工机械使用费。包括折旧费、大修理费、经常修理费、安装拆卸费、人工费、燃料动力费、其他费用。

④填料费。指购买不作为材料对待的土方、石方、渗水料、矿物料等填筑用料所支出的费用。

⑤措施费。包括施工措施费和特殊施工增加费。

⑥间接费。包括施工企业管理费、规费和利润。

⑦税金。包括营业税、城市维护建设税和教育费附加等。因为工程所在地不同，税率也有所区别。编制报价或标底时应按工程所在地的有关规定计算此项费用。

⑧风险费用。指投标人在计算综合单价时应考虑的招标文件中明示或暗示的风险、责任、义务或有经验的投标人都可以及应该预见的费用。包括招标文件明确应由投标人考虑的一定幅度范围内的物价上涨风险，工程量增加或减少对综合单价的影响风险，采用新技术、新工艺、新材料的风险以及招标文件中明示或暗示的风险、责任、义务或有经验的投标人都可以及应该预见的其他风险费用。

（2）合价 = 工程数量 × 综合单价

最低一级计量单位为“元”的清单项目，由投标人根据设计要求和工程的具体情况填报合价，费用包干。

2. 实际支付

工程量清单中所列工程数量是估算的或设计的预计数量，仅作为投标的共同基础，不作为最终结算与支付的依据。实际支付应根据本指南的工程量计算规则，以实际完成的工程量，按工程量清单的单价计量支付，以"元"为计量单位的以工程进度按比例支付或一次性支付。

合同中综合单价因工程量变化或设计标准变更需调整时，除合同另有约定外，应按照下列办法确定：

①工程量清单漏项或变更设计引起新的工程量清单项目，其相应综合单价由一方提出，经双方协商确认后作为结算的依据。

②由于工程量清单的工程数量有误或变更设计引起工程量增减，属合同约定幅度以内的，应执行原有的综合单价；属合同约定幅度以外的，其增加部分的工程量或减少后剩余部分的工程量的综合单价由一方提出，经双方协商确认后，作为结算的依据。

③当施工合同签订后，由于发包人的原因，要求承包人按不同于招标时明确的设计标准进行施工或对其清单项目的实质性内容进行调整，即使所涉及的该部分清单项目数量未发生改变，其综合单价亦应由一方提出调整，经双方协商确认后，按调整后的综合单价作为结算的依据。

由于工程量和设计标准的变更，且实际发生了除本指南规定以外的费用损失，承包人可提出索赔要求，经双方协商确认后，由发包人给予补偿。

三、工程量清单及其计价格式

1. 工程量清单格式

工程量清单应采用统一格式，应由下列内容组成：

(1)封面

建设项目名称指项目审批、核准机关出具的项目批准文件中规定的或备案机关备案证明中确认的项目名称，应与批文中或确认的名称一致。

招标人自行编制工程量清单时，由招标人单位注册的造价人员编制。招标人盖单位公章，法定代表人或其授权人签字或盖章；编制人员是造价工程师的，由其签字盖执业专用章。

招标人委托工程造价咨询人编制工程量清单时，由工程造价咨询人单位注册的造价人员编制。工程造价咨询人盖单位资质专用章，法定代表人或其授权人签字或盖章；编制人员是造价工程师的，由其签字盖执业专用章，见表6-1。

工程量清单(封面) 表6-1

建设项目名称：新建××至××铁路

标段：SG－1至SG－5标段

工 程 量 清 单

招 标 人：××铁路有限责任公司(单位盖章)

法定代表人或授权代理人：××铁路有限责任公司法定代表人(签字盖章)

中介机构法定代表人：××工程造价咨询单位(签字盖章)

造价工程师及注册证号：×××签字(签字盖执业专用章)

编 制 时 间：××××年××月××日

(2)填表须知

填表须知除工程量清单计价指南规定的内容外,招标人可根据具体情况进行补充,见表6-2。

填 表 须 知 表6-2

1. 工程量清单及其计价格式中所有要求签字、盖章的地方,必须由规定的单位和人员签字、盖章。

2. 工程量清单及其计价格式中的任何内容不得随意删除或涂改。

3. 工程量清单计价格式中列明的所有需要填报的单价和合价,投标人均应填报,未填报的单价和合价,视为此项费用已包含在工程量清单的其他单价和合价中。

4. 金额(价格)均应以________币表示。

(3)总说明

总说明应按下列内容填写。

①工程概况:建设规模、工程特征、计划工期、施工现场实际情况、交通运输情况、自然地理条件、环境保护要求等。

②工程招标和分包范围。

③工程量清单编制依据。

④工程质量、材料、施工等的特殊要求。

⑤其他需说明的问题,见表6-3。

总 说 明 表6-3

标段:新建××至××铁路SG-1至SG-5标段 第1页 共1页

1. 工程概况:本项目位于长江三角洲,线路全长189.5km。总工期为4年,开工日期为××年××月××日,全线施工总工期48个月……

2. 工程招标范围。工程范围内改移道路、通信线路迁改、电力迁改、给排水管道迁改、路基、桥涵、隧道、轨道、房屋、其他运营生产设备及建筑物、大型临时设施及过渡工程和部分配合辅助工程施工。划分为5个标段统一招标。

3. 工程量清单编制依据:

(1)铁建设[2006]113号文发布的《铁路基本建设工程设计概(预)算编制办法》

(2)铁建设[2006]129号文发布的《铁路工程建设材料基期价格》(2005年度)

(3)铁建设[2004]47号文发布的《铁路路基隧道工程预算定额》

(4)铁建设[2007]108号文发布的《铁路工程工程量清单计价指南》……

4. 其他需说明的问题:

(1)通信线路迁改、电力迁改、给排水管道迁改工程实施过程中引起的征地、拆迁补偿费、青苗补偿费由承包人负责,投标人在报价时应充分考虑。

(2)岩溶处理注浆工程列入招标工程范围内,暂不报价,实施时根据实际发生额验工计价并调整合同……

(4)工程量清单

编制工程量清单时,在"标段"栏填写相应的标段号。

"项目编码"栏应按清单计价指南的规定填写由字母和数字组合的清单编码。

"节号"栏按照清单项目所属章节填写。

"项目名称"栏应按清单计价指南的清单项目设置规则,并根据拟建工程实际确定填写。

"计量单位"栏应按规定填写。

"工程数量"栏应按清单计价指南规定的工程量计算规则计算后填写。若该清单项目有两个或两个以上计量单位的,工程量也应分别计算对应填写,见表6-4。

工程量清单表 表6-4

标段:SG－1 第3页 共10页

清单　第三章　桥涵				
项目编码	节号	项目名称	计量单位	工程数量
0305	5	特大桥	延长米/座	12 987.09/6
030501		一、复杂特大桥	延长米	7 917.19/3
03050105		(一)××特大桥	延长米	3 647.03/1
03050105J		Ⅰ、建筑工程	延长米	3 647.03
03050105J02		2.墩台	圬工方	34 333.31
03050105J0201		(1)混凝土(综合)	圬工方	34 333.31
03050105J0202		(2)钢筋(综合)	吨	1 678.01
	略			
03050101J15		15.桥面系	延长米	3 647.03
	其他略			

(5)计日工项目表

计日工是为了解决现场发生的零星工作的计价而设立的。国际上常见的标准合同条款中,大多设立了计日工(Daywork)计价机制。计日工以完成零星工作所消耗的人工工时、机械台班、材料数量进行计量,并按照计日工表中填报的适用子目的单价进行计价支付。计日工适用的所谓零星工作一般是指合同约定之外的或者因变更而产生的、工程量清单中没有设立相应子目的额外工作,尤其是那些不允许事先商定价格的额外工作。计日工为额外工作和变更的计价提供了一个方便快捷的途径。

为了获得合理的计日工单价,计日工表中一定要给出暂定数量,并且需要根据经验,尽可能把子目列全,并估算一个比较贴近实际的数量,见表6-5-1～表6-5-3。

计日工项目表 表6-5-1

(1)计日工　人工

标段:SG－1 第1页 共1页

序号	名称	计量单位	数量
1.1	混凝土工	工日	1 000.00
1.2	木工	工日	1 500.00
1.3	钢筋工	工日	1 400.00
1.4	电气工	工日	500.00
1.5	壮工	工日	600.00

(2)计日工　材料 表6-5-2

标段:SG－1 第1页 共1页

序号	名称及规格	计量单位	数量
2.1	袋装水泥综合规格	t	210.00
2.2	石子综合规格	t	600.00
2.3	砂子综合规格	t	310.00
2.4	钢筋混凝土用钢筋综合规格	t	80.00

(3)计日工 施工机械

表 6-5-3

标段:SG－1

第 1 页 共 1 页

序号	名称及型号	计量单位	数量
3.1	汽车起重机 32t	台班	15.00
3.2	载重汽车 12t	台班	20.00
3.3	电焊机直流	台班	80.00

(6)甲供材料数量及价格表(表 6-6)

甲供材料设备的种类、名称及规格由招标人根据铁道部颁布的甲供物资设备目录,在招标文件中提供。甲供材料设备的数量也由招标人在招标文件中提供。

在招标文件"甲供材料设备数量及价格表"中载明甲供材料设备供货地点,并明示接货后的一切费用由承包人承担;即发包人提供的材料和工程设备在合同约定的时间和地点交货验收后,由承包人负责接收、运输和保管,并承担相关费用。

甲供材料设备的价格由招标人给定,风险由发包人承担。其他材料设备的价格风险由承包人承担并在合同价格中一次包死。

甲供材料数量及价格表

表 6-6

标段:SG－1

第 1 页 共 1 页

序号	材料编码	材料名称及规格	交货地点	计量单位	数量	单价(元)
1	2700214	PD3 钢轨 60kg25m	××	根	147	4 980.00
2	2720114	单开道岔 60kg 18 号	××	组	72	293 711.00
		…				

(7)甲控材料表(表 6-7)

甲 控 材 料 表

表 6-7

标段编号:SG－1

第 1 页 共 1 页

序号	材料编码	材料名称及规格	技 术 条 件
1	3411014	单向土工格栅 TGDG160HDPE(3～6m)	聚乙烯或聚丙烯包装
2	3410010	透水土工布 400g/m²	聚乙烯或聚丙烯包装
		…	

甲控材料设备在招标人选定的合格供应商范围内,由施工单位组织招标采购并签订合同,采购合同送建设单位备案,建设单位不再组织甲控物资设备招标。招标人在对物资设备供应厂商的质量、价格、交货期、服务、信誉等方面进行考核的基础上,提出甲控物资设备合格供应商范围,报铁道部物资管理办公室审核。铁道部物资管理办公室应建立甲控物资设备合格供应商目录,并实行动态管理。

建设单位对甲控物资设备招标程序、是否为合格供应商以及物资设备质量进行监督,并随时将供应商的诚信信息反馈给铁道部物资管理办公室。

(8)设备清单表

由于《铁路工程量清单计价指南》中没有对设备的清单项目进行设置,所以招标人提供的工程量清单表(表6-4)中不包含设备,需要单独设置设备清单表。包括甲供设备数量及价格表、甲控设备数量表、自购设备数量表,见表6-8-1 ~ 表6-8-3。

(1)甲供设备数量及价格表　　表6-8-1

标段:SG－1　　第1页 共1页

序号	设备编码	设备名称及规格	计量单位	交货地点	数量	单价
1	略	程控电话交换机	线	新建××铁路沿线各站	1 000	略
2	略	程控电话交换机维护终端	套		1	略
	…					

注:填写规定同“甲供材料数量及价格表”。

(2)甲控设备数量表　　表6-8-2

标段:SG－1　　第1页 共1页

序号	设备编码	设备名称及规格型号	交货地点	计量单位	数量
1	略	电力变压器	新建××铁路沿线各站	台	85
2	略	调压器(干式)		台	44
	…				

注:填写规定同“甲控材料表”。

(3)自购设备数量表　　表6-8-3

标段:SG－1　　第1页 共1页

序号	设备编码	设备名称及规格型号	计量单位	技术条件	数量
1	略	机车综合通信平台	套	略	60
2		信号联锁装置	组		238
	…				

2. 工程量清单计价格式

工程量清单计价应采用统一格式。工程量清单计价格式应随招标文件发至投标人。工程量清单计价格式应由下列内容组成:

(1)投标总价

投标总价应按工程量清单投标报价汇总表合计金额填写。投标人编制投标报价时,由投标人单位注册的造价人员编制。投标人盖单位公章,法定代表人或其授权人签字或盖章;编制的造价人员在编制人一栏签字盖执业专用章。

(2)工程量清单投标报价汇总表

工程量清单投标报价汇总表各章节的金额应与工程量清单费用计算表各章节的金额一致。

投标报价汇总表与投标函中投标报价金额应当一致。就投标文件的各个部分而言,投标函是最重要的文件,其他组成部分都是投标函的支持性文件,投标函是必须经投标人签字,并且在开标会上当众宣读的文件。如果投标报价汇总表的投标总价与投标函填报的投标总价不一致,应当以投标函中填写的大写金额为准。为了避免出现争议,可以在“投标人须知”中对此项规定预先给予明确。工程量清单投标报价见表6-9-1 ~ 表6-9-3。

工程量清单投标报价汇总表(施工单价承包)　　表6-9-1

标段:SG－1　　第1页 共1页

章号	节号	名　称	金额(元)
第一章	1	拆迁工程	1 903 697
第二章		路基	56 848 230
	2	区间路基土石方	56 848 230
	3	站场土石方	
	4	路基附属工程	
第三章		桥涵	15 476 800
	5	特大桥	15 476 800
	6	大桥	
	7	中桥	
	8	小桥	
	9	涵洞	
第四章		隧道及明洞	175 252 679
	10	隧道	175 252 679
	11	明洞	
第五章		轨道	4 034 944
	12	正线	3 076 813
	13	站线	958 131
	14	线路有关工程	
第六章		通信、信号及信息	
	15	通信	
	16	信号	
	17	信息	
第七章		电力及电力牵引供电	
	18	电力	
	19	电力牵引供电	
第八章	20	房屋	43 171 219
第九章		其他运营生产设备及建筑物	
	21	给排水	
	22	机务	
	23	车辆	

续上表

章号	节号	名　称	金额(元)
	24	动车	
	25	站场	
	26	工务	
	27	其他建筑及设备	
第十章	28	大型临时设施和过渡工程	
第十一章	29	其他费	13 139 412
		安全生产费	13 139 412
		工程保险费	
第一章～第十一章清单合计 A			309 826 981
按第一章～第十一章清单合计的%计算的或按一定额度估列的暂列金额 B			5 000 000
包含在暂列金额中的计日工			698 315
考核费 C			1 582 045
设备费 D			
投标报价总额($A+B+C+D$)			316 409 026
包含在投标报价总额中的甲供材料设备费			

注:1. 考核费以投标报价总额为基数,按5‰的费率计算。

2. 工程保险费、设备费、甲供材料设备费可根据招标文件的规定和项目实际情况计列。

工程量清单投标报价汇总表(施工总价承包)　　表6-9-2

标段:SG－1　　第1页 共1页

章号	节号	名　称	金额(元)
第一章	1	拆迁工程	1 903 697
…		…	…
第十一章	29	其他费	13 139 412
		安全生产费	13 139 412
第一章～第十一章清单合计 A			309 826 981
设备费 B			
总承包风险费 C			7 745 675
投标报价总额($A+B+C$)			317 572 656
包含在投标报价总额中的甲供材料设备费			

注:1. 工程保险费、考核费计入总承包风险费,总承包风险费应由投标人根据建设项目的具体情况自主填报,本例按第一章～第十一章总额的2.5%计列。

2. 设备费、甲供材料设备费可根据招标文件的规定和项目实际情况计列。

工程量清单投标报价汇总表(工程总价承包) 表 6-9-3

标段:SG-1 第1页 共1页

章号	节号	名 称	金额(元)
第一章	1	拆迁工程	1 903 697
…	…	…	…
第十一章	29	其他费	
		施工图勘察设计费	6 196 540
		安全生产费	13 139 412
第一章~第十一章清单合计 A			316 023 521
设备费 B			
总承包风险费 C			7 900 588
投标报价总额($A+B+C$)			323 924 109
包含在投标报价总额中的甲供材料设备费			

注:1. 施工图勘查设计费由投标人直接将所需费用合计值填入“工程量清单投标报价汇总表”中。

2. 工程保险费、考核费计入总承包风险费,总承包风险费应由投标人根据建设项目的具体情况自主填报,本例按第一章~第十一章总额的2.5%计列。

3. 设备费、甲供材料设备费可根据招标文件的规定和项目实际情况计列。

(3)工程量清单计价表

投标人对招标人提供的工程量清单表中的“编码”、“名称”、“计量单位”、“工程数量”均应不作改动的填入工程量清单计价表(表6-10)相应的栏目。“综合单价”、“合价”自主决定填写。

工程量清单计价表 表 6-10

标段:SG-1 第1页 共5页

清单 第3章 桥涵						
编码	节号	名称	计量单位	工程数量	金额(元)	
					综合单价	合价
0305	5	特大桥(6座)	延长米	12 987.09	1 191.71	15 476 800
030501		一、复杂特大桥(3座)	延长米	7 917.19	1 954.83	15 476 800
03050101		(一)虎坑特大桥	延长米	3 647.03	4 243.67	15 476 800
03050101J		Ⅰ. 建筑工程费	延长米	3 647.03	4 243.67	15 476 800
03050101J02		2. 墩台	圬工方	21 097.7	705.8	14 890 832
03050101J0201		(1)混凝土	圬工方	21 097.7	547.79	11 557 109
03050101J0202		(2)钢筋	t	637.6	5 228.55	3 333 723
03050101J15		15. 桥面系	延长米	3 647.03	160.67	585 968
第3章合计15 476 800元						

(4)工程量清单子目综合单价分析表(表6-11)

工程量清单子目综合单价分析表是评标委员会评审和判别综合单价组成和价格完整性、合理性的主要基础,对因工程变更调整综合单价也是必不可少的基础价格数据来源。采用经评审的最低投标价法评标时，该分析表的重要性更加突出。

工程量清单子目综合单价分析表应由投标人根据自身的施工和管理水平按综合单价组成分别自主填报，但间接费中的规费和税金应按国家有关规定计算。

工程量清单子目综合单价分析表 表6-11

标段：SG－1 第1页 共5页

清单 第3章 桥涵											
编码	节号	名称	计量单位	综合单价组成(元)							综合单价(元)
				人工费	材料费	机械使用费	填料费	措施费	间接费	税金	
0305	5	特大桥(6座)	延长米/座								1 191.71/2 579 474.83
030501		一、复杂特大桥(3座)	延长米/座								1 954.84/5 158 949.67
03050101		(一)虎坑特大桥	延长米/座								4 243.69/15 476 849
03050101J		Ⅰ. 建筑工程费	延长米								4 243.69
03050101J02		2. 墩台	圬工方								705.81
03050101J0201		(1)混凝土	圬工方	91.6	260.05	137.87		9.73	30.78	17.76	547.79
03050101J0202		(2)钢筋	t	485.46	4 047.14	386.7		33.58	106.19	169.48	5 228.55
03050101J15		15. 桥面系	延长米								160.67
03050101J1501		(1)混凝土梁桥面系	延长米	17.98	126.45	2.73		1.94	6.36	5.21	160.67

注：1. 人工费包含定额人工费、人工费价差及特殊施工增加费中的人工费增加。

2. 材料费包含定额材料费、材料费价差及运杂费。

3. 机械使用费包含定额机械使用费、机械使用费价差及特殊施工增加费中的机械使用费增加。

(5)计日工费用计算表

计日工费用计算表中的人工、材料、机械台班单价由投标人自主确定，按招标文件中已给的暂估数量计算合价并计入投标总价中，见表6-12-1～表6-12-4。

计日工费用计算表(施工单价承包) 表6-12-1

(1)计日工 人工费计算表

标段：SG－1 第1页 共1页

序号	名 称	计量单位	数量	金额(元)	
				单价	合价
1.1	混凝土工	工日	1 000.00	50	50 000
1.2	木工	工日	1 500.00	55	82 500
1.3	钢筋工	工日	1 400.00	50	70 000
1.4	电气工	工日	500.00	60	30 000
1.5	壮工	工日	600.00	40	24 000
计日工 人工费合计256 500元					

(2)计日工　材料费计算表　　　　表 6-12-2

标段:SG-1　　　　第 1 页 共 1 页

序号	名称	计量单位	数量	金额(元)	
				单价	合价
2.1	袋装水泥综合规格	t	210.00	230	48 300
2.2	石子综合规格	t	600.00	38	22 800
2.3	砂子综合规格	t	310.00	30	9 300
2.4	钢筋混凝土用钢筋综合规格	t	80.00	4 000	320 000
计日工　材料费合计 400 400 元					

(3)计日工　施工机械费计算表　　　　表 6-12-3

标段:SG-1　　　　第 1 页 共 1 页

序号	名称及型号	计量单位	数量	金额(元)	
				单价	合价
3.1	汽车起重机 32t	台班	15.00	1 353	20 295
3.2	载重汽车 12t	台班	20.00	728	14 560
3.3	电焊机直流	台班	80.00	82	6 560
计日工　施工机械费合计 41 415 元					

(4)计日工费用汇总表　　　　表 6-12-4

标段:SG-1　　　　第 1 页 共 1 页

名　称	金额(元)
1. 计日工人工费合计	256 500
2. 计日工材料费合计	400 400
3. 计日工施工机械使用费合计	41 415
计日工费用总额 698 315 元(结转“工程量清单计价总表”)	

(6)材料费计算表(表 6-13-1 ~ 表 6-13-3)

投标人的报价中须包括甲供材料的价格,其单价按照招标文件给定的甲供材料单价与招标文件给定的数量相乘后进入报价,同时在降造中不得包括甲供材料价格。

甲控材料由投标人在招标人选定的合格供应商范围内确定合理的单价,填入“甲控材料费计算表”相应的栏目。

材 料 费 计 算 表　　　　表 6-13-1

(1)甲供材料费计算表

标段:SG-1　　　　第 1 页 共 1 页

序号	材料编码	材料名称及规格	交货地点	计量单位	数量	金额(元)	
						单价	合价
1.1	2700214	PD3 钢轨 60kg25m	××	根	147	4 980.00	732 060
1.2	2720114	单开道岔 60kg18 号	××	组	72	293 711.00	21 147 192
		…					
甲供材料费合计××元							

(2)甲控材料费计算表

表 6-13-2

标段:SG-1

第 1 页 共 1 页

序号	材料编码	材料名称及规格	技术条件	计量单位	单价(元)
2.1	3411014	单向土工格栅 TGDG160HDPE(3~6m)	聚乙烯或聚丙烯包装	m^2	7.24
2.2	3410010	透水土工布 400g/m^2	聚乙烯或聚丙烯包装	m^2	7.16
		…			

(3)主要自购材料价格表

表 6-13-3

标段:SG-1

第 1 页 共 1 页

序号	材料编码	材料名称及规格	计量单位	单价(元)
3.1	1010002	普通水泥 32.5 级	t	320
3.2	1240012	碎石 25mm 以内	m^3	40
3.3	1230006	片石	m^3	28
	…			

(7)设备费计算表

投标人的报价中须包括甲供设备的价格,其单价按照招标文件给定的甲供设备单价与招标文件给定的数量相乘后进入报价,同时在降造中不得包括甲供设备价格。

甲控设备由投标人在招标人选定的合格供应商范围内确定合理的单价,填入“甲控设备费计算表”相应的栏目。

自购设备费由投标人根据招标人给定设备清单中规定的设备名称及规格型号、技术条件和数量,自主调查设备价格后计算自购设备合价,见表 6-14-1~表 6-14-4。

设 备 费 计 算 表

表 6-14-1

(1)甲供设备费计算表

标段:SG-1

第 1 页 共 1 页

序号	设备编码	设备名称及规格	计算单位	交货地点	数量	金额(元)	
						单价	合价
1.1	略	程控电话交换机	线	新建××铁路沿线各站	1 000	略	
1.2	略	程控电话交换机维护终端	套		1	略	
甲供设备费合计________元							

(2)甲控设备费计算表

表 6-14-2

标段:SG-1

第 1 页 共 1 页

序号	设备编码	设备名称及规格型号	技术条件	计算单位	数量	金额(元)	
						单价	合价
2.1	略	电力变压器	略	台	85		
2.2	略	调压器(干式)		台	44		
甲控设备费合计________元							

(3)自购设备费计算表　　表 6-14-3

标段:SG－1　　第 1 页 共 1 页

序号	设备编码	设备名称及规格型号	技术条件	计算单位	数量	金额(元)	
						单价	合价
3.1	略	机车综合通信平台	略	套	60		
3.2	略	信号联锁装置		组	238		
自购设备费合计＿＿＿＿元							

(4)设备费汇总表　　表 6-14-4

标段:SG－1　　第 1 页 共 1 页

名　　称	金额(元)
1. 甲供设备费合计	
2. 非甲供设备费合计	
设备费总额＿＿＿＿元 (结转“工程量清单投标报价汇总表”)	

第七章　铁路工程概预算编制

第一节　铁路工程概预算编制概述

铁路工程设计概(预)算按单项概(预)算、综合概(预)算、总概(预)算3个层次逐步完成。

一、编制范围及单元

1. 总概(预)算的编制范围

总概(预)算是用以反映整个建设项目投资规模和投资构成的文件,一般应按整个建设项目的范围进行编制。但遇有以下情况,应根据要求分别编制总概(预)算,并汇编该建设项目的总概(预)算汇总表。

(1)两端引入工程应单独编制总概(预)算。

(2)编组站、区段站、集装箱中心站应单独编制总概(预)算。

(3)跨越省(自治区、直辖市)或铁路局者,除应按各自所辖范围编制总概(预)算外,尚需以区段站为界,分别编制总概(预)算。

(4)分期建设的项目,应按分期建设的工程范围,分别编制总概(预)算。

(5)一个建设项目,如由几个设计单位共同设计,则各设计单位按各自承担的设计范围编制总概(预)算。总概(预)算汇总表由建设项目总体设计单位负责汇编。

如有其他特殊情况,可按实际需要划分总概(预)算的编制范围。

2. 综合概(预)算的编制范围

综合概(预)算是具体反映一个总概(预)算范围内的工程投资总额及其构成的文件,其编制范围应与相应的总概(预)算一致。

3. 单项概(预)算的编制内容及单元

单项概(预)算是编制综合概(预)算、总概(预)算的基础,是详细反映各工程类别和重大、特殊工点的主要概(预)算费用的文件。

编制内容包括人工费、材料费、施工机械使用费、运杂费、价差、施工措施费、特殊施工增加费、间接费和税金。

编制单元应按总概(预)算的编制范围划分,并按工程类别分别编制。其中,技术复杂的特大、大、中桥及高桥(墩高50m及以上),3 000m及以上的单、双、多线隧道及地质复杂的隧道,大型房屋(如机车库、1 500人及以上的站房等)以及投资较大、工程复杂的新技术工点等,应按工点分别编制单项概(预)算。

二、编制深度及要求

设计概(预)算的编制深度应与设计阶段及设计文件组成内容的深度相一致。

1. 单项概(预)算

应结合建设项目的具体情况、编制阶段、工程难易程度,确定其编制深度。

2. 综合概(预)算

根据单项概(预)算,按附录"综合概(预)算章节表"的顺序进行汇编,没有费用的章,在输出综合概(预)算表时其章号及名称应保留,各节中的细目结合具体情况可以增减。一个建设项目有几个综合概(预)算时,应汇编综合概(预)算汇总表。

3. 总概(预)算

根据综合概(预)算,分章汇编。没有费用的章,在输出总概(预)算表时其章号及名称一律保留。一个建设项目有几个总概(预)算时,应汇编总概(预)算汇总表。

三、定额的采用

根据不同设计阶段、各类工程(其中路基、桥涵、隧道、轨道及站场简称"站前"工程,其余简称"站后"工程)的设计深度、铁路工程定额体系的划分,具体定额的采用应按以下规定执行。

(1)初步设计概算:采用预算定额,"站后"工程可采用概算定额。

(2)施工图预算、投资检算:采用预算定额。

(3)独立建设项目的大型旅客站房的房屋工程及地方铁路中的房屋工程,可采用工程所在地的地区统一定额(含费用定额)。

(4)对于没有定额的特殊工程及尚无实践的新技术工程,设计单位应在调查分析的基础上补充单价分析,并随设计文件一并送审。

第二节　铁路工程概预算编制方法

一、编制原则

(1)概算和预算的编制必须严格执行党和国家的方针、政策和有关制度,符合铁路设计、施工技术规范。

(2)应全面了解工程所在地的建设条件,掌握各项基础资料。

(3)正确引用规定的定额、取费标准、工资单价和材料设备价格。

(4)按《铁路基本建设工程设计概(预)算编制办法》的各项规定进行编制。

(5)能完整、准确地反映设计内容。

(6)设计概算应控制在已批准的建设项目可行性研究报告投资估算允许的幅度范围内。

(7)施工图设计应控制在批准的初步设计及其概算范围内。如单位工程预算突破相应概算时,应分析原因,对施工图中不合理部分进行修改,对其合理部分应在总概算投资范围内调整解决。

(8)概(预)算文件应达到的质量要求是:符合规定,结合实际,经济合理,提交及时,不重不漏,计算正确,字迹打印清晰,装订整齐完善。

(9)概(预)算编制工作要符合市场经济的规律和特点,要切实反映实际,投资要打足、不留缺口。估算要包住概算,概算要包住预算,预算要包住决算。

二、编制依据

(1)批准的建设项目的任务书和主管部门的有关规定及设计项目一览表。

(2)施工设计文件,包括设计说明书、设计图表、工程数量或审查意见,设计过程中有关各方签订的涉及费用的协议、纪要。

(3)铁路基本建设工程设计概(预)算编制办法。

(4)定额,包括消耗定额和费用定额。

(5)施工组织设计。

(6)施工调查资料,包括地质、水文、气象、资源、津贴标准、政策性取费标准、土地征租用及道路改移、设置交通道路的各种协议、既有线运行情况等。

(7)有关设计规范、施工技术规程、工程质量验收评定标准、安全操作规程等。

三、基础资料的收集与确定

(1)确定概(预)算的编制原则、方法和采用的定额。

(2)工资:根据工程所在地区、工程类别和《铁路基本建设工程设计概(预)算编制办法》规定的综合工费标准作计费依据、增加的工资部分,计入价差。

(3)根据相关部门发布的《铁路工程建设基期材料价格》确定材料的基期单价,根据铁路工程建设材料价格信息及建设项目所在地的材料价格调查,确定材料编制期单价。

(4)确定基期水、电单价,编制期水电单价可由概算编制单位根据施工组织确定的供水方案、供电方案以及建设项目所在地的水电供应价格分析计算确定。

(5)砖、瓦、砂、石、水泥、木材、钢材等主要材料及成品、半成品、构件、机械设备的来源、供应范围、运输方法、运距、到发站、各种运输取费依据及规定等。

(6)根据施工组织设计文件安排的工期,冬、雨季施工措施,夜间施工措施,确定冬、雨季施工增加费、夜间施工增加费等措施项目和措施费费率。

(7)确定建设项目是否有风沙、高原、原始森林和既有线施工行车干扰等特殊条件,根据受影响的工程范围和工程数量,按相关公式和费率计算特殊施工的增加费。

(8)确定间接费费率。

四、概(预)算编制程序

(一)确定编制单元,套用定额,填写基础表格

1. 确定单项(概)预算编制单元

单独的工程类别如区间路基土石方、大桥、中桥等,或规定要单独编制单项概算的独立工点,可作为单项(概)预算的编制单元。原则上一个单独的工程类别或独立工点至少编制一个或多个单项(概)预算,即单项(概)预算编制的最大单元为一个单独的工程类别或独立工点。

在一个单独的工程类别或独立工点的工程范围内,可根据概预算编制深度的要求划分多个单项(概)预算编制单元。一般情况下,根据“综合概算章节表”的编制和数据汇总要求,单项(概)预算编制单元划分至“综合概算章节表”中最小的工程子项,即单项(概)预算编制的最小单元为“综合概算章节表”中最小的工程子项。如果没有特殊规定,一般不应对最小工程

子项再次分解设置单向预算。如“综合概算章节表”路基土石方工程中的人力施工土石方、机械施工土石方等均为最小的工程子项,可确定为单项(概)预算的编制单元。

2. 编制“预算工程量原始数据表”

“预算工程量原始数据表”是编制概预算的基础性工作,通过对设计图纸和相关资料的熟悉以及对工程现场技术经济条件的调查研究,形成能够与预算定额相匹配的预算工程项目和预算工程量。“预算工程量原始数据表”的编制包括两方面内容:一是确定预算项目,要弄清每个工程是由哪些项目组成的,注意预算项目不仅包括设计图纸和资料中反映的永久工程内容,还包括因施工方法不同、自然因素影响以及施工组织等原因引起的辅助工作项目和临时工程;二是计算各个预算项目的预算工程量,永久工程的预算工程量除设计图纸中明确的工程数量外,还需考虑预算定额没包括,但因施工工艺、方法的要求和现场施工条件的影响而增加的工程量。辅助工作项目和临时工程的工程量应根据施工组织设计文件中内容和相关指标进行计算确定,并按预算定额子目划分口径和计量单位,列算“预算工程量”。

3. 套用相应定额,计算分部分项工程地区定额基价

铁路工程概算文件及预算文件的编制均应套用预算定额,站后工程由于设计深度达不到套用预算定额的要求,也可以套用概算定额。

(1)套用定额的步骤

①套用具体的定额子目前,应熟悉定额总说明及分册说明与目录,了解制订定额的过程和使用时应注意的问题。

②根据列出的预算工程量工作名称,在预算定额手册分册目录查找,找出该分部分项工程定额子目所在页码。

③根据具体条件(如土质类型、材料、机械规格型号等)对号入座,确定定额子目编号(直接查用)。

④注意其工作内容与设计工程内容是否一致,材料类型及施工工艺是否一致,如一致则直接查用定额;如设计工作内容与定额工作内容有差异,依据定额相关说明确定是组合定额、抽换定额,还是补充定额。

(2)分部分项工程地区定额基价确定

由于铁路工程预算定额手册中的基价是以2005年度的基期材料价格和2005年度Ⅱ类工综合工费标准的基期人工价格、机械价格计算的,所以相应的建设项目在基期价格取用与定额完全一致的前提下,可直接采用定额基价。若基期年度不同或综合工费标准不同,可采用地区基价分析法或定额基价抽换法进行定额基价的计算。

另外,在定额不配套或缺项时,可编制“补充单价分析表”,作为对现行预算定额的补充。补充定额的工料机消耗量为测算数量,工料机单价采用现行工料机基期价格。编制的补充定额需随概算文件一并送审。

定额基价分析过程中需要的机械台班单价,需套用《机械台班费用定额》,并填写“机械台班单价计算表”分析确定。

4. 计算“人工、材料、机械台班数量表”

(1)根据汇总工程量表中的分部分项工程,查定额得出工料机的定额数量。

(2)用分部分项工程数量(与定额计量单位匹配)分别乘以相应的工料机定额数量,即得出分部分项工程所需的工日数、材料消耗数量及使用机械台班数量。

（3）将各分部分项工程的工日数、材料消耗数量及使用机械台班数量分别对应相加，就可求出该单位工程所需的总劳力，以及各种材料消耗数量及各种机械台班数量。

计算工料机数量，其作用就是为分析平均运杂费，提供各种材料所占运量的比重；为计算各种材料、机械台班备用数量、编制施工计划提供实物量依据。

5. 分析运杂费平均单价，填写“平均运杂费单价计算表”

运杂费的计算范围是单项预算，计算对象是单项预算内各定额项目所消耗的发生运输的主要材料。所以，运杂费的计算应在单项预算内各种主材分别统计质量后，按不同的主材大类和不同的运输方式，填写“平均运杂费单价计算表”分析运杂费单价。可采用以下方法：

①综合平均运杂费单价计算法：

运杂费＝工程材料总重（t）×综合平均运杂费单价（元/t）

②单项平均运杂费单价计算法：

运杂费＝∑［某种（或类）材料总质量（t）×该种（或类）材料平均运杂费单价（元/t）］

③综合费率计算法：对一些难以估算质量的材料和设备采用。

（二）编制建筑工程单项概算表

（1）取出“建筑工程单项概（预）算表”，按规定填好表头。

（2）根据工程项目及划分工作细目的情况，在“建筑工程单项概（预）算表”中分行填写各工程项目选套定额编号、名称、单位。

（3）把各工程项目的“定额基价”、工程数量和质量分别填入“建筑工程单项概（预）算表”中单价、工程量及单位重栏内。

（4）用工程数量乘以定额基价及单位质量即可求出工、料、机合价及合重。

（5）把单项概（预）算表中各工程项目的合价及合计重累加，即可得出以基期单价计算的工料机费用，也称为定额直接工程费。

（6）计算运杂费。“平均运杂费单价计算表”中的综合平均运杂费单价乘以主要材料的质量，即为单向预算的运杂费。

（7）计算填料费。填料费的计算方法为用购买填筑用料的数量与编制期的单价相乘得到填料费，价购过程中发生的运杂费也计入填料费中。

（8）计算价差。分别计算人工费价差、材料费价差、机械使用费价差并汇总单项预算价差合计。

（9）汇总直接工程费。直接工程费是定额直接工程费、运杂费、填料费和价差的合计值。

（10）计算施工措施费。根据工程所在地区和工程类别确定施工措施费费率，以基期人工费和基期施工机械费之和为基数计算。

（11）计算特殊施工增加费。根据工程具备的特殊增加费的计费条件和计费公式分别计算人工费增加或机械费增加。

（12）计算间接费。根据工程所在地区和工程类别确定间接费费率，以基期人工费和基期施工机械费之和为基数计算。

（13）计算税金。

（14）汇总本单元单项概预算价值，求算综合指标。

建设安装工程单项概预算计算程序见表 7-1。

建筑安装工程单项概预算计算程序 表 7-1

序号	费用名称		计算式
1	基期人工费		按设计工程量和基期价格水平计列
2	基期材料费		
3	基期施工机械使用费		
4	定额直接工程费		(1)+(2)+(3)
5	运杂费		指需要单独计列的运杂费,按施工组织设计的材料供应方案及编制办法的有关规定计算
6	价差	人工费价差	基期之编制期价差按有关规定计列
7		材料费价差	
8		施工机械使用费价差	
9		价差合计	(6)+(7)+(8)
10	填料费		按设计数量和购买价计算
11	直接工程费		(4)+(5)+(9)+(10)
12	施工措施费		[(1)+(3)]×费率
13	特殊施工增加费		(编制期人工费+编制期施工机械使用费)×费率或编制期人工费×费率
14	直接费		(11)+(12)+(13)
15	间接费		[(1)+(3)]×费率
16	税金		[(14)+(15)]×费率
17	单项概预算价值		(14)+(15)+(16)

(三)编制综合概算表和总概算表

1. 编制综合概预算

将各单项(概)预算编制单元的单项预算价值和指标,根据其在综合概预算章节中所属的章节细目填写入综合概算表相应的栏目,逐级计算汇总后形成第二章~第十章的概算价值。分析计算第一章征地及拆迁费用,计算第十一章其他费用,第一章~第十一章之和汇总为静态投资。计算第十二章基本预备费、第十三章工程造价增长预留费、第十四章建设期投资贷款利息、第十五章机车车辆购置费、第十六章铺底流动资金,第一章~第十六章汇总为综合概算价值。

2. 编制总概预算表,并编写概预算编制说明书

编制说明一般包括建设项目的概况描述、概预算的编制依据、概预算编制成果及需要说明的其他问题等内容。

五、概(预)算编制计算精度

1. 人工、材料、机械台班单价的计算精度

单价的单位为“元”,取 2 位小数,第 3 位四舍五入。

2. 定额(补充)单价分析计算精度

单价和合价的单位为“元”,取2位小数,第3位四舍五入;单重和合重的单位为“t”,单重取6位小数,第7位四舍五入;合重取3位小数,第4位四舍五入。

3. 运杂费单价分析计算精度

汽车运价率的单位为“元/(t·km)”,取3位小数,第4位四舍五入;火车运价率的单位及运价率按现行《铁路货物运价规则》执行;装卸费单价单位为“元”,取2位小数,第3位四舍五入;综合运价单位为“元/t”,取2位小数,第3位四舍五入。

4. 单项概(预)算计算精度

单价和合价的单位为“元”,单价取2位小数,第3位四舍五入,合价取整数。

5. 材料质量计算精度

材料单重和合重的单位为“t”,均取3位小数,第4位四舍五入。

6. 人工、材料、机械台班数量统计计算精度

按定额中的单位,均取2位小数,第3位四舍五入。

7. 综合概(预)算计算精度

概(预)算价值和指标的单位为“元”,概(预)算价值取整,指标取2位小数,第3位四舍五入。

8. 总概(预)算计算精度

概(预)算价值和指标的单位为“万元”,均取2位小数,第3位四舍五入;费用比例的单位为“%”,取2位小数,应检算是否闭合。

9. 工程数量计算精度

(1)计量单位为“m^3”、“m^2”、“m”的取2位,第3位四舍五入。

(2)计量单位为“km”的,轨道工程取5位,第6位四舍五入;其他工程取3位,第4位四舍五入。

(3)计量单位为“t”的取3位,第4位四舍五入。

(4)计量单位为“个、处、组、座或其他可以明示的自然计量单位”取整。

第三节　铁路工程概算编制案例

一、工程概况及基础数据

1. 建设项目及工程概况

河北石家庄地区某新建铁路,Ⅰ级单线铁路(设计速度≤160km/h),全长10正线公里。

2. 设计阶段

初步设计。

3. 编制依据与编制原则

(1)编制办法

按《铁路基本建设工程设计概(预)算编制办法》(铁建设[2006]113号)文执行。

(2)定额

采用现行预算定额编制,包括《铁路工程预算定额》(铁建设［2004］47 号、［2005］15 号、［2003］34 号等)。

(3)工资单价

基期按铁建设[2006]113 号文《铁路基本建设工程设计概(预)算编制办法》规定计取。编制期工费标准 50 元/工日。

(4)材料单价

基期价格执行铁建[2006]129 号文发布的《铁路工程建设材料预算价格》(2005 年度)。

材料编制期价格采用部颁 2009 年 3 月价格信息。

采用价差系数调整编制期与基期材料价差的,其价差系数按《铁路工程建设 2007 年度辅助材料价差系数》的通知(铁建设函[2008]105 号)执行。

地方材料按河北省石家庄地区 2009 年 3 月调查价确定。

(5)机械台班单价

按铁建[2006]129 号文发布的《铁路工程施工机械台班费用定额》(2005 年度)分析计算。编制期电价 1 元/度,水价 4 元/t。

(6)运杂费

主要材料运杂费按编制办法的规定执行。

火车运价采用《铁路货物运价规则》(发改价格[2008]1558 号)执行。汽车运输吨次费 1.3 元/吨次,项目所在地汽车为运价率 0.65 元/(t·km),短途运输工工资 50 元/工日。

材料供应计划见表 7-2。

材料供应计划表　　表 7-2

序号	材料名称	材料来源	材料供应方式
1	砂	滹沱河砂场	汽车运输 8km,汽车便道运输 3km
2	碎石、卵石	井陉石场	汽车运输 12km,汽车便道运输 4km
3	砖、瓦	东风砖厂	汽车运输 15km,汽车便道运输 2km
4	片石	井陉石场	汽车运输 12km,汽车便道运输 4km
5	生石灰	辛庄灰场	汽车运输 12km
6	料石、块石	井陉石场	汽车运输 12km,汽车便道运输 3km,双轮车接运 0.1km
7	黏土	肖家营	汽车运输 7km,汽车便道运输 3km
8	水泥	鹿泉水泥厂	汽车运输 25km,汽车便道运输 4km
9	钢材	包钢	包钢到包头火车站调车 8km,包头站到石家庄站 1 101km,其中电气化铁路 644km,石家庄站到工地汽车运输 10km,汽车便道运输 4km
10	木材	木材厂	汽车运输 8km,汽车便道运输 5km
11	其他主材		汽车运输 9km,汽车便道运输 6km

(7)勘察设计费

本工程勘察设计费为 350 万元。

(8)工程造价增涨预留费

本工程计划工期2年,编制年至开工年年限为1年,分年度投资比例分别为25%、45%、30%,造价年增涨率为3%。

(9)建设期投资贷款利息

各年投资贷款比例为30%,贷款利率为7%。

(10)铺底流动资金及机车车辆购置费

本工程不计。

二、工程数量表

工程数量表见表7-3。

工程数量表 表7-3

章别	节号	工作项目	单位	数量
一	1	拆迁及征地费用	正线公里	10
		一、改移道路	km	6.285
		(一)等级公路	km	6.285
		1. 路基(土方)	m^2	77 947
		2. 路面	m^2	5 100
		(1)垫层	m^2	5 100
		(2)基层	m^2	5 100
		(3)面层	m^2	5 100
		①沥青混凝土面层	m^2	5 100
		(二)砍伐、挖根	株	200
二	4	路基附属工程	正线公里	10
		一、附属土石方、加固及防护	m^3	14 748.8
		1. 干砌片石	m^3	6 688.7
		2. 浆砌片石 MU7.5	m^3	8 060.1
		二、地基处理	m^3	44
		1. 换填砂石(砂石运距2km,汽车运,购买单价为10元/m^3)	m^3	44
三	6	大桥(座)	延长米	240
		(二)墩台	圬工方	1 132.83
		(1)陆上实体墩台身混凝土,非泵送C30	m^3	917.8
		(2)托盘及台顶混凝土,非泵送C35	m^3	109.3

续上表

章别	节号	工作项目	单位	数量
		(3)陆上实体墩台身钢筋	t	4.366
		(4)陆上实体墩台身钢筋	t	15.494
		(5)防护层玻璃纤维混凝土 C40	m^3	1.8
		(6)冷作式防水层 TQF-1(甲)	m^2	46.4
		(7)陆上顶帽混凝土,非泵送 C35,墩高≤30m	m^3	75.3
		(8)陆上顶帽钢筋,墩高≤30m	t	11.016 4
		(9)道砟槽混凝土,非泵送 C35	m^3	17.4
		(10)道砟槽钢筋	t	1.872
		(11)陆上顶帽混凝土,非泵送 C50,墩高≤30m	m^3	11.23

根据工程数量表和单项概(预)算编制单元的划分原则,对每个编制单元进行分解,编制基本子项"概预算工程量原始数据表",见表7-4。

预算工程量原始数据表　　表7-4

建设名称	河北石家庄地区某新建铁路		编号	_ZGS_01-004	
工程名称	路基附属工程		工程总量	10 正线公里	
工程地点	河北石家庄地区		所属章节	二章4节	
单价编号	工作项目或费用名称	单位	数量	数量复核	调整内容
	路基附属工程	正线公里	10		
	Ⅰ.建筑工程费	正线公里	10		
	一、附属土石方及加固防护	m^3	14 748.8		
	(二)混凝土及砌体	m^3	14 748.8		
	1. 干砌石	m^3	6 688.7		
LY-281	干砌片石	$10m^3$	668.87		
	2. 浆砌石	圬工方	8 060.1		
LY-283	浆砌片石 MU7.5	$10m^3$	806.01		
	(九)地基处理	元			
	3. 换填砂石	m^3	44		
LY-369	夯填砂砾石	$10m^3$	4.4		
TLF	填料费	m	44		
	二、一般梁式大桥(××座)	延长米	240.8		
	Ⅰ.建筑工程费	延长米	240.8		
	(二)墩台	圬工方	1 132.83		
	1. 混凝土	圬工方	1 132.83		

续上表

建设名称	河北石家庄地区某新建铁路		编号	_ZGS_01－004	
工程名称	路基附属工程		工程总量	10 正线公里	
工程地点	河北石家庄地区		所属章节	二章 4 节	
单价编号	工作项目或费用名称	单位	数量	数量复核	调整内容
QY－358 参	陆上实体墩台身混凝土，非泵送 C30	$10m^3$	91.78		HT－115，HT－175，10.2
QY－492	托盘及台顶混凝土，非泵送 C35	$10m^3$	10.93		
QY－1036	防护层玻璃纤维混凝土 C40	m^3	1.8		
QY－1026	冷作式防水层 TQF－Ⅰ(甲)	$10m^2$	4.64		
QY－466	陆上顶帽混凝土 C35，墩高≤30m	$10m^3$	7.53		
QY－497	道砟槽混凝土，非泵送 C35	$10m^3$	1.74		
QY－466 参	陆上顶帽混凝土 C50，墩高≤30m	$10m^3$	1.123		HT－692，HT－740，10.2
	2. 钢筋	t	32.747 8		
QY－364	陆上实体墩台身钢筋	t	4.366		
QY－364	陆上实体墩台身钢筋	t	15.494		
QY－481	陆上顶帽钢筋，墩高≤30m	t	11.016		
QY－504	道砟槽钢筋	t	1.872		

三、设计概算报表

设计概算报表见表 7-5～表 7-11。

总 概 算 表 表 7-5

建设名称	河北省石家庄地区某新建铁路					编号	某新建铁路－ZGS－01	
编制范围	A 标段					概算总额	989.51 万元	
工程总量	10 正线公里					技术经济指标	98.95 万元/正线公里	
章别	费用类别	概算价值(万元)					技术经济指标(万元)	费用比例(%)
		Ⅰ 建筑工程费	Ⅱ 安装工程费	Ⅲ 设备购置费	Ⅳ 其他费	合计		
	第一部分：静态投资					927.51	92.75	93.74
一	拆迁及征地费用	128.91				128.91	12.89	13.03
二	路基	266.74				266.74	26.67	26.96
三	桥涵	70.54				70.54	7.05	7.13
四	隧道及明洞(××座)							
五	轨道							
六	通信、信号及信息							

续上表

建设名称	河北省石家庄地区某新建铁路					编号	某新建铁路-ZGS-01	
编制范围	A标段					概算总额	989.51万元	
工程总量	10正线公里					技术经济指标	98.95万元/正线公里	
章别	费用类别	概算价值(万元)					技术经济指标(万元)	费用比例(%)
		Ⅰ 建筑工程费	Ⅱ 安装工程费	Ⅲ 设备购置费	Ⅳ 其他费	合计		
七	电力及电力牵引供电							
八	房屋							
九	其他运营生产设备及建筑物							
十	大型临时设施和过渡工程							
十一	其他费				417.16	417.16	41.72	42.16
	以上各章合计	466.18			417.16	883.34	88.33	89.28
十二	基本预备费					44.17	4.42	4.46
	以上总计					927.51	92.75	93.74
	第二部分:动态投资					62	6.2	6.26
十三	工程造价增涨预留费					32.76	3.28	3.31
十四	建设期投资贷款利息					29.24	2.92	2.95
	第三部分:机车车辆购置费							
十五	机车车辆购置费							
	第四部分:铺底流动资金							
十六	铺底流动资金							
	概(预)算总额					989.51	98.95	100

综合概算表

表7-6

建设名称		河北石家庄地区某新建铁路	工程总量	10正线公里	编号	某新建铁路_ZHGS_01
编制范围		A标段	概算总额	9 895 096元	技术经济指标	989 509.6元/正线公里
章别	节号	工程及费用名称	单位	数量	概算价值(元)	指标(元)
		第一部分:静态投资	正线公里	10	9 275 115	927 511.5
一		拆迁及征地费用	正线公里	10	1 289 061	128 906.1
		其中:Ⅰ.建筑工程费	正线公里	10	1 289 061	128 906.1
	1	拆迁及征地费用	正线公里	10	1 289 061	128 906.1
		其中:Ⅰ.建筑工程费	正线公里	10	1 289 061	128 906.1
		Ⅰ.建筑工程费	正线公里	10	1 289 061	128 906.1
		一、改移道路	元		1 229 061	

续上表

建设名称		河北石家庄地区某新建铁路	工程总量	10 正线公里	编号	某新建铁路_ZHGS_01
编制范围		A 标段	概算总额	9 895 096 元	技术经济指标	989 509.6 元/正线公里
章别	节号	工程及费用名称	单位	数量	概算价值(元)	指标(元)
		(一)等级公路	km	6.285	1 229 061	195 554.65
		1. 路基	m^3	77 947	745 173	9.56
		(1)土方	m^3	77 947	745 173	9.56
		2. 路面	m^2	5 100	483 888	94.88
		(1)垫层	m^2	5 100	38 964	7.64
		(2)基层	m^2	5 100	67 626	13.26
		(3)面层	m^2	5 100	377 298	73.98
		①沥青混凝土路面	m^2	5 100	377 298	73.98
		二、砍伐、挖根	株	200	60 000	300
二		路基	正线公里/路基公里	10/0	2 667 364	266 736.4/0
		其中:Ⅰ. 建筑工程费	正线公里/路基公里	10/0	2 667 364	266 736.4/0
	4	路基附属工程	正线公里	10	2 667 364	266 736.4
		其中:Ⅰ. 建筑工程费	正线公里	10	2 667 364	266 736.4
		Ⅰ. 建筑工程费	正线公里	10	2 667 364	266 736.4
		一、附属土石方及加固防护	m^3	14 748.8	2 667 364	180.85
		(二)混凝土及砌体	m^3	14 748.8	2 663 189	180.57
		1. 干砌石	m^3	6 688.7	887 149	132.63
		2. 浆砌石	圬工方	8 060.1	1 776 040	220.35
		(九)地基处理	元		4 175	
		3. 换填砂石	m^3	44	4 175	94.89
三		桥涵	正线公里/桥梁公里	10/0	705 405	70 540.5/0
		其中:Ⅰ. 建筑工程费	正线公里/桥梁公里	10/0	705 405	70 540.5/0
	6	大桥(座)	延长米	240.8	705 405	2 929.42
		其中:Ⅰ. 建筑工程费	延长米	240.8	705 405	2 929.42
		甲、新建(座)	延长米	240.8	705 405	2 929.42
		二、一般梁式大桥(××座)	延长米	240.8	705 405	2 929.42
		Ⅰ. 建筑工程费	延长米	240.8	705 405	2 929.42
		(二)墩台	圬工方	1 132.83	705 405	622.69
		1. 混凝土	圬工方	1 132.83	538 044	474.96
		2. 钢筋	t	32.747 8	167 361	5 110.6
四		隧道及明洞(××座)	正线公里/隧道公里	10/0		

续上表

建设名称		河北石家庄地区某新建铁路	工程总量	10 正线公里	编号	某新建铁路_ZHGS_01
编制范围		A 标段	概算总额	9 895 096 元	技术经济指标	989 509.6 元/正线公里
章别	节号	工程及费用名称	单位	数量	概算价值(元)	指标(元)
五		轨道	正线公里	10		
六		通信、信号及信息	正线公里	10		
七		电力及电力牵引供电	正线公里	10		
八		房屋	正线公里	10		
九		其他运营生产设备及建筑物	正线公里	10		
十		大型临时设施和过渡工程	正线公里	10		
十一		其他费	正线公里	10	4 171 613	417 161.3
		其中:Ⅳ. 其他费	正线公里	10	4 171 613	417 161.3
	29	其他费用	正线公里	10	4 171 613	417 161.3
		其中:Ⅳ. 其他费	正线公里	10	4 171 613	417 161.3
		Ⅳ. 其他费	元		4 171 613	
		一、建设项目管理费	元		601 686	
		(二)建设管理其他费	元		601 686	
		1. 建设期交通工具购置费	元		600 000	
		2. 其他费用	元		1 686	
		二、建设项目前期工作费	元		3 500 000	
		(十一)勘察设计费	元		3 500 000	
		2. 设计费	元		3 500 000	
		八、安全生产费	元		69 927	
		以上各章合计	正线公里	10	8 833 443	883 344.3
		其中:Ⅰ. 建筑工程费	正线公里	10	4 661 830	466 183
		Ⅳ. 其他费	正线公里	10	4 171 613	417 161.3
十二	30	基本预备费	正线公里	10	441 672	44 167.2
		以上总计	正线公里	10	9 275 115	927 511.5
		第二部分:动态投资	正线公里	10	619 981	61 998.1
十三	31	工程造价增涨预留费	正线公里	10	327 579	32 757.9
十四	32	建设期投资贷款利息	正线公里	10	292 402	29 240.2
		第三部分:机车车辆购置费	正线公里	10		
十五	33	机车车辆购置费	正线公里	10		
		第四部分:铺底流动资金	正线公里	10		
十六	34	铺底流动资金	正线公里	10		
		概(预)算总额	正线公里	10	9 895 096	989 509.6

单项概算表　　　　表 7-7-1

建设名称	河北石家庄地区某新建铁路		编号	_ZGS_01 - 004	
工程名称	路基附属工程		工程总量	10 正线公里	
工程地点	河北石家庄地区		概算价值	2 667 364 元	
所属章节	二章 4 节		概算指标	266 736.4 元/正线公里	
单价编号	工作项目或费用名称	单位	数量	费用(元)	
				单价	合价
	路基附属工程	正线公里	10	266 736.4	2 667 364
	Ⅰ. 建筑工程费	正线公里	10	266 736.4	2 667 364
	一、附属土石方及加固防护	m^3	14 748.8	180.85	2 667 364
	(二)混凝土及砌体	m^3	14 748.8	180.57	2 663 189
	1. 干砌石	m^3	6 688.7	132.63	887 149
LY - 281	干砌片石	$10m^3$	668.87	410.6	274 638
	人工费	元			132 169
	材料费	元			131 299
	机械使用费	元			11 170
	一、定额直接工程费	元			274 638
	运杂费(按材料质量计算)	t	14 933.86	16.409	245 055
	二、运杂费	元			245 055
	人工价差	元	6 494.79	29.65	192 567
	调查价差	元			59 777
	系数价差	元	1 579	0.244	385
	机械台班差	元			9 772
	三、价差合计	元			262 501
	直接工程费	元			782 194
	五、施工措施费	%	143 339	16.66	23 880
	直接费	元			806 074
	七、间接费	%	143 339	36.5	52 319
	八、税金	%	858 393	3.35	28 756
	九、单项概算价值	元			887 149
	2. 浆砌石	圬工方	8 060.1	220.35	1 776 040
LY - 283	浆砌片石 MU7.5	$10m^3$	806.01	822.99	663 338
	人工费	元			245 543
	材料费	元			399 144
	机械使用费	元			18 651
	一、定额直接工程费	元			663 338
	运杂费(按材料质量计算)	t	22 653.72	15.981	362 033
	二、运杂费	元			362 033

续上表

建设名称	河北石家庄地区某新建铁路		编号	_ZGS_01－004	
工程名称	路基附属工程		工程总量	10 正线公里	
工程地点	河北石家庄地区		概算价值	2 667 364 元	
所属章节	二章 4 节		概算指标	266 736.4 元/正线公里	
单价编号	工作项目或费用名称	单位	数量	费用(元)	
				单价	合价
	人工价差	元	12 066	29.65	357 755
	调查价差	元			165 369
	系数价差	元	3 490	0.244	852
	水价差	元	3 224.04	3.62	11 671
	机械台班差	元			17 007
	三、价差合计	元			552 654
	直接工程费	元			157 8025
	五、施工措施费	%	264 194	16.66	44 015
	直接费	元			1 622 040
	七、间接费	%	264 194	36.5	96 431
	八、税金	%	1 718 471	3.35	57 569
	九、单项概算价值	元			1 776 040
	(九)地基处理	元			4 175
	3. 换填砂石	m^3	44	94.89	4 175
LY－369	夯填砂砾石	$10m^3$	4.4	213.23	938
TLF	填料费	m	44	10	440
	人工费	元			443
	材料费	元			495
	一、定额直接工程费	元			938
	运杂费(按材料质量计算)	t	90.75	16.584	1 505
	二、运杂费	元			1 505
	人工价差	元	21.77	29.65	646
	调查价差	元			275
	三、价差合计	元			921
	四、填料费	元			440
	直接工程费	元			3 804
	五、施工措施费	%	443	16.66	74
	直接费	元			3 878
	七、间接费	%	443	36.5	162
	八、税金	%	4 040	3.35	135
	九、单项概算价值	元			4 175

单项概算表

表 7-7-2

建设名称	河北石家庄地区某新建铁路		编号	_ZGS_01-009	
工程名称	二、一般梁式大桥(××座)		工程总量	240.8 延长米	
工程地点	河北省石家庄地区		概算价值	705 405 元	
所属章节	三章 6 节		概算指标	2 929.42 元/延长米	
单价编号	工作项目或费用名称	单位	数量	费用(元)	
				单价	合价
	二、一般梁式大桥(××座)	延长米	240.8	2 929.42	705 405
	Ⅰ. 建筑工程费	延长米	240.8	2 929.42	705 405
	(二)墩台	圬工方	1 132.83	622.69	705 405
	1. 混凝土	圬工方	1 132.83	474.96	538 044
QY-358 参	陆上实体墩台身混凝土,非泵送 C30	$10m^3$	91.78	2 412.72	221 439
QY-492	托盘及台顶混凝土,非泵送 C35	$10m^3$	10.93	3 459.12	37 808
QY-1036	防护层玻璃纤维混凝土 C40	m^3	1.8	395.28	711
QY-1026	冷作式防水层 TQF-Ⅰ(甲)	$10m^2$	4.64	464.13	2 154
QY-466	陆上顶帽混凝土 C35,墩高≤30m	$10m^3$	7.53	3 127.86	23 553
QY-497	道砟槽混凝土,非泵送 C35	$10m^3$	1.74	3 505.67	6 099
QY-466 参	陆上顶帽混凝土 C50,墩高≤30m	$10m^3$	1.123	3 667.51	4 118
	人工费	元			70 788
	材料费	元			198 967
	机械使用费	元			26 127
	一、定额直接工程费	元			295 882
	运杂费(按材料质量计算)	t	2 758.42	17.52	48 328
	二、运杂费	元			48 328
	人工价差	元	2 949.5	26	76 689
	调查价差	元			51 098
	系数价差	元	15 690	0.198	3 107
	水价差	元	877.54	3.62	3 177
	机械台班差	元			8 955
	三、价差合计	元			143 026
	直接工程费	元			487 236
	五、施工措施费	%	96 915	10.63	10 302

建设名称	河北石家庄地区某新建铁路		编号	ZGS_01－009	
工程名称	二、一般梁式大桥(××座)		工程总量	240.8 延长米	
工程地点	河北省石家庄地区		概算价值	705 405 元	
所属章节	三章6节		概算指标	2 929.42 元/延长米	
单价编号	工作项目或费用名称	单位	数量	费用(元)	
				单价	合价
	直接费	元			497 538
	七、间接费	%	96 915	23.8	23 066
	八、税金	%	520 604	3.35	17 440
	九、单项概算价值	元			538 044
	2. 钢筋	t	32.747 8	5 110.6	167 361
QY－364	陆上实体墩台身钢筋	t	4.366	3 776.44	16 488
QY－364	陆上实体墩台身钢筋	t	15.494	3 776.44	58 512
QY－481	陆上顶帽钢筋，墩高≤30m	t	11.016	4 061.71	44 744
QY－504	道砟槽钢筋	t	1.872	3 784.16	7 084
	人工费	元			8 441
	材料费	元			114 037
	机械使用费	元			4 350
	一、定额直接工程费	元			126 828
	运杂费(按材料质量计算)	t	33.71	143.001	4 821
	二、运杂费	元			4 821
	人工价差	元	351.71	26	9 145
	调查价差	元			13 486
	系数价差	元	1 791	0.198	355
	机械台班差	元			2 897
	三、价差合计	元			25 883
	直接工程费	元			157 532
	五、施工措施费	%	12 791	10.63	1 360
	直接费	元			158 892
	七、间接费	%	12 791	23.8	3 044
	八、税金	%	161 936	3.35	5 425
	九、单项概算价值	元			167 361

主要材料平均运杂费单价分析表

表 7-8

适用范围	各单项概预算编制单元									编号	运输方案 1	
材料名称	各种运输方法的全程运价											全程综合运价（t）
	运输费						杂费			采购保管费（元）	共计（元）	
	运输方法	起讫点		运距（km）	单价（元）	小计（元）	装卸次数	装卸单价（元）	小计（元）			
		起点	终点									
砂	汽车	滹沱河砂场		8	0.845	6.76	1	3.4	3.4		10.16	
	汽车便道运输		工地	3	0.78	2.34		3.4			2.34	
						9.1			3.4	0.57		13.07
碎石	汽车	井陉石场		12	0.790 8	9.49	1	3.4	3.4		12.89	
	汽车便道运输		工地	4	0.78	3.12		3.4			3.12	
						12.61			3.4	0.57		16.58
级配卵石	汽车	井陉石场		12	0.790 8	9.49	1	3.4	3.4		12.89	
	汽车便道运输		工地	4	0.78	3.12		3.4			3.12	
						12.61			3.4	0.57		16.58
砖、瓦	汽车	东风砖厂		15	0.769 3	11.54	1	3.4	3.4		14.94	
	汽车便道运输		工地	2	0.78	1.56		3.4			1.56	
						13.1			3.4	0.83		17.33
片石	汽车	井陉石场		12	0.790 8	9.49	1	3.4	3.4		12.89	
	汽车便道运输		工地	4	0.78	3.12		3.4			3.12	
						12.61			3.4	0.4		16.41
生石灰	汽车	辛庄灰场	工地	12	0.790 8	9.49	1	3.4	3.4		12.89	
						9.49			3.4	0.65		13.54
料石、块石	汽车	井陉石场		12	0.790 8	9.49	1	3.4	3.4		12.89	
	汽车便道运输			3	0.78	2.34		3.4			2.34	
	单(双)轮车		工地	0.1	15	1.5		3			1.5	
						13.33			3.4	0.42		17.15
黏土	汽车	肖家营		7	0.868 6	6.08	1	3.4	3.4		9.48	
	汽车便道运输		工地	3	0.78	2.34		3.4			2.34	
						8.42			3.4	0.3		12.12
卵石	汽车	井陉石场		12	0.790 8	9.49	1	3.4	3.4		12.89	
	汽车便道运输		工地	4	0.78	3.12		3.4			3.12	
						12.61			3.4	0.57		16.58
水泥	汽车	鹿泉水泥厂		25	0.734 4	18.36	1	3.4	3.4		21.76	

续上表

适用范围	各单项概预算编制单元									编号	运输方案 1	
材料名称	各种运输方法的全程运价											全程综合运价（t）
	运输费						杂费			采购保管费（元）	共计（元）	
	运输方法	起讫点		运距（km）	单价（元）	小计（元）	装卸次数	装卸单价（元）	小计（元）			
		起点	终点									
	汽车便道运输		工地	4	0.78	3.12		3.4			3.12	
						21.48			3.4	0.88		25.76
钢铁管件、型钢	调车费	包钢	包头站	8	0.1	0.8	1	3.4	3.4		4.2	
	营业火车	包头站	石家庄站	1 101	0.109 6	120.66		3.4			120.66	
	汽车	石家庄站		10	0.813	8.13	1	3.4	3.4		11.53	
	汽车便道运输		工地	4	0.78	3.12		3.4			3.12	
						132.71			6.8	3.49		143
其他钢材	调车费	包钢	包头站	8	0.1	0.8	1	3.4	3.4		4.2	
	营业火车	包头站	石家庄站	1 101	0.109 6	120.66		3.4			120.66	
	汽车	石家庄站		10	0.813	8.13	1	3.4	3.4		11.53	
	汽车便道运输		工地	4	0.78	3.12		3.4			3.12	
						132.71			6.8	3.49		143
木材、模型板及木拱架	汽车	木材厂		8	0.845	6.76	1	3.4	3.4		10.16	
	汽车便道运输		工地	5	0.78	3.9		3.4			3.9	
						10.66			3.4	0.35		14.41
其他主材	汽车			9	0.826 7	7.44	1	3.4	3.4		10.84	
	汽车便道运输			6	0.78	4.68		3.4			4.68	
						12.12			3.4	0.39		15.91

劳材机数量计算表

表 7-9-1

建设项目名称	河北石家庄地区某新建铁路						
统计范围	1. 干砌石	工程量			6 688.7m^3		
电算代号	工料机名称	单位	数量	基期单价（元）	基期合价（元）	编制期单价（元）	编制合价（元）
1	Ⅰ类工	工日	6 494.728	20.35	132 167.71	50	324 736.4
1110001	原木	m^3	6.689	794	5 311.07	1 051	7 030.14
1230006	片石	m^3	8 293.988	15	124 409.82	22	182 467.74
2130012	镀锌低碳钢丝 ϕ0.7～5mm	kg	133.774	4.46	596.63	4.46	596.63
8999002	其他材料费	元	983.239	1	983.24	1	983.24

续上表

建设项目名称	河北石家庄地区某新建铁路						
统计范围	1. 干砌石	工程量			6 688.7m³		
电算代号	工料机名称	单位	数量	基期单价（元）	基期合价（元）	编制期单价（元）	编制合价（元）
9102621	单筒快速卷扬机≤10kN	台班	193.972	57.6	11 172.79	107.98	20 945.1
统计范围	2. 浆砌石	工程量			8 060.1m³		
电算代号	工料机名称	单位	数量	基期单价（元）	基期合价（元）	编制期单价（元）	编制合价（元）
1	Ⅰ类工	工日	12 065.97	20.35	245 542.49	50	603 298.5
1010002	普通水泥 32.5 级	kg	728 794.242	0.26	189 486.5	0.32	233 214.16
1110001	原木	m³	8.06	794	6 399.64	1 051	8 471.06
1230006	片石	m³	9 430.317	15	141 454.76	22	207 466.97
1260022	中粗砂	m³	3 457.783	16.51	57 088	32	110 649.06
2130012	镀锌低碳钢丝 ϕ0.7～5mm	kg	161.202	4.46	718.96	4.46	718.96
8999002	其他材料费	元	2 772.674	1	2 772.67	1	2 772.67
8999006	水	t	3 224.04	0.38	1 225.14	4	12 896.16
9102621	单筒快速卷扬机≤10kN	台班	233.743	57.6	13 463.6	107.98	25 239.57
9104302	灰浆搅拌机≤400L	台班	106.393	48.76	5 187.72	97.99	10 425.45
统计范围	3. 换填砂石	工程量			44m³		
电算代号	工料机名称	单位	数量	基期单价（元）	基期合价（元）	编制期单价（元）	编制合价（元）
1	Ⅰ类工	工日	21.78	20.35	443.22	50	1 089
1240118	天然级配砂(砾)卵石	m³	55	9	495	14	770

劳材机数量计算表 表 7-9-2

建设项目名称	河北石家庄地区某新建铁路						
统计范围	1. 混凝土	工程量			1 132.83m³		
电算代号	工料机名称	单位	数量	基期单价（元）	基期合价（元）	编制期单价（元）	编制合价（元）
2	Ⅱ类工	工日	2 949.53	24	70 788.72	50	147 476.5
1010002	普通水泥 32.5 级	kg	408 164.016	0.26	106 122.64	0.32	130 612.49
1010003	普通水泥 42.5 级	kg	102 169.33	0.31	31 672.49	0.393	40 152.55
1110003	锯材	m³	4.08	1 013	4 133.04	1 221	4 981.68
1240012	碎石 25mm 以内	m³	167.27	30	5 018.1	36	6 021.72
1240113	卵石 40mm 以内	m³	833.179	16	13 330.86	25	20 829.48
1260022	中粗砂	m³	489.78	16.51	8 086.27	32	15 672.96

续上表

建设项目名称	河北石家庄地区某新建铁路						
统计范围	1. 混凝土	工程量			1 132.83m³		
电算代号	工料机名称	单位	数量	基期单价（元）	基期合价（元）	编制期单价（元）	编制合价（元）
1601010	玻璃纤维	kg	25.776	1.93	49.75	1.93	49.75
1710061	JS－18 环保防水卷材	m^2	50.112	22.43	1 124.01	22.43	1 124.01
1710101	881－Ⅰ防水涂料	kg	81.2	10.7	868.84	10.7	868.84
1950101	槽钢 Q235－A	kg	89.99	3.43	308.67	3.781	340.25
1960025	角钢 Q235－A	kg	60.66	3.19	193.51	3.781	229.36
1962001	型钢	kg	33.992	3.27	111.15	3.96	134.61
2000007	钢板 Q235－A $\delta=7\sim40$mm	kg	280.97	3.9	1 095.78	3.588	1 008.12
2100005	钢丝绳	kg	547.927	7.23	3 961.51	7.23	3 961.51
2220016	焊接钢管	kg	495.612	3.87	1 918.02	4.56	2 259.99
2368116	铸铁泄水管 DN100mm×300mm	个	10.44	5.94	62.01	5.94	62.01
2368117	铸铁管盖 134mm×159mm×10mm	个	10.44	3.21	33.51	3.21	33.51
2810024	组合钢支撑	kg	401.996	4.46	1 792.9	5.18	2 082.34
2810025	组合钢配件	kg	511.215	5.85	2 990.61	6.34	3 241.1
2810027	大钢模板	kg	1 092.182	5.65	6 170.83	5.93	6 476.64
2811011	铁拉杆	kg	1 632.41	3.5	5 713.44	3.5	5 713.44
2811012	铁件	kg	20.49	4	81.96	4	81.96
3440016	安全网　锦纶	m^2	42.69	17.88	763.3	17.88	763.3
3617914	普通螺栓带帽	kg	57.86	7.63	441.47	7.63	441.47
3623510	铁线钉	kg	92.11	3.3	303.96	3.3	303.96
3710015	电焊条　结 707ϕ3.2～4mm	kg	10.88	6.15	66.91	6.15	66.91
8999002	其他材料费	元	2 220.58	1	2 220.58	1	2 220.58
8999006	水	t	877.54	0.38	333.47	4	3 510.16
9102102	汽车起重机≤8t	台班	45.42	418.55	19 010.54	539.39	24 499.09
9102614	单筒慢速卷扬机≤50kN	台班	5.45	82.47	449.46	128.79	701.91
9102632	双筒慢速卷扬机≤30kN	台班	5.45	97.65	532.19	144.69	788.56
9104001	混凝土搅拌机≤250L	台班	0.083	73.67	6.11	120.53	10
9104002	混凝土搅拌机≤400L	台班	36.2	89.89	3 254.02	142.87	5 171.89
9104203	混凝土泵≤30m³/h	台班	0.87	541.88	471.44	667.92	581.09

续上表

建设项目名称	河北石家庄地区某新建铁路						
统计范围	1. 混凝土	工程量		1 132.83m³			
电算代号	工料机名称	单位	数量	基期单价（元）	基期合价（元）	编制期单价（元）	编制合价（元）
9105322	多级离心清水泵 ≤32m³/h－125m	台班	9.79	81.37	796.61	142.39	1 394
9106003	交流弧焊机≤42kVA	台班	3.23	116.18	375.26	215.99	697.65
9108511	木工圆锯机 d≤500	台班	0.418	17.91	7.49	28.71	12
9108521	木工单面压刨床 B≤600	台班	0.08	28.41	2.27	41.28	3.3
9199999	其他机械使用费	台班	1 224.39	1	1 224.39	1	1 224.39
统计范围	2. 钢筋	工程量		32.747 8t			
电算代号	工料机名称	单位	数量	基期单价（元）	基期合价（元）	编制期单价（元）	编制合价（元）
2	Ⅱ类工	工日	351.73	24	8 441.52	50	17 586.5
1900005	圆钢 Q235－Aϕ6～9mm	kg	1 053.936	3.31	3 488.53	3.432	3 617.11
1900012	圆钢 Q235－Aϕ10～18mm	kg	32 659.66	3.33	108 756.67	3.739	122 114.47
2130012	镀锌低碳钢丝 ϕ0.7～5mm	kg	163.34	4.46	728.5	4.46	728.5
3710015	电焊条　结 707ϕ3.2～4mm	kg	170.07	6.15	1 045.93	6.15	1 045.93
8999002	其他材料费	元	16.43	1	16.43	1	16.43
9102102	汽车起重机≤8t	台班	0.7	418.55	292.99	539.39	377.57
9102614	单筒慢速卷扬机≤50kN	台班	11.63	82.47	959.13	128.79	1 497.83
9102632	双筒慢速卷扬机≤30kN	台班	8.372	97.65	817.53	144.69	1 211.34
9106003	交流弧焊机≤42kVA	台班	14.27	116.18	1 657.89	215.99	3 082.18
9108411	钢筋切断机 d≤40	台班	4.58	64.4	294.95	111.6	511.13
9108421	钢筋弯曲机 d≤40	台班	6.22	50.4	313.49	88.92	553.08
9199999	其他机械使用费	台班	15.643	1	15.64	1	15.64

单项预算价差明细表

表 7-10

章别	节号	名称	计量单位	价差组成（元）					价差合计（元）
				人工费价差	主材价差	材料系数价差	水价差	机械费价差	
二		路基	正线公里	550 968	225 421	1 237	1 1671	26 779	816 076
	4	路基附属工程	正线公里	550 968	225 421	1 237	11 671	26 779	816 076
		Ⅰ　建筑工程费	正线公里	550 968	225 421	1 237	11 671	26 779	816 076
		一、附属土石方及加固防护	m³	550 968	225 421	1 237	11 671	26 779	816 076

续上表

章别	节号	名称	计量单位	价差组成(元)					价差合计(元)
				人工费价差	主材价差	材料系数价差	水价差	机械费价差	
		(二)混凝土及砌体	m^3	550 322	225 146	1 237	11 671	26 779	815 155
		1. 干砌石	m^3	192 567	59 777	385		9 772	262 501
		2. 浆砌石	圬工方	357 755	165 369	852	11 671	17 007	552 654
		(九)地基处理	元	646	275				921
		3. 换填砂石	m^3	646	275				921
三		桥涵	正线公里	85 834	64 584	3 462	3 177	11 852	168 909
	6	大桥(座)	延长米	85 834	64 584	3 462	3 177	11852	168 909
		甲、新建(座)	延长米	85 834	64 584	3 462	3 177	11 852	168 909
		二、一般梁式大桥(××座)	延长米	85 834	64 584	3 462	3 177	11 852	168 909
		Ⅰ. 建筑工程费	延长米	85 834	64 584	3 462	3 177	11 852	168 909
		(二)墩台	圬工方	85 834	64 584	3 462	3 177	11 852	168 909
		1. 混凝土	圬工方	76 689	51 098	3 107	3 177	8 955	143 026
		2. 钢筋	t	9 145	13 486	355		2 897	25 883

单价分析表

表 7-11-1

工作类别	1. 干砌石			单价编号	LY－281		
工作内容	干砌片石			计算单位	$10m^3$		
说明	搭拆跳板、挂线、找平、选修片石、安砌及填缝						
编号	费用名称	单位	数量	单价(元)	合价(元)	质量(t)	
						单重	合重
1	Ⅰ类工	工日	9.71	20.35	197.6		
1110001	原木	m^3	0.01	794	7.94	0.65	0.007
1230006	片石	m^3	12.4	15	186	1.8	22.32
2130012	镀锌低碳钢丝 ϕ0.7～5mm	kg	0.2	4.46	0.89	0.001	
8999002	其他材料费	元	1.47	1	1.47		
9102621	单筒快速卷扬机≤10kN	台班	0.29	57.6	16.7		
	定额基价	元			410.6		
	其中:工费	元			197.6		
	料费	元			196.3		
	机械费	元			16.7		

单价分析表 表7-11-2

工作类别	2. 浆砌石			单价编号	LY-283		
工作内容	浆砌片石 MU7.5			计算单位	$10m^3$		
说明	搭拆跳板、挂线、找平、选修片石及洗刷、拌制砂浆、铺浆、安砌及填缝找平、安泄水孔、整理及养护						
编号	费用名称	单位	数量	单价(元)	合价(元)	质量(t)	
						单重	合重
1	Ⅰ类工	工日	14.97	20.35	304.64		
1010002	普通水泥 32.5 级	kg	904.2	0.26	235.09	0.001	0.904
1110001	原木	m^3	0.01	794	7.94	0.65	0.007
1230006	片石	m^3	11.7	15	175.5	1.8	21.06
1260022	中粗砂	m^3	4.29	16.51	70.83	1.43	6.135
2130012	镀锌低碳钢丝 ϕ0.7~5mm	kg	0.2	4.46	0.89	0.001	
8999002	其他材料费	元	3.44	1	3.44		
8999006	水	t	4	0.38	1.52		
9102621	单筒快速卷扬机≤10kN	台班	0.29	57.6	16.7		
9104302	灰浆搅拌机≤400L	台班	0.132	48.76	6.44		
	定额基价	元			822.99		
	其中:工费	元			304.64		
	料费	元			495.21		
	机械费	元			23.14		

单价分析表 表7-11-3

工作类别	3. 换填砂石			单价编号	LY-369		
工作内容	夯填砂砾石			计算单位	$10m^3$		
说明	分层夯填,整平						
编号	费用名称	单位	数量	单价(元)	合价(元)	质量(t)	
						单重	合重
1	Ⅰ类工	工日	4.95	20.35	100.73		
1240118	天然级配砂(砾)卵石	m^3	12.5	9	112.5	1.65	20.625
	定额基价	元			213.23		
	其中:工费	元			100.73		
	料费	元			112.5		
	机械费	元					

单价分析表 表7-11-4

工作类别	1. 混凝土			单价编号	QY－358		
工作内容	陆上实体墩台身混凝土，非泵送 C30			计算单位	$10m^3$		
说明	模板安拆，混凝土拌制、浇筑、振捣及养护，施工接缝处理，脚手架搭拆						
编号	费用名称	单位	数量	单价(元)	合价(元)	质量(t)	
						单重	合重
2	Ⅱ类工	工日	22.81	24	547.44		
1010002	普通水泥 32.5 级	kg	4 447.2	0.26	1 156.27	0.001	4.447
1110003	锯材	m^3	0.026	1 013	26.34	0.6	0.016
1240113	卵石 40mm 以内	m^3	9.078	16	145.25	1.55	14.071
1260022	中粗砂	m^3	4.08	16.51	67.36	1.43	5.834
2100005	钢丝绳	kg	5.97	7.23	43.16	0.001	0.006
2220016	焊接钢管	kg	5.4	3.87	20.9	0.001	0.005
2810024	组合钢支撑	kg	4.38	4.46	19.53	0.001	0.004
2810025	组合钢配件	kg	5.57	5.85	32.58	0.001	0.006
2810027	大钢模板	kg	11.9	5.65	67.24	0.001	0.012
2811011	铁拉杆	kg	16.54	3.5	57.89	0.001	0.017
3623510	铁线钉	kg	1	3.3	3.3	0.001	0.001
8999002	其他材料费	元	21.4	1	21.4		
8999006	水	t	7.29	0.38	2.77		
9102102	汽车起重机≤8t	台班	0.39	418.55	163.23		
9104002	混凝土搅拌机≤400L	台班	0.32	89.89	28.76		
9199999	其他机械使用费	台班	9.3	1	9.3		
	定额基价	元			2 412.72		
	其中：工费	元			547.44		
	料费	元			1 663.99		
	机械费	元			201.29		

单价分析表

表 7-11-5

工作类别	1. 混凝土			单价编号	QY－492		
工作内容	托盘及台顶混凝土，非泵送 C35			计算单位	$10m^3$		
说明	模板制安拆，钢构件制安，混凝土拌制、浇筑、振捣及养护						
编号	费用名称	单位	数量	单价（元）	合价（元）	质量（t）	
						单重	合重
2	Ⅱ类工	工日	40.57	24	973.68		
1010003	普通水泥 42.5 级	kg	4 569.6	0.31	1 416.58	0.001	4.57
1110003	锯材	m^3	0.12	1 013	121.56	0.6	0.072
1240012	碎石 25mm 以内	m^3	8.16	30	244.8	1.5	12.24
1260022	中粗砂	m^3	5.1	16.51	84.2	1.43	7.293
1962001	型钢	kg	3.11	3.27	10.17	0.001	0.003
2000007	钢板 Q235－A，$\delta=7\sim40$mm	kg	16.76	3.9	65.36	0.001	0.017
2811011	铁拉杆	kg	10.38	3.5	36.33	0.001	0.01
2811012	铁件	kg	0.94	4	3.76	0.001	0.001
3440016	安全网　锦纶	m^2	2.18	17.88	38.98	0.001 15	0.003
3617914	普通螺栓带帽	kg	2.4	7.63	18.31	0.001	0.002
3710015	电焊条　结 707ϕ3.2～4mm	kg	0.6	6.15	3.69	0.001	0.001
8999002	其他材料费	元	9.22	1	9.22		
8999006	水	t	9.41	0.38	3.58		
9102102	汽车起重机≤8t	台班	0.76	418.55	318.1		
9104002	混凝土搅拌机≤400L	台班	0.32	89.89	28.76		
9105322	多级离心清水泵≤$32m^3$/h－125m	台班	0.5	81.37	40.69		
9106003	交流弧焊机≤42kVA	台班	0.2	116.18	23.24		
9199999	其他机械使用费	台班	18.11	1	18.11		
	定额基价	元			3 459.12		
	其中：工费	元			973.68		
	料费	元			2 056.54		
	机械费	元			428.9		

单价分析表

表 7-11-6

工作类别	1. 混凝土			单价编号	QY－1036		
工作内容	防护层玻璃纤维混凝土 C40			计算单位	m^3		
说明	混凝土拌制、浇筑、振捣和养护						
编号	费用名称	单位	数量	单价(元)	合价(元)	质量(t)	
						单重	合重
2	Ⅱ类工	工日	6.3	24	151.2		
1010003	普通水泥 42.5 级	kg	508.98	0.31	157.78	0.001	0.509
1240012	碎石 25mm 以内	m^3	0.81	30	24.3	1.5	1.215
1260022	中粗砂	m^3	0.47	16.51	7.76	1.43	0.672
1601010	玻璃纤维	kg	14.32	1.93	27.64	0.001	0.014
8999002	其他材料费	元	21.5	1	21.5		
8999006	水	t	4.49	0.38	1.71		
9104001	混凝土搅拌机≤250L	台班	0.046	73.67	3.39		
	定额基价	元			395.28		
	其中:工费	元			151.2		
	料费	元			240.69		
	机械费	元			3.39		

单价分析表

表 7-11-7

工作类别	1. 混凝土			单价编号	QY－1026		
工作内容	冷作式防水层 TQF－Ⅰ(甲)			计算单位	$10m^2$		
说明	清理基层、分割缝嵌缝、刷基层处理剂、刷胶、铺贴防水卷材、收头等						
编号	费用名称	单位	数量	单价(元)	合价(元)	质量(t)	
						单重	合重
2	Ⅱ类工	工日	1.41	24	33.84		
1710061	JS－18 环保防水卷材	m^2	10.8	22.43	242.24	0.002	0.022
1710101	881－Ⅰ防水涂料	kg	17.5	10.7	187.25	0.001	0.018
8999002	其他材料费	元	0.8	1	0.8		
	定额基价	元			464.13		
	其中:工费	元			33.84		
	料费	元			430.29		
	机械费	元					

单价分析表 表7-11-8

工作类别	1. 混凝土			单价编号	QY－466		
工作内容	陆上顶帽混凝土 C35，墩高≤30m			计算单位	$10m^3$		
说明	模板制安拆，钢构件制安拆，混凝土拌制、浇筑、振捣及养护						
编号	费用名称	单位	数量	单价（元）	合价（元）	质量(t)	
						单重	合重
2	Ⅱ类工	工日	36.33	24	871.92		
1010003	普通水泥 42.5 级	kg	4 773.6	0.31	1 479.82	0.001	4.774
1110003	锯材	m^3	0.01	1 013	10.13	0.6	0.006
1240012	碎石 25mm 以内	m^3	7.24	30	217.2	1.5	10.86
1260022	中粗砂	m^3	5.92	16.51	97.74	1.43	8.466
1950101	槽钢 Q235－A	kg	10.4	3.43	35.67	0.001	0.01
1960025	角钢 Q235－A	kg	7.01	3.19	22.36	0.001	0.007
2000007	钢板 Q235－A，$\delta=7\sim40mm$	kg	11.3	3.9	44.07	0.001	0.011
3440016	安全网 锦纶	m^2	2.18	17.88	38.98	0.001 15	0.003
3617914	普通螺栓带帽	kg	2.9	7.63	22.13	0.001	0.003
3710015	电焊条 结 707$\phi3.2\sim4mm$	kg	0.5	6.15	3.08	0.001	0.001
8999002	其他材料费	元	11.75	1	11.75		
8999006	水	t	10.1	0.38	3.84		
9102614	单筒慢速卷扬机≤50kN	台班	0.63	82.47	51.96		
9102632	双筒慢速卷扬机≤30kN	台班	0.63	97.65	61.52		
9104002	混凝土搅拌机≤400L	台班	0.32	89.89	28.76		
9104203	混凝土泵≤$30m^3/h$	台班	0.1	541.88	54.19		
9105322	多级离心清水泵≤$32m^3/h$－125m	台班	0.5	81.37	40.69		
9106003	交流弧焊机≤42kVA	台班	0.12	116.18	13.94		
9199999	其他机械使用费	台班	18.11	1	18.11		
	人工费	元			872		
	材料费	元			1 987		
	（拆铺扣轨料费）	元					
	机械使用费	元			269		

单价分析表 表7-11-9

工作类别	1. 混凝土			单价编号	QY－497		
工作内容	道砟槽混凝土，非泵送 C35			计算单位	$10m^3$		
说明	模板制安拆，混凝土拌制、浇筑、振捣及养护，脚手架搭拆						
编号	费用名称	单位	数量	单价（元）	合价（元）	质量（t）	
						单重	合重
2	Ⅱ类工	工日	46.18	24	1 108.32		
1010003	普通水泥 42.5 级	kg	4 569.6	0.31	1 416.58	0.001	4.57
1110003	锯材	m^3	0.169	1 013	171.2	0.6	0.101
1240012	碎石 25mm 以内	m^3	8.16	30	244.8	1.5	12.24
1260022	中粗砂	m^3	5.1	16.51	84.2	1.43	7.293
2368116	铸铁泄水管 DN100mm×300mm	个	6	5.94	35.64	0.001 2	0.007
2368117	铸铁管盖 134mm×159mm×10mm	个	6	3.21	19.26	0.000 6	0.004
2811011	铁拉杆	kg	0.53	3.5	1.86	0.001	0.001
2811012	铁件	kg	5.87	4	23.48	0.001	0.006
3617914	普通螺栓带帽	kg	3.75	7.63	28.61	0.001	0.004
3623510	铁线钉	kg	0.19	3.3	0.63	0.001	
8999002	其他材料费	元	6.68	1	6.68		
8999006	水	t	5.83	0.38	2.22		
9102102	汽车起重机≤8t	台班	0.761	418.55	318.52		
9104002	混凝土搅拌机≤400L	台班	0.32	89.89	28.76		
9108511	木工圆锯机 d≤500	台班	0.24	17.91	4.3		
9108521	木工单面压刨床 B≤600	台班	0.046	28.41	1.31		
9199999	其他机械使用费	台班	9.3	1	9.3		
	定额基价	元			3 505.67		
	其中：工费	元			1 108.32		
	料费	元			2 035.16		
	机械费	元			362.19		

单价分析表

表 7-11-10

工作类别	1. 混凝土			单价编号	QY－466 参		
工作内容	陆上顶帽混凝土 C50，墩高≤30m			计算单位	$10m^3$		
说明	模板制安拆，钢构件制安拆，混凝土拌制、浇筑、振捣及养护						
编号	费用名称	单位	数量	单价（元）	合价（元）	质量(t)	
						单重	合重
2	Ⅱ类工	工日	36.33	24	871.92		
1010003	普通水泥 42.5 级	kg	6 599.4	0.31	2 045.81	0.001	6.599
1110003	锯材	m^3	0.01	1013	10.13	0.6	0.006
1240012	碎石 25mm 以内	m^3	7.038	30	211.14	1.5	10.557
1260022	中粗砂	m^3	4.692	16.51	77.46	1.43	6.71
1950101	槽钢 Q235－A	kg	10.4	3.43	35.67	0.001	0.01
1960025	角钢 Q235－A	kg	7.01	3.19	22.36	0.001	0.007
2000007	钢板 Q235－A，$\delta=7\sim40$mm	kg	11.3	3.9	44.07	0.001	0.011
3440016	安全网　锦纶	m^2	2.18	17.88	38.98	0.001 15	0.003
3617914	普通螺栓带帽	kg	2.9	7.63	22.13	0.001	0.003
3710015	电焊条　结 707ϕ3.2～4mm	kg	0.5	6.15	3.08	0.001	0.001
8999002	其他材料费	元	11.75	1	11.75		
8999006	水	t	10.1	0.38	3.84		
9102614	单筒慢速卷扬机≤50kN	台班	0.63	82.47	51.96		
9102632	双筒慢速卷扬机≤30kN	台班	0.63	97.65	61.52		
9104002	混凝土搅拌机≤400L	台班	0.32	89.89	28.76		
9104203	混凝土泵≤$30m^3/h$	台班	0.1	541.88	54.19		
9105322	多级离心清水泵≤$32m^3/h$－125m	台班	0.5	81.37	40.69		
9106003	交流弧焊机≤42kVA	台班	0.12	116.18	13.94		
9199999	其他机械使用费	台班	18.11	1	18.11		
	定额基价	元			3 667.51		
	其中：工费	元			871.92		
	料费	元			2 526.42		
	机械费	元			269.17		

单价分析表

表7-11-11

工作类别	2. 钢筋			单价编号	QY－364		
工作内容	陆上实体墩台身钢筋			计算单位	t		
说明	钢筋制作、绑扎、安放、定位、校正						
编号	费用名称	单位	数量	单价(元)	合价(元)	质量(t)	
						单重	合重
2	Ⅱ类工	工日	7.1	24	170.4		
1900012	圆钢 Q235－Aϕ10～18mm	kg	1 030	3.33	3 429.9	0.001	1.03
2130012	镀锌低碳钢丝 ϕ0.7～5mm	kg	5.1	4.46	22.75	0.001	0.005
3710015	电焊条　结707ϕ3.2～4mm	kg	5.4	6.15	33.21	0.001	0.005
8999002	其他材料费	元	0.3	1	0.3		
9102102	汽车起重机≤8t	台班	0.032	418.55	13.39		
9102614	单筒慢速卷扬机≤50kN	台班	0.15	82.47	12.37		
9106003	交流弧焊机≤42kVA	台班	0.65	116.18	75.52		
9108411	钢筋切断机 d≤40mm	台班	0.14	64.4	9.02		
9108421	钢筋弯曲机 d≤40mm	台班	0.19	50.4	9.58		
	定额基价	元			3 776.44		
	其中:工费	元			170.4		
	料费	元			3 486.16		
	机械费	元			119.88		

单价分析表

表7-11-12

工作类别	2. 钢筋			单价编号	QY－481		
工作内容	陆上顶帽钢筋,墩高≤30m			计算单位	t		
说明	钢筋制作、绑扎、安放、定位、校正						
编号	费用名称	单位	数量	单价(元)	合价(元)	质量(t)	
						单重	合重
2	Ⅱ类工	工日	17.01	24	408.24		
1900012	圆钢 Q235－Aϕ10～18mm	kg	1 030	3.33	3 429.9	0.001	1.03
2130012	镀锌低碳钢丝 ϕ0.7～5mm	kg	4.54	4.46	20.25	0.001	0.005
3710015	电焊条　结707ϕ3.2～4mm	kg	5.51	6.15	33.89	0.001	0.006
8999002	其他材料费	元	0.9	1	0.9		
9102614	单筒慢速卷扬机≤50kN	台班	0.76	82.47	62.68		
9102632	双筒慢速卷扬机≤30kN	台班	0.76	97.65	74.21		
9106003	交流弧焊机≤42kVA	台班	0.1	116.18	11.62		

续上表

工作类别	2. 钢筋			单价编号	QY－481		
工作内容	陆上顶帽钢筋，墩高≤30m			计算单位	t		
说明	钢筋制作、绑扎、安放、定位、校正						
编号	费用名称	单位	数量	单价（元）	合价（元）	质量（t）	
						单重	合重
9108411	钢筋切断机 $d \leq 40$mm	台班	0.14	64.4	9.02		
9108421	钢筋弯曲机 $d \leq 40$mm	台班	0.19	50.4	9.58		
9199999	其他机械使用费	台班	1.42	1	1.42		
	定额基价	元			4 061.71		
	其中：工费	元			408.24		
	料费	元			3 484.94		
	机械费	元			168.53		

单 价 分 析 表 表 7-11-13

工作类别	2. 钢筋			单价编号	QY－504		
工作内容	道砟槽钢筋			计算单位	t		
说明	钢筋制作、绑扎、安放、定位、校正						
编号	费用名称	单位	数量	单价（元）	合价（元）	质量（t）	
						单重	合重
2	Ⅱ类工	工日	12.47	24	299.28		
1900005	圆钢 Q235－A，ϕ6～9mm	kg	563	3.31	1 863.53	0.001	0.563
1900012	圆钢 Q235－A，ϕ10～18mm	kg	458	3.33	1 525.14	0.001	0.458
2130012	镀锌低碳钢丝，ϕ0.7～5mm	kg	6.43	4.46	28.68	0.001	0.006
3710015	电焊条 结 707，ϕ3.2～4mm	kg	1.14	6.15	7.01	0.001	0.001
8999002	其他材料费	元	0.3	1	0.3		
9102102	汽车起重机≤8t	台班	0.031	418.55	12.98		
9102614	单筒慢速卷扬机≤50kN	台班	0.15	82.47	12.37		
9106003	交流弧焊机≤42kVA	台班	0.14	116.18	16.27		
9108411	钢筋切断机 $d \leq 40$mm	台班	0.14	64.4	9.02		
9108421	钢筋弯曲机 $d \leq 40$mm	台班	0.19	50.4	9.58		
	定额基价	元			3 784.16		
	其中：工费	元			299.28		
	料费	元			3 424.66		
	机械费	元			60.22		

第八章　铁路工程验工计价与价款结算

铁路工程验工计价是指对铁路建设项目工程承包合同(包括补充合同)中已完成的合格工程进行验工和计价活动的总称,以下简称验工计价。验工计价是办理工程价款结算的依据,铁路建设项目工程承包合同范围内工程价款结算均应在验工计价后进行。

第一节　铁路工程验工计价

一、铁路工程验工计价的概念

工程验工计价,又称为工程计量与计价。

工程计量是项目监理机构根据设计文件及承包合同中关于工程计量的规定,对承包单位申报的已完成合格工程的工程量进行的核验。

工程计价指根据已核验的工程量及费用项目和承包合同工程量清单中的单价或费率计算的工程造价金额,此项工作以计量为基础,是工程价款支付的依据。

二、验工计价的作用

验工计价工作是控制工程造价的核心环节,是进行质量控制的主要手段,是进度控制的基础,也是保证业主和承包人合法权益的重要途径。验工计价的作用主要有以下几点:

(1)工程验工计价是项目工程款项支付的前提,通过计量可以控制项目投资的支出。

合同条件中明确规定了工程量清单中开列的工程量是该工程的估算工程量,不能作为承包人应予完成的实际和确切工程量。因为工程量清单中的工程量是在编制招标文件时,在图纸和规范的基础上估算的工程量,不能作为计算工程价款的依据,因此必须通过项目监理机构对已完的工程进行计量。经过项目监理机构计量所确定的数量是向承包人支付任何款项的凭证。

(2)验工计价是约束承包人履行合同义务的手段。

验工计价不仅是控制项目投资支出的关键环节,同时也是约束承包人履行合同义务、强化承包人合同意识的手段。FIDIC 合同条件规定,业主对承包人的付款,是以工程师批准的付款证书为凭据的,工程师对验工计价以及价款支付有充分的批准权和否决权。对于不合格的工作和工程,工程师可以拒绝计量。同时,工程师通过按时计量,可以及时掌握承包人工作的进展情况和工程进度。当工程师发现工程进度严重偏离计划目标时,可要求承包人及时分析原因、采取措施、加快进度。因此,在施工过程中,项目监理机构可以通过验工计价手段,控制工程按合同进行。

(3)监理工程师通过验工计价可以及时掌握承包人工作的进展情况。

监理工程师掌握了验工计价权,就掌握了控制施工活动和调控承包人施工行为最有效的基本手段。如果承包人的施工工艺不符合规范要求,监理工程师可要求其自费改正;如果所用材料不合格,监理可以对材料拒收;如果工程质量不符合要求,监理将不予验工计价,并要求承包人返工使其达到要求；如果承包人进度过慢，监理工程师将令其支付拖期违约损失赔偿金和延误罚款，如果进度严重落后，监理工程师还可以提议驱逐承包人，有效保证对工期的控制。验工计价权使监理工程师可以有效地从经济上制约承包人，严格按合同要求办，确保工程的质量目标。

三、验工计价的依据

验工计价的依据一般有工程承包合同、批准的开工报告、建设单位批准的施工组织设计、建设单位下达的计划、经审核合格的施工图及批准的变更设计、质量合格证明文件。也就是说，计量时必须以这些资料为依据。

1. 工程承包合同

铁路工程承包合同条款中，分别规定了单价子目和总价子目计量的程序。承包人和监理人应按照合同规定的计量方法、计量周期共同完成计量和计价工作。

合同中的工程量清单前言和技术规范是确定计量方法的依据。因为工程量清单前言和技术规范的“计量支付”条款规定了清单中每一项工程的计量方法，同时还规定了按规定的计量方法确定的单价所包括的工作内容和范围。

例如，铁路工程量清单计价指南中规定，路基地基处理中基底所设的垫层按清单项目单独计量；挡土墙、护墙等砌体圬工的基础和墙背所设垫层不单独计量，其费用计入相应的清单项目。

2. 批准的开工报告

3. 建设单位批准的施工组织设计

承包人申请计量的项目除了应符合合同规范标准的要求，还必须符合建设单位批准的施工组织设计的规定。作为合同文件组成部分的施工组织设计（或施工组织计划、施工方案）、施工技术措施方案，是编制工程概、预算等造价文件的主要依据之一，也是工程量计量的依据之一。例如便道、便桥、预制场、电力电信线路等临时工程、临时设施的数量，临时用地的数量，材料的运输距离等，就应按施工组织计划或施工技术措施方案来计算。

4. 建设单位下达的计划

5. 经审核合格的施工图及批准的变更设计

单价合同以实际完成的工程量进行结算，但被工程师计量的工程数量，并不一定是承包人实际施工的数量。计量的几何尺寸要以设计图纸为依据，工程师对承包人超出设计图纸要求增加的工程量和自身原因造成返工的工程量，不予计量。例如：在某铁路施工监理中，灌注桩的验工计价条款中规定“按照设计图纸以 m 计量，其单价包括所有材料及施工的各项费用”。根据这个规定，如果承包人做了 35m，而桩的设计长度为 30m，则只计量 30m，业主按 30m 付款，承包人多做的 5m 灌注桩所消耗的钢筋及混凝土材料，业主不予补偿。

6. 质量合格证明文件

对于承包人已完的工程，并不是全部进行计量，而只是质量达到合同标准的已完工程才予以计量。所以工程计量必须与质量监理紧密配合，经过专业工程师检验，工程质量达到合同规定的标准后，由专业工程师签署报验申请表（质量合格证书），只有质量合格的工程才予以计量。所以说质量监理是计量监理的基础，计量又是质量监理的保障，通过计量支付，强化承包人的质量意识。

四、工程计量的方法

监理工程师一般只对以下三方面的工程项目进行计量：

(1)工程量清单中的全部项目。合同文件规定，已标价工程量清单中没有填写单价和金额的项目，其费用已包括在清单的其他单价或金额中，因此，对于清单中没有填写单价和金额的项目仍需进行计量，以确认承包人是否按合同条件完成了该项工程。

(2)合同文件中规定的项目。除了清单中的工程项目外，在合同条件中通常还规定了一些包干项目，对于这些项目也必须根据合同文件规定进行计量。

(3)工程变更项目。工程变更一般附有变更清单，工程变更清单同工程量清单具有相同的性质。因此，对于工程变更清单项目亦必须按合同有关要求进行计量。

上述合同规定以外的项目，例如承包人为完成上述项目而进行的一些辅助工程，监理工程师没有进行计量的义务，因为这些辅助工程的费用已包括在上述项目的单价中。

根据 FIDIC 合同条件的规定，一般可按照以下方法进行计量：

1. 均摊法

所谓均摊法，就是对清单中某些项目的合同价款，按合同工期平均计量。如为监理工程师提供宿舍、保养测量设备、保养气象记录设备、维护工地清洁和整洁等，这些项目都有一个共同的特点，即每月均有发生，所以可以采用均摊法进行计量支付。

例如：保养气象记录设备，每月发生的费用是相同的，如本项合同款额为 2 000 元，合同工期为 20 个月，则每月计量、支付的款额为：2 000 元/20 月 =100 元/月。

2. 凭据法

所谓凭据法，就是按照承包人提供的凭据进行计量支付。如建筑工程险保险费、第三方责任险保险费、履约保证金等项目，一般按凭据法进行计量支付。

3. 估价法

所谓估价法，就是按合同文件的规定，根据工程师估算的已完成的工程价值支付。如为工程师提供办公设施和生活设施，为工程师提供用车，为工程师提供测量设备、天气记录设备、通信设备等项目。这类清单项目往往要购买几种仪器设备，当承包人对于某一项清单项目中规定购买的仪器设备不能一次购进时，则需采用估价法进行计量支付。

当然，估价的款额与最终支付的款额无关，最终支付的款额总是合同清单中的款额。

4. 断面法

断面法主要用于取土坑或填筑路堤土方的计量。对于填筑土方工程，一般规定计量的体积为原地面线与设计断面所构成的体积。采用这种方法计量，在开工前承包人需测绘出原地形的断面，并需经工程师检查，作为计量的依据。

5. 图纸法

在工程量清单中，许多项目采取按照设计图纸所示的尺寸进行计量，如混凝土构筑物的体积，钻孔桩的桩长等。

6. 分解计量法

所谓分解计量法，就是将一个项目，根据工序或部位分解为若干子项，对完成的各子项进行计量支付。这种计量方法主要是为了解决一些包干项目或较大的工程项目的支付时间过长，影响承包人的资金流动等问题。

五、验工计价的程序

（一）铁路工程施工合同约定的程序

为了兼顾单价承包合同和总价承包合同，铁路工程施工合同条款将工程验工计价分别进行阐述。

1. 单价子目验工计价

铁路建设项目施工实行单价承包的，采用工程量清单方式进行验工计价，根据合同约定的单价和审核合格的施工图确定并经监理单位验收合格的工程数量进行计价。具体程序如下：

（1）已标价工程量清单中的单价子目工程量为估算工程量。结算工程量是承包人实际完成的，并按合同约定计量周期、专用合同条款、工程量清单等中确定的方法进行计量的工程量。

铁路工程的计量周期为：已完工程量一般按月计量和支付，若有特殊要求，可在专用条款中约定。如：合同专用条款约定，工程进度款采用月预付、季度结算、竣工清算的方式。计量周期的起止日期可根据项目的有关财务拨付和计划统计的要求由当事人协商确定。

（2）承包人对已完成的工程进行计量，向监理人提交进度付款申请单、已完成工程量报表和有关计量资料。

（3）监理人对承包人提交的工程量报表进行复核，以确定其实际完成的工程量。对数量有异议的，监理人可要求承包人按照合同中约定的施工测量方法和程序，进行共同复核和抽样复测。承包人应协助监理人进行复核并按监理人要求提供补充计量资料。承包人未按监理人要求参加复核的，监理人复核或修正的工程量视为承包人实际完成的工程量。

（4）监理人认为有必要时，可通知承包人共同进行联合测量、计量，承包人应遵照执行。

（5）承包人完成工程量清单中每个子目的工程量后，监理人应要求承包人派员共同对每个子目的历次计量报表进行汇总，以核实最终结算工程量。监理人可要求承包人提供补充计量资料，以确定最后一次进度付款的准确工程量。承包人未按监理人要求派员参加的，监理人最终核实的工程量视为承包人完成该子目的准确工程量。

（6）监理人应在收到承包人提交的工程量报表后的7d内进行复核，监理人未在约定时间内复核的，承包人提交的工程量报表中的工程量视为承包人实际完成的工程量，据此计算工程价款。

2. 总价子目的验工计价

总价合同一般指总价包干或总价不变合同，适用于规模不大、工序相对成熟、工期较短的工程施工项目。

铁路建设项目实行施工总承包的，采用合同总价下的工程量清单方式进行验工计价。

工程量清单范围内的工程，按合同约定的单价进行计价。

工程量清单范围外的工程，属于建设单位对建设方案、建设标准、建设规模和建设工期的重大调整，以及由于人力不可抗力造成重大损失补充合同的工程，按施工总承包合同约定的单价计价，在批准费用项下计费；其他工程由双方协商单价，按验工数量进行计价，但不得超过承包合同总价。

工程全部验收合格后，承包合同计价剩余费用（不包括质量保证金）一次拨付施工总承包单位。

验工计价程序按以下规定执行：

(1)总价子目的计量和支付应以总价为基础，不因价格调整的因素而进行调整。承包人实际完成的工程量，是进行工程目标管理和控制进度支付的依据。

(2)承包人在合同约定的每个计量周期内，对已完成的工程进行计量，并向监理人提交进度付款申请单、专用合同条款约定的合同总价支付分解表所表示的阶段性或分项计量的支持性资料，以及所达到工程形象目标或分阶段需完成的工程量和有关计量资料。

(3)监理人对承包人提交的上述资料进行复核，以确定分阶段实际完成的工程量和工程形象目标。对其有异议的，可要求承包人按合同中约定的施工测量方法和程序进行共同复核和抽样复测。

(4)除按照合同变更条款约定的变更外，总价子目的工程量是承包人用于结算的最终工程量。

3. 节点验工计价

为了包含和适应更广泛的工程量计量，或使进度付款不局限于月进度付款，这里将总价子目的计量约定按批准的节点划分表确定，即承包人按合同约定及建设单位提供的节点表对工程项目进行分解。节点划分表应按发包人和监理人批准的施工进度计划要求，在合同工期内应完成各阶段形象面貌的目标及其相应的工程量来确定。

实行工程总承包的铁路建设项目，可采用合同总价下的节点式计价方式；计价节点一般按工程类别和工点设置，根据工点和工程类别的工作内容和工作量将总费用分劈到各节点；具体节点设定和相应费用根据项目情况在总承包合同中约定。

建设单位对建设方案、建设标准、建设规模和建设工期进行重大调整，以及由于人力不可抗力造成重大损失的，应签订补充合同，在批准费用项下计费。补充合同验工计价纳入节点计价范围。

(1)承包人在发包人确定的工程节点完成后，统计已完合格工程数量并上报已完工程量表和所有变更资料。

(2)监理人对承包人提交的工程量报表进行复核，监理人可要求承包人提供补充计量资料，以确定实际完成的工程量。对数量有异议的，可要求承包人按有关规定进行共同复核和抽样复测。承包人应协助监理人进行复核并按监理人要求提供补充计量资料。承包人未按监理人要求参加复核，监理人复核或修正的工程量视为承包人实际完成的工程量。

(3)承包人完成所有工程节点(包括工程量清单中所有子目)的工程量后，监理人应要求承包人派员共同对每个节点工程的历次计量报表进行汇总，以核实最终结算工程量。承包人未按监理人要求派员参加的，监理人最终核实的工程量视为承包人完成该合同工程的准确工程量。

(二)建设工程监理规范规定的程序

(1)承包单位统计经专业监理工程师质量验收合格的工程量，按施工合同的约定填报工程量清单和工程款支付申请表。

(2)专业监理工程师进行现场计量，按施工合同的约定审核工程量清单和工程款支付申请表，并报总监理工程师审定。

(3)总监理工程师签署工程款支付证书，并报建设单位。

(三)FIDIC 施工合同约定的工程计量程序

按照 FIDIC 条款约定，当工程师要求测量工程的任何部分时，应向承包人代表发出合理通知，承包人代表应：

（1）承包人代表应及时亲自或另派合格代表，协助工程师进行测量。

（2）提供工程师要求的任何具体材料。

如果承包人未能到场或派代表，工程师（或其代表）所作测量应作为准确工程量予以认可；如果承包人被要求检查记录14d内，没有发出此类通知，该记录应作为准确记录予以认可。

六、铁路工程验工计价的工作流程

根据铁路工程验工计价有关规定，铁路建设项目参建各方在验工计价工作中的详细工作流程见图8－1。

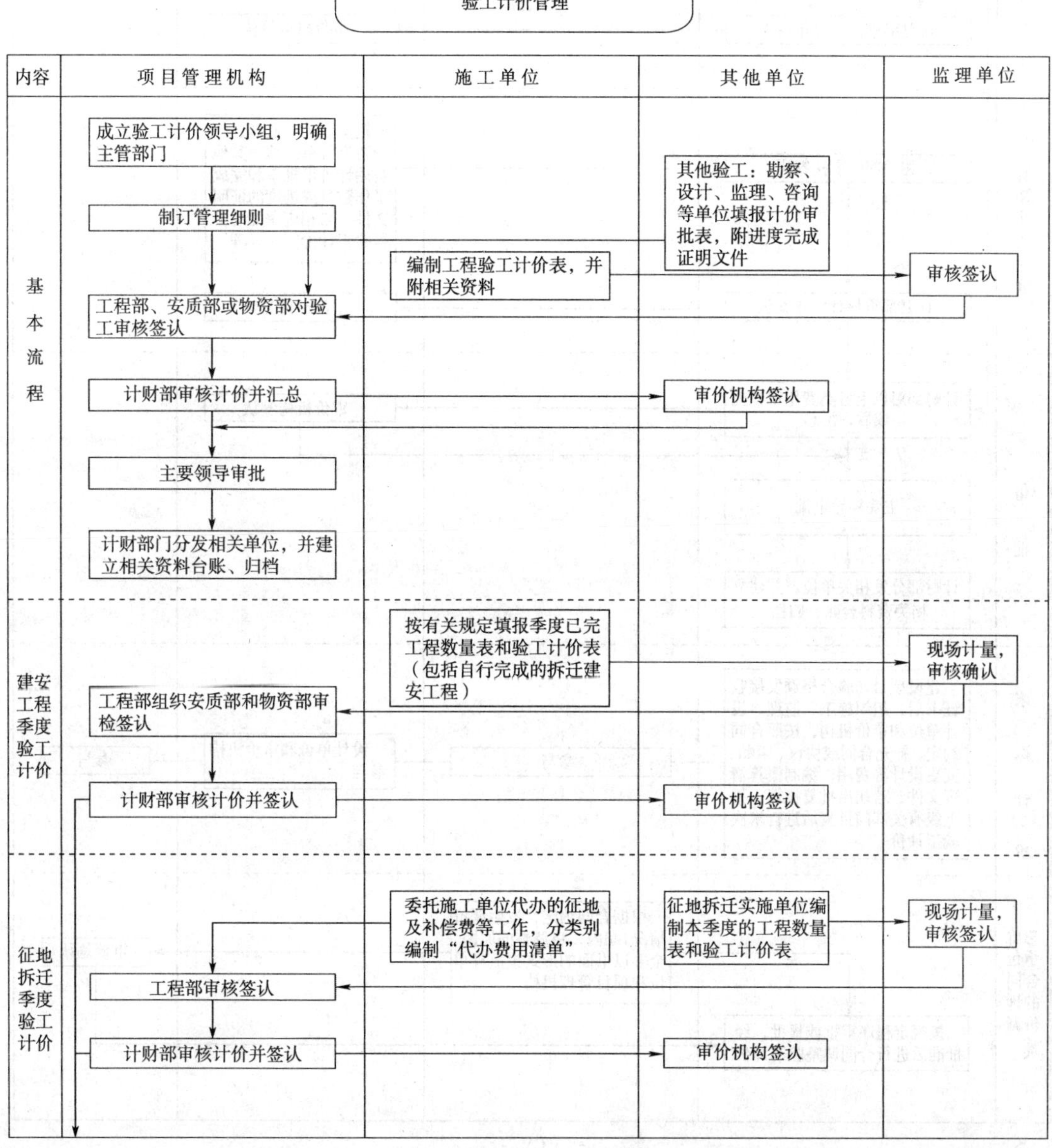

a)

图 8－1

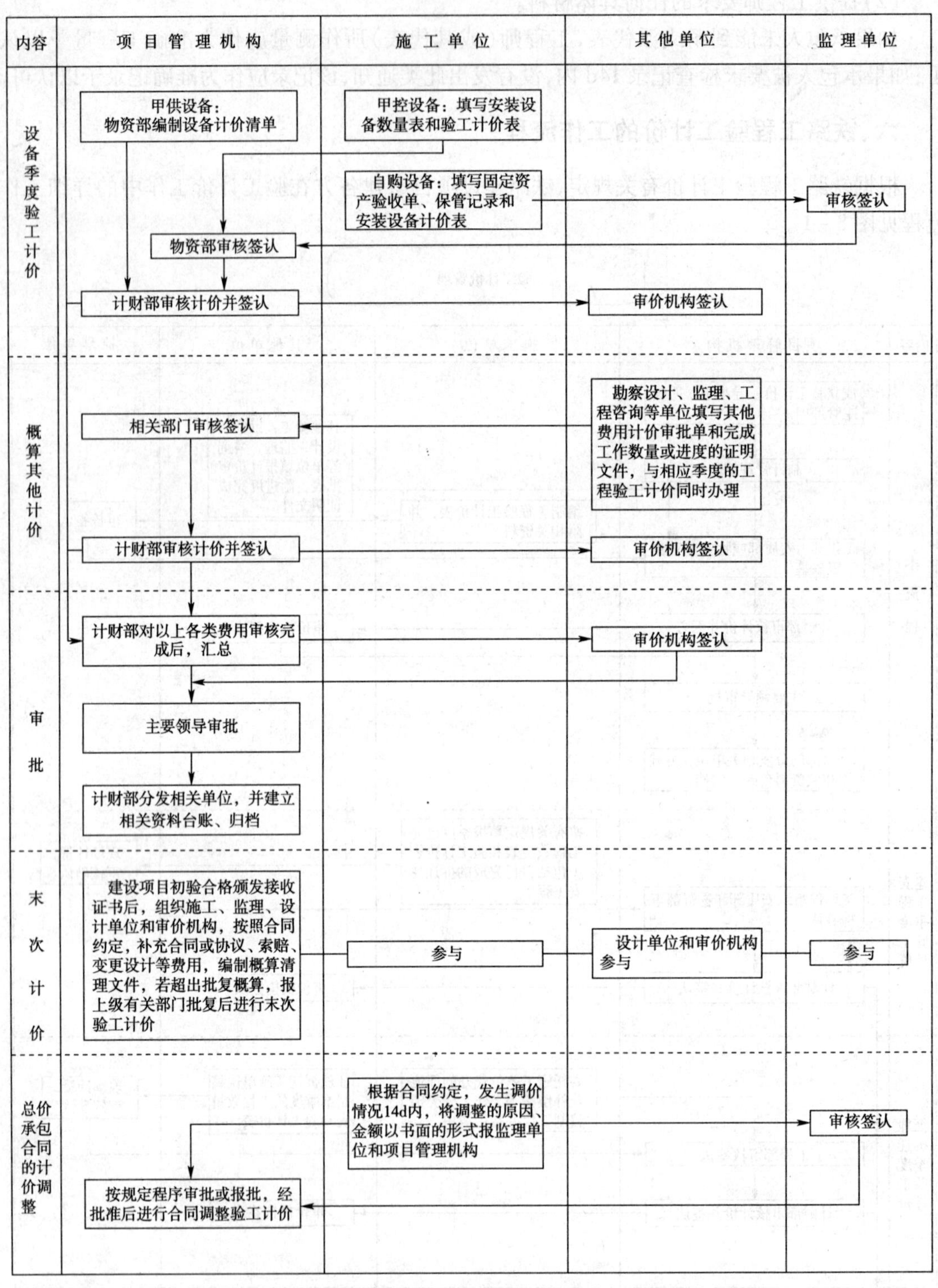

b)

图 8-1　铁路建设工程验工计价流程

a)铁路建设工程验工计价流程一；b)铁路建设工程验工计价流程二

第二节　铁路工程价款结算

一、工程价款结算

建设工程价款结算，是指对建设工程的发承包合同价款进行约定和依据合同约定进行工程预付款、工程进度款、工程竣工价款结算的活动。工程价款结算是工程项目承包中的一项十分重要的工作，主要表现在：

（1）工程价款结算是反映工程进度的主要指标。在施工过程中，工程价款的结算的依据之一就是按照已完成的工程量进行结算，也就是说，承包人完成的工程量越多，所应结算的工程价款就应越多，所以，根据累计已结算的工程价款占合同总价款的比例，能够近似地反映出工程的进度情况，有利于准确掌握工程进度。

（2）工程价款结算是加速资金周转的重要环节。承包人能够尽快尽早地结算回工程价款，有利于偿还债务，也有利于资金的回笼，降低内部运营成本。通过加速资金周转，提高资金使用的有效性。

（3）工程价款结算是考核经济效益的重要指标。对于承包人来说，只有工程价款如数地结算，才意味着最终避免了经营风险，承包人也才能够获得相应的利润，进而达到良好的经济效益。

（4）工程价款结算是统计施工企业完成生产计划和建设单位完成建设投资任务的依据。

（5）竣工结算是施工企业完成该工程项目的总货币收入，是施工企业内部编制工程决算，进行成本核算，确定工程实际成本的重要依据。

（6）竣工结算是建设单位编制竣工决算的主要依据。

（7）竣工结算的完成，标志着施工企业和建设单位双方所承担的合同义务和经济责任的技术。

二、我国工程价款结算方法

工程价款结算应按合同约定办理，合同未作约定或约定不明的，发承包双方应依照下列规定与文件协商处理：

（1）国家有关法律、法规和规章制度。

（2）国务院建设行政主管部门，省、自治区、直辖市或有关部门发布的工程造价计价标准、计价办法等有关规定。

（3）建设项目的合同、补充协议、变更签证和现场签证，以及经发、承包人认可的其他有效文件。

（4）其他可依据的材料。

（一）现行工程价款结算方式

我国现行工程价款结算方式根据不同情况，可采取多种方式。

1. 按月结算与支付

即实行按月支付进度款，竣工后清算的方法。合同工期在两个年度以上的工程，在年终进行工程盘点，办理年度结算。我国现行建筑安装工程价款结算中，相当一部分是实行这种按月结算。

2. 分段结算

即当年开工，当年不能竣工的单项工程或单位工程按照工程形象进度，划分不同阶段进行结算。分段结算可以按月预支工程款。分段的划分标准，由各部门、自治区、直辖市、计划单列市规定。

3. 目标结算方式

即在工程合同中，将承包工程的内容分解成不同的控制界面，以业主验收控制界面作为支付工程价款的前提条件。也就是说，将合同中的工程内容分解成不同的验收单元，当承包人完成单元工程内容并经业主（或其委托人）验收后，业主支付构成单元工程内容的工程价款。

目标结算方式下，承包人要想获得工程价款，必须按照合同约定的质量标准完成界面内的工程内容；要想尽早获得工程价款，承包人必须充分发挥自己组织实施能力，在保证质量前提下，加快施工进度。这意味着承包人拖延工期时，则业主推迟付款，增加承包人的财务费用、运营成本，降低承包人的收益，客观上使承包人因延迟工期而遭受损失。同样，当承包人积极组织施工，提前完成控制界面内的工程内容，则承包人可提前获得工程价款，增加承包收益，客观上承包人因提前工期而增加了有效利润。同时，因承包人在界面内质量达不到合同约定的标准而业主不予验收，承包人也会因此而遭受损失。可见，目标结款方式实质上是运用合同手段、财务手段对工程的完成进行主动控制。

目标结款方式中，对控制界面的设定应明确描述，便于量化和质量控制，同时要适应项目资金的供应周期和支付频率。

4. 结算双方约定的其他结算方式

（二）工程价款结算约定的内容

发包人、承包人应当在合同条款中对涉及工程价款结算的下列事项进行约定：

(1)预付工程款的数额、支付时限及抵扣方式；

(2)工程进度款的支付方式、数额及时限；

(3)工程施工中发生变更时，工程价款的调整方法、索赔方式、时限要求及金额支付方式；

(4)发生工程价款纠纷的解决方法；

(5)约定承担风险的范围及幅度以及超出约定范围和幅度的调整办法；

(6)工程竣工价款的结算与支付方式、数额及时限；

(7)工程质量保证(保修)金的数额、预扣方式及时限；

(8)安全措施和意外伤害保险费用；

(9)工期及工期提前或延后的奖惩办法；

(10)与履行合同、支付价款相关的担保事项。

三、铁路工程价款结算

（一）工程预付款

施工企业承包工程，一般都实行包工包料，这就需要有一定数量的备料周转金。在工程承包合同款中，一般要明文规定发包单位在开工前拨付给承包单位一定限额的工程预付款。预付款用于承包人为合同工程施工购置材料、工程设备、施工设备、修建临时设施以及组织施工队伍进场等。此预付款构成施工企业为该承包工程项目储备主要材料、结构件所需的流动资金,但必须专用于合同工程。

实行工程预付款的,双方应当在专用条款中约定发包方向承包方预付工程款的时间和数额,开工后按约定的时间和比例逐次扣回。

工程预付款仅用于承包方支付施工开始时与本工程有关的动员费用。在承包方向发包方提交金额等于预付款数额的银行保函后,发包方按规定的时间和规定的金额向承包人支付预付款,在发包方全部扣回预付款之前,该银行保函将一直有效。当预付款被发包方扣回时,银行保函数额相应递减。

1. 预付款的时间

预付时间应不迟于约定的开工日期前7d。发包方不按约定预付,承包人在约定预付时间7d后向发包方发出要求预付的通知,发包方收到通知后仍不能按要求预付,承包方可在发出通知后7d停止施工,发包方应从约定应付之日起向承包人支付应付款的贷款利息,并承担违约责任。

2. 预付款的数额

工程预付款的限额由下列主要因素决定:主要材料(包括外购构件)占工程造价的比重;材料储备期;施工工期。

对于施工企业常年应备的备料款限额,可按下式计算:

$$备料款限额 = \frac{年度承包工程总值 \times 主要材料所占比重}{年度施工日立天数} \times 材料储备天数 \qquad (8-1)$$

一般建筑工程不应超过当年建筑工作量(包括水、电、暖)的30%,安装工程按年安装工作量的10%;材料占比重较多的安装工程按年计划产值的15%左右拨付。

在实际工作中,备料款的数额,要根据各工程类型、合同工期、承包方式和供应体制等不同条件而定。例如,工业项目中钢结构和管道安装占比重较大的工程,其主要材料所占比重比一般安装工程要高,因而备料款数额也要相应提高;工期短的工程比工期长的要高,材料由施工单位自购的比由建设单位供应主要材料的要高。

对于只包定额工日(不包材料定额,一切材料由建设单位供给)的工程项目,则可以不预付备料款。

《铁路工程招标文件补充文本》规定:包工包料的工程预付款按当年预计完成投资额(扣除甲供材料设备费)为基数计算,建筑工程预付比例为10%,安装工程预付比例为10%。

3. 工程预付款的扣回与还清

发包人支付给承包人的工程预付款其性质是预支。随着工程进度的推进,拨付的工程进度款数额不断增加,工程所需主要材料、构件的用量逐渐减少,原已支付的预付款应以抵扣的方式予以陆续扣回。

《铁路工程招标文件补充文本》规定:每年1月份开始施工的项目,从7月份至12月份支付月份工程款中,每月抵扣预付工程款的六分之一;年度中间开始的项目,从预付工程款后第7个月支付月份工程款开始抵扣预付工程款,至次年1月份支付上年度工程进度款时全部抵扣完毕;年度施工期不足7个月的项目,当年不抵扣预付工程款,从次年1月份支付上年度工程进度款中一次性抵扣上年全部预付工程款。

(二)工程进度款

1. 工程进度款的结算方式

工程进度款采用月预付、季度结算、竣工清算的方式。

(1)月份预支工程款

承包人按甲方下达的施工计划和认定的施工组织设计,提出月份用款计划;甲方审核后,按不高于下达的月份施工计划的70%预支工程款。

(2)季度结算工程款

按批准的季度验工计价的90%扣除月份预支的工程款和应抵扣的工程预付款(备料款)拨付。

(3)竣工清算工程款

按批准的竣工清算值(末次验工计价)的95%扣除已拨付的工程款(含工程预付款和季度结算工程款)拨付。

2. 工程量确认应遵循的要求

工程进度款支付过程中,对工程量的确认应遵循如下要求:

(1)承包人应当按照合同约定的方法和时间,向发包人提交已完工程量的报告。发包人接到报告后14d内核实已完工程量,并在核实前1d通知承包人,承包人应提供条件并派人参加核实;承包人收到通知后不参加核实,以发包人核实的工程量作为工程价款支付的依据。发包人不按约定时间通知承包人,致使承包人未能参加核实,核实结果无效。

(2)发包人收到承包人报告后14d内未核实已完工程量,从第15d起,承包人报告的工程量即视为被确认,作为工程价款支付的依据;双方合同另有约定的,按合同执行。

(3)对承包人超出设计图纸(含设计变更)范围和因承包人原因造成返工的工程量,发包人不予计量。

3. 工程进度款的支付程序

(1)承包人应在每个付款周期末,按监理人批准的格式和专用合同条款约定的份数,向监理人提交进度付款申请单,并附相应的支持性证明文件。

(2)监理人在收到承包人进度付款申请单以及相应的支持性证明文件后的14d内完成核查,提出发包人到期应支付给承包人的金额以及相应的支持性材料,经发包人审查同意后,由监理人向承包人出具经发包人签认的进度付款证书。监理人有权扣发承包人未能按照合同要求履行任何工作或义务的相应金额。

(3)发包人应在监理人收到进度付款申请单后的28d内,将进度应付款支付给承包人。发包人不按期支付的,按专用合同条款的约定支付逾期付款违约金。

4. 进度付款申请单的内容

(1)进度付款申请单一般包括下列内容:

①截至本次付款周期末已实施工程的价款;

②应增加和扣减的变更金额;

③应增加和扣减的索赔金额;

④约定应支付的预付款和扣减的返还预付款;

⑤约定应扣减的质量保证金;

⑥根据合同应增加和扣减的其他金额。

根据铁路建设项目采用施工单价承包、施工总价承包的不同,进度付款申请单中第六项“根据合同应增加和扣减的其他金额”可细化为:应扣减的发包人提供材料和工程设备的金额、应扣减的项目考核费用、安全生产费的支付或总承包风险费的支付等内容。其中:

①发包人提供材料设备金额的扣减,根据监理人依据施工图签认的实际完成的工程量进行计量和支付。

②项目考核费用,按照铁路建设项目考核办法,进行平时考核和项目考核,根据考核结果支付或扣减费用。

③安全生产费的支付,由发包人或监理人对安全项目进行检查后,根据检查结果支付费用。

④总承包风险费的支付:可采用据实验工、按比例控制、总额包干的计价方式。按发包人批准的季度实际完成的投资额乘以总承包风险费率确定每季度计价限额。每季度完成的应由总承包人风险费解决的工程或费用,如果低于本季度计价限额,按实际计算费用计价,余额结转到下个季度的计价限额;如果高于本季度计价限额,则按本季度计价限额计价。末次计价总额包干(本季度计价限额 = 每季度计价限额 + 结转余额)。

(2)付款计划表

实行工程总承包的铁路建设项目,采用据实验工、节点总额支付的节点计价方式。

发包人在工程开工前根据施工组织总体安排和工期要求等因素,确定本工程的节点工程划分表,并将签约合同价(除施工图勘察设计费)分劈到各计价节点形成付款计划表,其中总承包风险费也按照工程进度和风险大小比例分劈到各计价节点,形成付款计划表中的分期付款额。

承包人完成发包人确定的节点工程并经验收合格后,发包人按照付款计划表中约定的节点工程计价额进行支付。施工图勘察设计费按照合同约定的施工图勘察设计节点单独支付。

(三)质量保证金

按照有关规定,工程项目总造价中应预留出一定比例的尾留款作为质量保修费用(又称保留金),待工程项目保修期结束后最后拨付。

质量保证金用于承包人履行属于其自身责任的工程缺陷修补,为监理人有效监督承包人圆满完成缺陷修补工作提供资金保证。

1. 质量保证金的扣除

监理人从第一个付款周期开始,在发包人的进度付款中,按专用合同条款的约定扣留质量保证金,直至扣留的质量保证金总额达到专用合同条款约定的金额或比例为止。

《铁路工程招标文件补充文本》专用合同条款规定:每次工程进度款支付时,按进度款的5%预留工程质量保证金。预留质量保证金直至达到合同金额的5%。

质量保证金的计算额度不包括预付款的支付、扣回以及价格调整的金额。

2. 质量保证金的返还

质量保证金待工程竣工验收(初验)交付使用一年后按规定返还。

在约定的缺陷责任期满时,承包人向发包人申请到期应返还承包人剩余的质量保证金金额,发包人应在14d内会同承包人按照合同约定的内容核实承包人是否完成缺陷责任。如无异议,发包人应当在核实后将剩余保证金返还承包人。

在约定的缺陷责任期满时，承包人没有完成缺陷责任的，发包人有权扣留与未履行责任剩余工作所需金额相应的质量保证金余额，并有权根据合同约定要求延长缺陷责任期，直至完成剩余工作为止。

第三节　铁路工程工程变更与合同价款调整

铁路工程建设周期长、涉及的经济关系和法律关系复杂、受自然条件和客观因素的影响大，导致项目的实际施工情况与项目招标投标时的情况相比会发生一些变化，而任何工程承包合同都不可能预见和覆盖项目实施过程中所有可能的变化。因此，工程变更在铁路建设项目的实施过程中会不可避免的发生，有些工程变更将进一步引起合同价款的调整。

一、工程变更概述

（一）工程变更的界定

工程变更包括工程量变更、工程项目的变更（如发包人提出增加或者删减原项目内容）、进度计划的变更、施工条件的变更等。如果按照变更的起因划分，变更的种类有很多，如：发包人的变更指令（包括发包人对工程有了新的要求、发包人修改项目计划、发包人削减预算、发包人对项目进度有了新的要求等）；由于设计错误，必须对设计图纸做修改；工程环境变化；由于产生了新的技术和知识，有必要改变原设计、实施方案或实施计划；法律、法规或者政府对建设项目有了新的要求等等。当然，这样的分类并不是十分严格的，变更原因也不是相互排斥的。关于工程变更的界定有以下几种观点。

1. FIDIC 合同中对工程变更的规定

在 FIDIC 合同条件 51.1 款中，对变更的含义和原因作了详细的陈述：如果咨询工程师认为有必要对工程或其中任何部分的形式、质量或数量作出任何变更时，他应有权指示承包人进行而承包人也应进行下述任何工作：①增加或减少合同中所包括的任何工作的数量；②省略任何这类工作（但被省略的工作由业主或其他承包人实施者除外）；③改变任何这类工作的性质或质量或类型；④改变工程任何部分的高程、基线、位置和尺寸；⑤实施工程竣工所必需的任何种类的附加工作；⑥改变工程任何部分的任何规定的施工顺序或时间安排。

即工程变更的范围包括：改变合同中任何工作工程量；变更任何工作质量或其他特性；改变工程任何部分高程、位置和尺寸；删减任何合同约定的工作内容；新增工程按单独合同对待；改变原定的施工顺序或时间安排。

2. 我国《标准施工招标文件》（以下简称《标准文件》）的规定

《标准文件》第四章"合同条款及格式"第 15.1 款规定了变更的范围和内容：

（1）取消合同中任何一项工作，但被取消的工作不能转由发包人或其他人实施。

（2）改变合同中任何一项工作的质量或其他特性。

（3）改变合同工程的基线、高程、位置或尺寸。

（4）改变合同中任何一项工作的施工时间或改变已批准的施工工艺或顺序。

（5）为完成工程需要追加的额外工作。

3. 我国对工程变更的一般性界定

无论是工程量变更、工程项目的变更或施工条件的变更，这些变更最终往往表现为设计变更，由于我国要求严格按图设计，因此如果变更影响了原来的设计，则首先应当变更原设计。考虑到设计变更在工程变更中的重要性，往往将工程变更分为设计变更和其他变更两大类。合同履行中发包人要求变更工程质量标准及发生其他实质性变更，称为其他变更，由双方协商解决。

在施工过程中如果发生设计变更，将对施工进度产生很大的影响，因此，应尽量减少设计变更。如果必须对设计进行变更，必须严格按照国家的规定和合同约定的程序进行。

由于发包人对原设计进行变更，以及经工程师同意的、承包人要求进行的设计变更，导致合同价款的增减及造成的承包人损失，由发包人承担，延误的工期相应顺延。

4. 铁路建设项目变更设计

根据《铁路建设项目变更设计管理办法》（铁建设[2005]146 号）的规定，铁路建设项目的变更设计，是指施工图经审核修改批准后至工程正式验收前，变更施工图的活动。

铁路建设项目变更设计分为Ⅰ类、Ⅱ类两种。符合下列条件之一的为Ⅰ类变更设计：

（1）变更建设规模、主要技术标准、重大方案的。

（2）变更初步设计主要批复意见的。

（3）变更涉及运输能力、运输质量、运输安全的。

（4）变更重点工点的设计原则。

（5）变更设计一次增减投资 300 万元（含）以上的。

对施工图的其他变更为Ⅱ类变更设计。

铁路建设项目的实施过程中，变更设计必须按以下原则进行划分，严禁将变更设计项目合并或拆分。变更设计项目划分原则为：

（1）同一工点或同一病害引起的不可分割的一次性变更，为一项变更设计。

（2）同一工点中的不同变更内容、同一病害类型的不同工点、同一变更内容的不同段落应分别划分为不同的变更设计项目（初步设计批准单位批准者除外）。

（二）工程变更的处理要求

如果出现了必须变更的情况，应当尽快变更。如果变更不可避免，不论是停止施工等待变更指令，还是继续施工，无疑都会增加损失。

工程变更后，应当尽快落实变更。工程变更指令发出后，应当迅速落实指令，全面修改相关的各种文件。承包人也应当抓紧落实，如果承包人不能全面落实变更指令，则扩大的损失应当由承包人承担。

对工程变更的影响应当作进一步分析。工程变更的影响往往是多方面的，影响持续的时间也往往较长，对此应当有充分的分析。

二、铁路工程工程变更程序

（一）铁路建设项目变更设计程序

铁路项目进行变更设计原则是“先批准，后变更；先设计，后施工”。

1. Ⅰ类变更设计程序

Ⅰ类变更设计由提议单位提出变更理由和技术经济比较资料报建设单位。建设单位组织有关单位分析、研究提出处理意见，勘察设计单位按处理意见完成变更设计。建设单位对变更设计文件初审后，连同变更设计原因、责任单位、费用处理方案报原初步设计批准部门。经审查批准后，建设单位方可组织勘察设计单位进行变更设计，并组织对施工图进行审核。

因突发事件、工程安全需要立即处理的Ⅰ类变更设计，建设单位应在处理的同时按规定向铁道部有关部门和单位报告，及时按程序办理变更。

铁道部投资铁路项目的Ⅰ类变更设计，由建设单位审查后报铁道部工程设计鉴定中心，并抄送发展计划司、建设管理司等相关部门，由铁道部工程设计鉴定中心组织审查，审查批复意见经发展计划司、建设管理司以及相关部门会签后报部领导批准。

2. Ⅱ类变更设计程序

Ⅱ类变更设计由提议单位提出变更理由和技术经济比较资料报建设单位，建设单位组织勘察设计、监理、施工单位及有关方面分析、研究，确定变更设计原因、责任单位、技术方案、费用及费用处理，由勘察设计单位进行变更设计。设计文件经建设单位审查批准后实施。

Ⅰ类变更设计文件按铁道部《铁路基本建设项目预可行性研究、可行性研究和设计文件编制办法》规定编制，达到初步设计文件深度；Ⅱ类变更设计文件可适当简化。变更设计文件应附工程数量和费用增减对照表。

（二）《铁路建设项目合同补充文本》中规定的变更程序

1. 变更的提出

（1）在合同履行过程中，可能发生约定变更情形的，监理人可向承包人发出变更意向书。变更意向书应说明变更的具体内容和发包人对变更的时间要求，并附必要的图纸和相关资料。变更意向书应要求承包人提交包括拟实施变更工作的计划、措施和竣工时间等内容的实施方案。发包人同意承包人根据变更意向书要求提交的变更实施方案的，由监理人发出变更指示。

（2）在合同履行过程中，发生约定变更情形的，监理人应向承包人发出变更指示。

（3）承包人收到监理人按合同约定发出的图纸和文件，经检查认为其中存在约定情形的，可向监理人提出书面变更建议。变更建议应阐明要求变更的依据，并附必要的图纸和说明。监理人收到承包人书面建议后，应与发包人共同研究，确认存在变更的，应在收到承包人书面建议后的14d内作出变更指示。经研究后不同意作为变更的，应由监理人书面答复承包人。

（4）若承包人收到监理人的变更意向书后认为难以实施此项变更，应立即通知监理人，说明原因并附详细依据。监理人与承包人和发包人协商后确定撤销、改变或不改变原变更意向书。

2. 变更估价

（1）承包人应在收到变更指示或变更意向书后的14d内，向监理人提交变更报价书，报价内容应根据合同约定的估价原则，详细开列变更工作的价格组成及其依据，并附必要的施工方法说明和有关图纸。

（2）变更工作影响工期的，承包人应提出调整工期的具体细节。监理人认为有必要时，可要求承包人提交要求提前或延长工期的施工进度计划及相应施工措施等详细资料。

（3）除专用合同条款对期限另有约定外，监理人收到承包人变更报价书后的14d内，根据合同约定的估价原则，按照商定或确定变更价格。

3. 变更指示

（1）变更指示只能由监理人发出。

（2）变更指示应说明变更的目的、范围、变更内容以及变更的工程量及其进度和技术要求，并附有关图纸和文件。承包人收到变更指示后，应按变更指示进行变更工作。

三、铁路工程变更估价

（一）变更设计费用确定原则

Ⅰ类变更设计引起的费用按初步设计批准概算编制原则，扣除不应发生的费用后确定。Ⅰ类变更设计引起的费用按Ⅰ类变更设计批准意见执行。Ⅰ类变更设计的勘察设计费，按铁路工程勘察设计收费标准计算，按变更设计批准意见办理。

Ⅱ类变更设计引起的费用应按施工承包合同约定的单价和计价方式确定。Ⅱ类变更设计引起的费用列入预备费。

工程质量事故引起的变更设计，相关费用按铁道部有关规定由事故责任方承担。勘察设计费由事故责任单位承担，勘察设计单位无偿完成因勘察设计质量引起的变更设计。

（二）工程变更估价

1. 变更估价原则

承包人按照工程师的变更指令实施工程变更后，往往会涉及对变更工程的估价问题。变更工程的价格或费率，往往是双方协商时的焦点。确定变更工程的费率或价格，可分为以下3种情况：

（1）已标价工程量清单中有适用于变更工作子目的，采用该子目的单价。

（2）已标价工程量清单中无适用于变更工作子目的，但有类似子目的，可在合理范围内参照类似子目的单价，由监理人按第3.5款商定或确定变更工作的单价。

（3）已标价工程量清单中无适用或类似子目的单价，可按照成本加利润的原则，由监理人商定或确定变更工作的单价。

因此，在变更后合同价款的确定上，首先应当考虑适用合同中已有的、能够适用或者能够参照适用的，其原因在于在合同中已经订立的价格（一般是通过招标投标）是较为公平合理的，因此应当尽量适用。由承包人提出的变更价格，工程师如果能够确认，则按照这一价格执行。如果工程师不确认，则应当提出新的价格，由双方协商，按照协商一致的价格执行。如果无法协商一致，可以由工程造价部门调解，如果双方或者一方无法接受，则应当按照合同纠纷的解决方法解决。

2. 可以调整合同工作单价的原则

由工程量变化引起的单价调整，下列情况下，允许对超过合同约定的变化部分采用新的单价：

（1）该项工作测出的数量变化超过工作量表或其他资料表中所列数量的10%。

（2）此数量变化与该项工作单价的乘积，超过中标合同金额的0.01%。

（3）此数量变化直接改变该项工作的单位成本超过1%。

（4）合同中没有规定该项工作为固定费率项目。

3. 删减原定工作后对承包人的补偿

工程师发布删减工作的变更指令后承包人不再实施部分工作，合同价格中包括的直接费部分没有受到损害，但摊销在该部分的间接费、利润和税金实际不能合理收回。此时，承包人可以根据合同条款的规定，就其损失向工程师发出通知并提供具体的证明资料，工程师与合同双方协商一致后确定一笔补偿金额加入到合同价内。

四、工程变更的控制

工程变更对合同价格和合同工期具有很大的“破坏性”，良好的工程变更管理有助于建设目标的实现。发包人和工程师在项目实施阶段应区别不同种类的变更，采用不同的控制方法，从而实现对工程变更的有效控制。

(一)依据变更内容进行分类控制

工程变更依据变更内容，可划分为工作范围变更、施工条件变更、设计变更、施工变更和技术标准变更等。变更内容不同，存在不同的控制要求。

1. 工作范围变更的控制

工作范围变更是指业主或工程师指令承包人完成超出其在投标时估计的工作或超出原合同工作范围的工作的一种活动。工作范围的变更是最为普遍的工程变更现象，通常表现为工作量的增加或减少。

工作范围变更是变更控制的主要对象，工作范围变更主要表现为两种形式：一是附加工程，是指那些完成合同所必不可少的工程，有可能在合同范围之内，也有可能在合同范围之外。如果缺少了这些工程会导致合同项目不能发挥合同预期的作用，因此无论这些工作是否列入项目的合同范围之内，承包人必须按变更来完成工作。二是额外工程，是指未包括在合同范围内的工作。如果没有这些工作，工程仍可正常运行并发挥效益，所以额外工程是一个“新增的工程项目”，而不是原合同范围内的一个“新的工程项目”。

(1)对于工程规模小、费用低的额外工程，建议工程师通过发布变更令实施。承包人往往考虑与业主关系同意实施，但会提出重新商定额外工程单价，因变更工程量较小，工程师通过协商认可新的价格，实施额外工程。

(2)对于变更工程量适中、变更费用不高的额外工程，建议工程师尽量避免采用变更令，可以采用一种称为“承担小任务的承包人清单”(Small Work Roster)的变更控制手段。这一方法是西雅图市政基础设施审核办公室(Office of Cityauditor)建议的。采用这种机制可不通过竞争形式发包新增工程，而且避免承包人通过变更令获得额外的间接费与利润。

(3)对于变更工程量大、变更费用高的额外工程，可采用邀请招标确定中标单位，承担额外工程施工。

2. 施工条件变更的控制

施工条件的变更是指由于实际的现场条件不同于招标文件中、施工合同中描述的现场条件，因此为了使工程顺利进行，要求承包人增加一些必要的工作来实现合同规定的条件，增加的工作必须通过变更令的形式实施。施工条件变更要区分情况进行控制。

(1)当招标描述的现场条件与实际现场条件不同或存在差异时，工程师应识别此项变化是否构成变更，识别的依据是此项改变是“一个有经验的承包人预先能否合理预料到”。如此项改变是一个有经验的承包人报价时能预料到的，认为此项改变不构成变更，工程师不需发布变更令，认为因此改变而产生的费用在投标报价中已考虑：如此项改变是有经验承包人投标报价时无法预料到的，则认为此项改变构成工程变更，工程师发布变更令实施工程变更。

(2)不明的施工现场施工条件，如地质情况、恶劣的天气等，是一个有经验承包人无法预料到的，此项改变构成变更，工程师应发布变更令实施变更。

3. 设计变更的控制

在施工前或施工过程中,对设计图纸任何部分的修改或补充都属于设计变更。业主、工程师、设计单位、施工单位均可提出设计变更。如业主对项目功能的局部改变而提出设计变更,设计单位因对原设计图纸修改和完善会提出设计变更,工程师和承包方对项目合理的建议也会产生设计变更。

(1)设计变更责任分析

设计变更事件发生后,工程师应分析设计变更产生的原因,设计变更产生原因可归纳为:①业主从使用角度出发,改变工程局部功能;②勘探、设计图纸深度不够;③设计图纸矛盾,方案不合理,设计图纸错误;④监理工程师和承包人提出合理化建议;⑤设计规范的修改;⑥监理工程师指令错误或指令不及时;⑦承包人擅自修改设计图纸或不按图施工。对于前 6 种原因,产生工程变更的责任者是业主,设计变更产生费用及工期延误由业主承担;第 7 种原因,工程变更责任者是承包人,变更费用由承包人承担,工期不得顺延。

(2)设计变更图纸控制

设计变更涉及到设计图纸的修改,设计变更的图纸必须由原设计单位提供,或由承包人提供设计图纸,但必须由设计单位审查并签字确认,除设计单位,任何项目参与者提供的图纸均为无效。这必须形成一项制度,为保证这一制度的贯彻,业主可作这样的规定:设计变更一般情况下若没有设计单位提供的变更图纸,不得进行变更价款的结算。另外,为保证变更设计图纸的合理性及可施工性,设计单位提供的设计变更图纸均应由总监理工程师审查,经审查批准后的图纸才可作为承包人实施变更的依据。

4. 施工变更的控制

施工变更主要是在施工作业过程中由于业主要求的加速施工,工程师现场指令的施工顺序改变和施工顺序的调整,或承包人进行价值工程分析后提出的有利于工程目标实现的施工建议等。

(1)施工变更的内容及产生原因

①加速施工。监理工程师应业主要求指令对某些工作加速施工;由于承包人自身原因造成某些工作工期延误,需加速施工。

②施工顺序的改变与调整。由于设计变更,造成变更相关的工作施工顺序调整与改变;监理工程师指令某些工作的施工顺序改变与调整;由于承包人原因造成施工顺序的改变与调整。

③施工技术方案的改变。由于设计变更,造成与变更相关工作施工技术方案的改变;监理工程师指令改变某些工作施工技术方案;由于承包人原因造成施工技术方案的改变。

(2)施工变更责任分析

在施工变更发生后,工程师在分析变更原因后,进一步分析施工变更的责任,对于加速施工第 1 种原因,应由业主承担工程变更的责任,即承担加速施工的费用;对于加速施工第 2 种原因,应由承包人承担工程变更的责任,即承担加速施工的费用;对于施工技术方案改变的第 1、2 种原因,应由业主承担工程变更的责任;对于施工技术方案改变第 3 种原因,应由承包人承担工程变更的责任;对于施工顺序改变第 1 种原因,应由业主承担变更责任;对于施工顺序改变第 2 种原因,应由承包人承担变更责任。

(3)施工变更控制原则

FIDIC 合同条件规定:“承包人对所有现场作业和施工方法的完备、安全、稳定负全部责任”。这一规定表示在通常情况下施工方案变更造成的损失由承包人负责。另外 FIDIC 还规定:“承包人有权依照工程师批准施工进度计划自主组织施工”。因此,承包人有权改变施工技术方案以及施工顺序,当然这种改变的责任应由承包人承担,无须按变更程序来处理。而对于设计变更引起的施工技术方案的改变、施工顺序的改变以及业主要求的加速施工,应按正式变更程序来处理。

5. 技术标准变更的控制

在工程实施的过程中,业主出于造价、进度等方面考虑,会要求承包人提高或降低工程质量的技术标准和改变材料质量或类型选择,或者由于工程质量、技术标准、设计法规的改变所引起的设计和施工修改。这种改变是在合同有效的条件下进行的对合同状态的修改,目的是为了实现合同预期目的,这种需要可通过变更令来实施。

(二)依据变更性质进行分类控制

工程变更依据其变更性质、变更费用及影响,划分为重大变更、重要变更和一般变更。对这 3 种重要性不同的变更,是通过设置不同的变更审批权限进行控制的。

1. 重大变更的控制

重大变更是指一定限额以上的涉及设计方案、施工方案、技术标准、建设规模和建设标准等内容的变动,如基础形式及主体结构形式的变更、装修标准的变更等。依据作者对工程变更处理程序的研究,工程变更控制的重要节点为工程变更意向的批准、工程变更报告的评估、工程变更报告的批准、工程变更令的发布,其变更审批的权限分别为:变更意向由业主批准,变更报告评估由重大变更评估小组进行,变更报告由业主批准,变更令由工程师发布。

2. 重要变更的控制

重要变更是指一定限额区间内的不属于重大变更的较大变更。如建筑物局部高程的调整、工序作业方案的变动等。与重大变更相比,重要变更处理权限有所区别,重要变更审批权限分别为:变更意向由业主批准,变更报告评估、变更报告的批准、变更令的发布均由总监理工程师进行。

3. 一般变更的控制

一般变更是指一定限额以下的设计差错、设计遗漏,如材料代换以及现场必须作出决定的局部修改等。与重要变更相比,一般变更处理权限有所区别,一般变更处理权限分别为:变更意向由总监理工程师批准,变更报告由专业监理工程师评估,变更报告批准及变更令的发布均由总监理工程师进行。

五、铁路工程合同价款调整

施工合同价款,是按有关规定和协议条款约定的各种取费标准计算,用于支付承包人按照合同要求完成工程内容的价款总额。这是合同双方关心的核心问题之一,招投标等工作主要是围绕合同价款展开的。合同价款应依据中标通知书中的中标价格和非招标工程的工程预算书确定。合同价款在协议书内约定后,任何一方不得擅自改变。但最终的合同价格则是指按照合同各条款的约定,承包人完成建造和保修任务后,对所有合格工程有权获得全部的工程款。

最终结算的合同价与中标函中注明的接收的合同款额一般不会相等,原因有以下几点:

1. 合同类型特点

现行铁路建设项目施工招标文件示范文本，分为施工单价承包、施工总价承包、工程总承包3种，分别对应施工单价承包合同、施工总价承包合同、工程总承包合同3种不同的合同类型，由建设单位根据铁路项目不同的承包模式选用。

《施工单价承包合同条件》所适用的建设项目，为了缩短建设周期，通常在初步设计完成后就开始施工招标，在不影响施工进度的前提下陆续发放施工图，因此承包人据以报价的工程量清单中各项工作内容项下的工程量一般为估计工程量。合同履行过程中，承包人实际完成工程量可能多于或少于清单中的估计量。单价合同的支付原则是，按承包人实际完成的工程量乘以清单中相应工作内容的单价，结算该部分工作的工程款。另外，大型复杂工程的施工期较长，通用条件中包括合同工期内因物价变化对施工成本产生影响后，计算调价费用的条款，每次支付工程进度款时均要考虑约定可调价范围内项目当地市场价格的涨落变化。而这笔调价款没有包含在中标价格内，仅在合同价款中约定了调价原则和调价费用的计算方法。

《施工总价承包合同条件》与《工程总承包合同条件》均适用于实行总价承包的铁路建设项目，即合同签订后除合同专用条款中约定的情形外，任何一方不得擅自调整合同价格。如规定在投标时，投标人应自主报价，除甲供材料设备差价外，其余由物价波动引起的价格调整，符合国家和铁道部有关政策允许调整的按合同专用条款处理，其余均已包括在合同价中，不另行调整。

2. 发生应由业主承担责任的事件

合同履行过程中，可能因业主的行为或其应承担风险责任的事件的发生而导致承包人增加施工成本，合同相应条款都规定应对承包人受到的实际损害给予补偿。

3. 承包人的质量责任

合同履行过程中，如果承包人没有完全或正确的履行合同义务，业主可凭工程师出具的证明，从承包人应得工程款内扣减该部分给业主带来损失的款额。

4. 承包人延误工期或提前竣工

因承包人责任的延误竣工，签订合同时双方需约定日拖期赔偿额和最高赔偿限额。如果合同内规定有分阶段移交的工程，在整个合同工程竣工日期以前，工程师已对部分分阶段移交的工程颁发了工程接收证书且证书中注明了该部分工程竣工日期未超过约定的分阶段竣工时间，则全部工程剩余部分的日拖期违约赔偿额应相应折减。当合同内约定有分部分项工程的竣工时间和奖励办法时，为了使业主能够在完成全部工程之前占有并启用工程的某些部分提前发挥效益，约定的分项工程完工日期应固定不变。也就是说，不因该部分工程施工过程中出现非承包人应负责原因，工程师批准顺延合同工期，而对计算奖励的应竣工时间予以调整（除非合同中另有规定）。

5. 包含在合同价格之内的某些合价费用

某些施工单价合同项目的工程量清单中，包括有“暂列金额”款项，尽管这笔款额计入在合同价格内，但其使用却由工程师控制。暂列金额实际上是一笔业主方的备用金，用于招标时对尚未确定或不可见项目的储备金额。施工过程中工程师有权依据工程进展的实际需要经业主同意后，用于施工或提供物资、设备以及技术服务等内容的开支，也可以作为供意外用途的开支。他有权全部使用、部分使用或完全不用。工程师可以发出指示，要求承包人或其他人完成暂列金额项内开支的工作，因此只有当承包人按工程师的指示完成暂列金额项内开支的工作任务后，才能从其中获得相应支付。由于暂列金额是用于招标文件规定承包人必须完成的承包工作之外的费用，承包人报价时不将承包范围内发生的间接费、利润、税金等摊入其中，所以他未获得暂列金额内的支付并不损害其利益。承包人接受工程师的指示完成暂列金额项内支付的工作时，应按工程师的要求提供有关凭证，包括报价单、发票、收据等结算支付的证明材料。

第四节　铁路工程竣工结算支付

工程完工后，双方应按照约定的合同价款及合同价款调整内容以及索赔事项，进行工程竣工结算。

1. 工程竣工结算方式

工程竣工结算分为单位工程竣工结算、单项工程竣工结算和建设项目竣工总结算。

2. 工程竣工结算编审

(1)单位工程竣工结算由承包人编制，项目管理机构审查；实行总承包的工程，由具体承包人编制，在总包人审查的基础上，项目管理机构计划财务部审查。

(2)单项工程竣工结算或建设项目竣工总结算由总(承)包人编制，项目管理机构可直接进行审查，也可以委托具有相应资质的工程造价咨询机构进行审查。

(3)承包人应在合同约定期限内完成项目竣工结算编制工作，未在规定期限内完成的并且提不出正当理由延期的，责任自负。

3. 工程竣工结算审查期限

单项工程竣工后，承包人应在提交竣工验收报告的同时，向项目管理机构递交竣工结算报告及完整的结算资料，项目管理机构应按约(规)定时限进行核对(审查)并提出审查意见。建设项目竣工总结算在最后一个单项工程竣工结算审查确认后，承包人及时汇总报送项目管理机构，项目管理机构应在1个月内审查完成。

建设项目竣工总结算在最后一个单项工程竣工结算审查确认后15d内汇总，送发包人后30d内审查完成。

工程竣工结算审查期限表　　表8-1

工程竣工结算报告金额	审查时间
500万元以下	从接到竣工结算报告和完整的竣工结算资料之日起20d
500万元~2 000万元	从接到竣工结算报告和完整的竣工结算资料之日起30d
2 000万元~5 000万元	从接到竣工结算报告和完整的竣工结算资料之日起45d
5 000万元以上	从接到竣工结算报告和完整的竣工结算资料之日起60d

4. 工程竣工价款结算

发包人收到承包人递交的竣工结算报告及完整的结算资料后，应根据《建设工程价款结算暂行办法》规定的期限(合同约定有期限的，从其约定)进行核实，给予确认或者提出修改意见。发包人根据确认的竣工结算报告向承包人支付工程竣工结算价款，保留5%左右的质量保证(保修)金，待工程交付使用1年质保期到期后清算(合同另有约定的，从其约定)，质保期内如有返修，发生费用应在质量保证（保修）金内扣除。

发包人收到竣工结算报告及完整的结算资料后，在合同约定期限内，对结算报告及资料没有提出意见，则视同认可。

承包人如未在规定时间内提供完整的工程竣工结算资料，经发包人催促后14d内仍未提供或没有明确答复，发包人有权根据已有资料进行审查，责任由承包人自负。

根据确认的竣工结算报告，承包人向发包人申请支付工程竣工结算款。发包人应在收到申请后15d内支付结算款，到期没有支付的应承担违约责任。承包人可以催告发包人支付结算价款，如达成延期支付协议，发包人应按同期银行贷款利率支付拖欠工程价款的利息。如未达成延期支付协议，承包人可以与发包人协商将该工程折价，或申请人民法院将该工程依法拍卖，承包人就该工程折价或者拍卖的价款优先受偿。

在实际工作中，当年开工、当年竣工的工程，只需办理一次性结算。跨年度的工程，在年终办理一次年终结算，将未完工程结转到下一年度，此时竣工结算等于各年度结算的总和。

5. 索赔价款结算

发承包人未能按合同约定履行自己的各项义务或发生错误，给另一方造成经济损失的，由受损方按合同约定提出索赔，索赔金额按合同约定支付。

6. 竣工结算的审查

工程竣工结算是反映工程项目的实际价格，最终体现工程造价系统控制的效果。要有效控制工程项目竣工结算价，严格审查是竣工结算阶段的一项重要工作。经审查核定的工程竣工结算是核定建设工程造价的依据，也是建设项目验收后编制竣工决算和核定新增固定资产价值的依据。因此，建设单位、监理公司以及审计部门等，都十分重视竣工结算的审核把关。

（1）核对合同条款。应核对竣工工程内容是否符合合同条件要求，竣工验收是否合格，只有按合同要求完成全部工程并验收合格才能列入竣工结算。还应按合同约定的结算方法、计价定额、主材价格、取费标准和优惠条款等，对工程竣工结算进行审核，若发现不符合合同约定或有漏洞，应请建设单位与施工单位认真研究，明确结算要求。

（2）检查隐蔽验收记录。所有隐蔽工程均需进行验收，是否有工程师的签证确认；审核时应该对隐蔽工程施工记录和验收签证，做到手续完整，工程量与竣工图一致方可列入竣工结算。

（3）落实设计变更签证。设计修改变更应由原设计单位出具设计变更通知单和修改图纸，设计、校审人员签字并加盖公章，经建设单位和监理工程师审查同意、签证；重大设计变更应经原审批部门审批，否则不应列入竣工结算。

（4）按图核实工程量。应依据竣工图、设计变更单和现场签证等进行核算，并按国家统一规定的计算规则计算工程量。

（5）核实单价。结算单价应按现行的计价原则和计价方法确定，不得违背。

（6）各项费用计取。建筑安装工程的取费标准应按合同要求或项目建设期间与计价定额配套使用的建筑安装工程费用定额及有关规定执行，要审核各项费率、价格指数或换算系数的使用是否正确，价差调整计算是否符合要求，还要核实特殊费用和计算程序。更要注意各项费用的计取基数，如安装工程各项取费是以人工费为基数，这里人工费是定额人工费与人工费调整部分之和。

(7)检查各种计算误差。工程竣工结算子目多、篇幅大,往往有计算误差应认真核算,防止因计算误差多计或少算。

实践证明,通过对工程项目结算的审查,一般情况下,经审查的工程结算较编制的工程结算的工程造价资金相差在10%左右,有的高达20%,对于控制投入节约资金起到很重要的作用。

第九章　铁路工程竣工决算及工程保修

建设项目竣工验收是指由建设单位、施工单位和项目验收委员会，以项目批准的设计任务书和设计文件，以及国家或部门颁发的施工验收规范和质量检验标准为依据，遵循一定的程序和手续，在项目建成并试生产合格后（工业生产性项目），对工程项目的总体进行检验和认证、综合评价和鉴定的活动。竣工验收是建设工程的最后阶段。一个单位工程或一个建设项目在全部竣工后进行检查验收及交工，是建设、施工、生产准备工作进行检查评定的重要环节，也是对建设成果和投资效果的总检验。建设项目竣工阶段的造价控制内容主要有编制竣工结算及保修费用的处理等。

一、铁路工程竣工决算

（一）建设项目竣工决算的概念与作用

1. 建设项目竣工决算的概念

建设项目竣工决算是竣工验收交付使用阶段，建设单位按照国家有关规定对新建、改建和扩建工程建设项目，从筹建到竣工投产或使用全过程编制的全部实际支出费用的报告。竣工决算是以实物数量和货币指标为计量单位，综合反映竣工项目的建设成果和财务情况，是竣工验收报告的重要组成部分。竣工决算是正确核定新增固定资产价值，考核分析投资效果，建立健全经济责任制的依据，是反映建设项目实际造价和投资效果的文件。

2. 建设项目竣工决算的作用

建设项目竣工决算的作用主要表现在以下3个方面：

（1）建设项目竣工决算采用实物数量、货币指标、建设工期和各种技术经济指标综合、全面地反映建设项目自筹建到竣工为止的全部建设成果和财物状况。它是综合、全面地反映竣工项目建设成果及财务情况的总结性文件。

（2）建设项目竣工决算是竣工验收报告的重要组成部分，也是办理交付使用资产的依据。建设单位与使用单位在办理交付资产的验收交接手续时，通过竣工决算反映交付使用资产的全部价值，包括固定资产、流动资产、无形资产和递延资产的价值。同时，它还详细提供了交付使用资产的名称、规格、型号、价值和数量等资料，是使用单位确定各项新增资产价值并登记入账的依据。

（3）建设项目竣工决算是分析和检查设计概算的执行情况、考核投资效果的依据。竣工决算反映了竣工项目计划、实际的建设规模、建设工期以及设计和实际的生产能力，反映了概算总投资和实际的建设成本，同时还反映了建设项目所达到的主要技术经济指标。通过对这些指标计划数、概算数与实际数进行对比分析，不仅可以全面掌握建设项目计划和概算执行情况，而且可以考核建设项目投资效果，为今后制订基建计划，降低建设成本，提高投资效果提供必要的资料。

(二)建设项目竣工决算的编制依据

建设项目竣工决算的编制依据主要有:

(1)建设项目计划任务书和有关文件。

(2)建设项目总概算书及单项工程综合概算书。

(3)建设项目设计施工图纸,包括总平面图、建筑工程施工图、安装工程施工图以及相关资料。

(4)设计交底或图纸会审纪要。

(5)招投标文件、工程承包合同以及工程结算资料。

(6)施工记录或施工签证以及其他工程中发生的费用记录,例如工程索赔报告和记录、停(交)工报告等。

(7)竣工图纸及各种竣工验收资料。

(8)设备、材料调价文件和相关记录。

(9)历年基本建设资料和财务决算及其批复文件。

(10)国家和地方主管部门颁布的有关建设工程竣工决算的文件。

(三)竣工决算的内容

大、中型和小型建设项目的竣工决算包括建设项目从筹建开始到项目竣工交付生产使用为止的全部建设费用。基本建设项目竣工财务决算的内容,主要包括以下两个部分:基本建设项目竣工财务决算报表和竣工财务决算说明书。除此以外,还可以根据需要,编制结余设备材料明细表、应收应付款明细表、结余资金明细表等,将其作为竣工决算表的附件。

1. 竣工财务决算说明书

竣工财务决算说明书概括了竣工工程建设成果和经验,是对竣工决算报表进行分析和补充说明的文件,是全面考核分析工程投资与造价的书面总结,也是竣工决算报告的重要组成部分。其主要内容包括基本建设项目概况,会计财务的处理,财产物资情况及债权债务清偿情况,基建结余资金等分配情况,主要经济技术指标的分析、计算情况,基本建设项目管理及决算中存在的问题及建议,决算与概算的差异和原因分析,需要说明的其他事项。

2. 竣工财务决算报表

根据国家财政部颁发的关于《基本建设财务管理规定》(财建[2002]394 号)的通知,建设项目竣工决算报表包括基本建设项目概况表、基本建设项目竣工财务决算表、基本建设项目交付使用资产总表、基本建设项目交付使用资产明细表。

(1)基本建设项目概况表

综合反映建设项目的概况,内容包括该项目总投资、建设起止时间、新增生产能力、完成主要工程量及基本建设支出情况,为全面考核和分析投资效果提供依据。

(2)基本建设项目竣工财务决算表

反映竣工的大中型建设项目从开工到竣工为止全部资金来源和资金运用的情况,它是考核和分析投资效果,落实节余资金,并作为报告上级核销基本建设支出和基本建设拨款的依据。在编制该表前,应先编制出项目竣工年度财务决算,根据编制出的竣工年度财务决算和历年财务决算编制项目的竣工财务决算。此表采用平衡表形式,即资金来源合计等于资金支出合计。

(3)基本建设项目交付使用资产总表

反映建设项目建成后新增固定资产、流动资产、无形资产和递延资产的情况和价值,作为财产交接、检查投资计划完成情况和分析投资效果的依据。

(4)基本建设项目交付使用资产明细表

用来反映交付使用资产的详细内容,即交付使用的固定资产、流动资产、无形资产和递延资产及其价值的明细情况,是办理资产交接的依据和接收单位登记资产账目的依据,是使用单位建立资产明细账和登记新增资产价值的依据。

3. 建设工程竣工图

建设工程竣工图是真实地记录各种地上、地下建筑物、构筑物等情况的技术文件,是工程进行交工验收、运行维护、改建和扩建的依据,是国家的重要技术档案。按照国家规定:各项新建、扩建、改建的基本建设工程,特别是基础、地下建筑、结构、管线、井巷、桥梁、隧道、港口、水坝以及设备安装等隐蔽部位,都要编制竣工图。

4. 工程造价分析比较

对施工中控制工程造价所采取的措施、效果及其动态的变化应进行认真地比较对比,总结经验教训。分析时,可先对比整个项目的总概算,然后将建筑安装工程费、设备工器具费和其他工程费用逐一与竣工决算表中所提供的实际数据和相关资料及批准的概算、预算指标、实际的工程造价进行对比分析,以确定竣工项目总造价是节约还是超支,并在分析比较的基础上,总结先进经验,找出节约或超支的原因,提出改进措施。一般应主要分析以下内容:主要实物工程量的变化;主要材料的消耗量;建设单位管理费、规费要按照国家和各地的有关规定的标准及所列的项目进行取费。

(四)竣工决算的编制依据

竣工决算的编制依据主要有:

(1)可行性研究报告、投资估算书、初步设计或扩大初步设计、修正总概算及其批复文件。

(2)设计变更记录、施工记录或施工签证单及其他施工发生的费用记录。

(3)经批准的施工图预算或标底造价、承包合同、工程结算等有关资料。

(4)历年基建计划、历年财务决算及批复文件。

(5)设备、材料调价文件和调价记录。

(6)其他有关资料。

(五)竣工决算的编制步骤

1. 收集、整理和分析有关依据资料

在编制竣工决算文件之前,就系统地整理所有的技术资料、工料结算的经济文件、施工图纸和各种变更与签证资料,并分析它们的准确性。完整、齐全的资料,是准确而迅速编制竣工决算的必要条件。

2. 清理各项财务、债务和结余物资

在收集、整理和分析有关资料中,要特别注意建设工程从筹建到竣工投产或使用的全部费用的各项账务、债权和债务的清理,做到工程完毕账目清晰。既要核对账目,又要查点库有实物的数量,做到账与物相等,账与账相符;对结余的各种材料、工器具和设备,要逐项清点核实,妥善管理,并按规定及时处理,收回资金。对各种往来款项要及时进行全面清理,为编制竣工决算提供准确的数据和结果。

3. 填写竣工决算报表

安装建设工程决算表格中的内容,根据编制依据中的有关资料进行统计或计算各个项目和数量,并将其结果填到相应表格的栏目内,完成所有报表的填写。

4. 编制建设工程竣工决算说明

按照建设工程竣工决算说明的内容要求,根据编制依据材料填写在报表中的结果,编写文字说明。

5. 做好工程造价对比分析

6. 清理、装订好竣工图

7. 上报主管部门审查

将上述编写的文字说明和填写的表格经核对无误,装订成册,即为建设工程竣工决算文件。将其上报主管部门审查,并把其中财务成本部分送交开户银行签证。竣工决算在上报主管部门的同时,抄送有关设计单位。大、中型建设项目的竣工决算还应抄送财政部、建设银行总行和省、市、自治区的财政局和建设银行分行各一份。建设工程竣工决算的文件,由建设单位负责组织人员编写,在竣工建设项目办理验收使用一个月之内完成。

二、建设项目保修及其费用处理

(一)建设项目工程保修及其意义

《中华人民共和国建筑法》第六十二条规定:"建筑工程实行质量保修制度"。建设工程质量保修制度是国家所确定的重要法律制度,它是指建设工程在办理交工验收手续后,在规定的保修期限内(按合同有关保修期的规定),因勘察设计、施工、材料等原因造成的质量缺陷,应由责任单位负责维修。项目保修是项目竣工验收交付使用后,在一定期限内由施工单位到建设单位或用户进行回访,对于工程发生的确实是由于施工单位施工责任造成的建筑物使用功能不良或无法使用的问题,由施工单位负责修理,直到达到正常使用的标准。

建设工程质量保修制度是国家所确定的重要法律制度,建设工程保修制度对于完善建设工程保修制度、促进承包方加强质量管理、保护用户及消费者的合法权益能够起到重要的作用。

(二)保修的范围和最低保修期限

1. 保修的范围

建筑工程的保修范围应包括地基基础工程、主体结构工程、屋面防水工程和其他土建工程,以及电气管线、上下水管线的安装工程,供热、供冷系统工程等项目。

2. 保修的期限

保修的期限应当按照保证建筑物合理寿命内正常使用,维护使用者合法权益的原则确定。具体的保修范围和最低保修期限,按照国务院《建设工程质量管理条例》第四十条规定执行。

(1)基础设施工程、房屋建筑的地基基础工程和主体结构工程,为设计文件规定的该工程的合理使用年限。

(2)屋面防水工程,有防水要求的卫生间、房间和外墙面的防渗漏,为5年。

(3)供热与供冷系统，为2个采暖期和供热期。

(4)电气管线、给排水管道、设备安装和装修工程，为2年。

(5)其他项目的保修期限由承发包双方在合同中规定。建设工程的保修期，自竣工验收合格之日算起。

建设工程在保修范围和保修期限内发生质量问题的，承包人应当履行保修义务，并对造成的损失承担赔偿责任。凡是由于用户使用不当而造成建筑功能不良或损坏，不属于保修范围；凡属工业产品项目发生问题，也不属保修范围。以上两种情况应由建设单位自行组织修理。

(三)保修的操作方法

1. 发送保修证书

在工程竣工验收的同时（最迟不应超过3d到一周），由施工单位向建设单位发送《建筑安装工程保修证书》。保修证书目前在国内没有统一的格式或规定，应由施工单位拟订并统一印刷。保修证书一般的主要内容包括：

(1)工程简况、房屋使用管理要求。

(2)保修范围和内容。

(3)保修时间。

(4)保修说明。

(5)保修情况记录。

(6)保修单位（即施工单位）的名称、详细地址等。

2. 要求检查和保修

在保修期间内，建设单位或用户发现房屋的使用功能出现问题，是由于施工质量而影响使用，可以用口头或书面通知施工单位的有关保修部门，说明情况，要求派人前往检查修理。施工单位必须尽快地派人检查，并会同建设单位共同作出鉴定，提出修理方案，尽快地组织人力、物力进行修理。房屋建筑工程在保修期间出现质量缺陷，建设单位或房屋建筑所有人应当向施工单位发出保修通知，施工单位接到保修通知后，应到现场检查情况，在保修书约定的时间内予以保修。发生涉及结构安全或者严重影响使用功能的紧急抢修事故，施工单位接到保修通知后，应当立即到达现场抢修。发生涉及结构安全的质量缺陷，建设单位或者房屋建筑产权人应当立即向当地建设主管部门报告，采取安全防范措施；由原设计单位或者具有相应资质等级的设计单位提出保修方案；施工单位实施保修，原工程质量监督机构负责监督。

3. 验收

在发生问题的部位或项目修理完毕后，要在保修证书的“保修记录”栏内做好记录，并经建设单位验收签认，此时修理工作完毕。

(四)保修费用及其处理

保修费用是指对保修期间和保修范围内所发生的维修、返工等各项费用支出。保修费用应按合同和有关规定合理确定和控制。保修费用一般可参照建筑安装工程造价的确定程序和方法计算，也可以按照建筑安装工程造价或承包工程合同价的一定比例计算（目前取5%）。

根据《中华人民共和国建筑法》的规定，在保修费用的处理问题上，必须根据修理项目的性质、内容以及检查修理等多种因素的实际情况，区别保修责任的承担问题。对于保修的经济责任的确定，应当由有关责任方承担。由建设单位和施工单位共同商定经济处理办法。

(1)承包单位未按国家有关规范、标准和设计要求施工造成的质量缺陷,由承包单位负责返修并承担经济责任。

(2)由于设计方面的原因造成的质量缺陷,由设计单位承担经济责任,可由施工单位负责维修,其费用按有关规定通过建设单位向设计单位索赔,不足部分由建设单位负责协同有关方解决。

(3)因建筑材料、建筑构配件和设备质量不合格引起的质量缺陷,属于承包单位采购的或经其验收同意的,由承包单位承担经济责任;属于建设单位采购的,由建设单位承担经济责任。

(4)因使用单位使用不当造成的损坏问题,由使用单位自行负责。

(5)因地震、洪水、台风等不可抗拒原因造成的损坏问题,施工单位、设计单位不承担经济责任,由建设单位负责处理。

(6)根据《中华人民共和国建筑法》第七十五条的规定,建筑施工企业违反该法规定,不履行保修义务的,责令改正,可以处以罚款。在保修期间因屋顶、墙面渗漏、开裂等质量缺陷,有关责任企业应当依据实际损失给予实物或价值补偿。质量缺陷因勘察设计原因、监理原因或者建筑材料、建筑构配件和设备等原因造成的,根据民法规定,施工企业可以在保修和赔偿损失之后,向有关责任者追偿。因建设工程质量不合格而造成损害的,受损害人有权向责任者要求赔偿。因建设单位或者勘察设计的原因、施工的原因、监理的原因产生的建设质量问题,造成他人损失的,以上单位应当承担相应的赔偿责任。受损害人可以向任何一方要求赔偿,也可以向以上各方提出共同赔偿要求。有关各方之间在赔偿后,可以在查明原因后向真正责任人追偿。

(7)涉外工程的保修问题,除参照上述办法进行处理外,还应依照原合同条款的有关规定执行。

附　　录

附录一　《铁路工程投资控制系统》使用说明

《铁路工程投资控制系统》(《铁路工程工程量清单编制系统》)广泛应用于铁道部各路局、设计院、工程局,在铁路系统中具有较高的权威性。该系统可以完成铁路工程概算、预算、标底、投标报价的编制工作,也是各单位进行成本核算的有力工具。可适用于应用113号文(铁路基本建设工程设计概算编制办法)、42号文(关于对铁路工程定额和费用进行调整的通知)、115号文(铁路基本建设工程设计概算编制办法)作为编制办法的建设项目使用。

该系统以Windows Me、Windows 2000、Windows NT、WindowsXP为操作系统,采用Visual Basic和Access97数据库编制,界面友好,操作方便,数据的输入量小,排错性好,适用性强,计算快速准确,运行平稳可靠。在运杂费分析、原始数据输入、概(预)算费用汇总、劳材机统计等各个方面的处理方法上均有创新和突破。概(预)算文件的管理由系统自动完成,使用方便。输出的报表齐全、美观,可适用于各种型号的打印机。使用该软件不但能大大缩短编制周期,节省大量的人力物力,而且能极大地提高概(预)算的准确性。

一、系统窗口介绍

(一)创建项目

从主菜单选择[项目管理]→[打开]打开窗体,点击[创建项目]将弹出相应对话框,用户输入建设项目名称,在下拉列表框中选择项目模板,点击[确定]系统将创建项目,并将创建者的名字默认为项目负责人。

创建项目成功后,系统将弹出设置项目信息的窗体,设置项目信息后进入主窗体进行概算编制。

(二)主窗口介绍

主窗体是软件运行的基础平台,所有的数据显示与输入、功能命令的调用都在主窗体进行。

1. 主窗体各区功能

(1)菜单区,提供各种操作命令。

(2)工具条,提供各种操作命令的快捷方式。

(3)选择[树状显示]则显示章节树,为保障项目内总概算汇总、综合概算汇总时条目的一致性,项目内所有总概算共享一棵章节树。

(4)数据区:显示当前总概算对应左侧选中条目的相关数据信息。

(5)登录人姓名。

(6)选择[单项概算]将显示所有的单项概算列表,用户可以通过右键菜单进行选择性计算和打印。

(7)选择[详细列表]将显示章节表明细列表,用户可以直接进行修改。

2. 主窗口显示介绍

软件主界面有3种显示形式。

(1)菜单[窗口]中有3个选项,包括章节条目、定额与成果、属性。选择哪个选项主窗口将显示对应的部分,这样设计主要是为了更加方便用户根据实际情况灵活显示部分窗体。

(2)当选中[章节条目]时,章节树将被显示,用户可以直接对章节表进行操作,如增加条目、删除条目等。

(3)当选中章节表的小计并选中[定额与成果]时,定额输入的表格将被显示,用户可以进行定额输入、定额调整等。

(4)当选中[属性]时,右边将出现对应于章节表选中条目的数据信息。例如,但章节表选中根节点,属性将显示总概算信息;当选中一条小计,属性将显示条目信息、计算信息;当选中单项概算时,属性将显示条目信息、表头信息。

(5)下面将特别介绍一下属性列表的使用。

菜单[窗口]选中[章节条目]和[属性]后,若在章节表选中一条小计,属性列表将出现对应的数据。当用户需要修改数据时,首先点击需要修改的行数据,此时将出现其对应形式的状态。例如,点击工程类别的数据格,将出现一个下拉列表框,用户可以根据需要进行选择,选择之后当光标移开系统将保存数据。注意,修改数据的前提条件是具有权限。

再例,点击[条目信息]中[显示范围],右边将出现一个按钮,点击按钮将出现一个窗体,用户可以在该窗体中进行数据输入,关闭该窗体数据将被记录在[显示范围]的数据格,数据将被保存。

再例,点击[条目信息]中[工程数量1],右边数据将被选中,用户可以直接修改数据,但要注意数据格式。

(三)项目信息

项目信息窗口包括项目定义、部文选择、其他设置3个部分。项目定义包括建设项目名称、项目简称、工程总量以及项目负责人设置等信息的设置;部文选择包括编制办法文号的选择、定额选择、材料机械设备文号的选择以及火车运价文号的选择;其他部分包括铁路等级、闭塞方式等信息。

从主菜单选择[项目管理]→[项目设置](或直接单击主窗体工具栏上的[设置])打开窗体。

(1)用户可以在弹出的密码修改的窗口进行项目密码的修改(密码长度不大于15位)。

本项目密码供登录此项目的编制人员和审查人员使用。此密码的初始值为空,项目负责人创建项目后可以设置此密码并告知团队人员和审查人员,团队人员和审查人员凭此密码登录项目。

(2)点击定额选择右边的修改按钮将打开定额选择的窗口。

在定额选择的窗口中,用户可以看到所有的互斥定额,根据需要选择对应的书号,其他非互斥定额系统默认为全选(新旧定额只能选择其一,不能同时使用)。

(3)单项概算打印编制复核的选择。

相关说明:

项目负责人、系统管理员以及具有“项目管理”权限的编制人员可以打开窗口并且可以进行修改,其他人员(审查人员和不具有“项目管理”权限的编制人员)不能进行修改,窗口处于只读状态。

在项目定义设置中,用户可以填写一个项目简称,此简称的长度要求在10位之内;建设名称、设计阶段、工程单位、项目负责人不允许为空,项目负责人的名字可以从其下拉列表框中进行选择。

在部文选择设置中,对于编制办法文号、材料文号、机械文号、设备文号、火车运价文号,用户可以在其对应的下拉列表框中进行选择,并且不允许为空。

在其他设置中,铁路等级、闭塞方式、牵引种类可以从下拉列表框中进行选择或直接输入;正线数目可以直接输入也可以进行选择;速度目标值直接输入数据,但输入的数据必须是数字型;右边是项目简介,用户可以直接写入对项目的简介信息。

关闭窗口时,如果数据有所改动,系统将验证数据并保存。

二、基础数据准备

(一)工费方案

根据项目的编制办法文号,创建工费方案。工费方案可以创建多个,可以修改基期单价和编制期单价。项目中的总概算根据实际情况选用相适应的工费方案。

选择[数据准备]菜单中的[单价方案]→[工资方案],系统进入工费方案窗口。

注:

①创建工费方案时,系统自动给创新建的工费方案默认工资区号、流动施工津贴、特殊津贴,并且计算出工费方案。方案名称显示当前的工费方案,工费方案切换时,工费方案的信息及其数据跟着变。

②工资区号调整后,工费方案自动计算。

③流动施工津贴调整后,工费方案自动计算。

④特殊津贴调整后,工费方案自动计算。

说明:在113号文编制办法中的综合工资标准分为四类:Ⅰ、Ⅱ、Ⅲ、Ⅳ类工。根据铁建设[2008]26号文,软件修改了113号文工费标准,综合工资标准分为Ⅰ-1、Ⅰ-2、Ⅱ-1、Ⅱ-2、Ⅲ-1、Ⅲ-2、Ⅳ类工。

相关说明:

(1)创建方案:点击创建方案的按钮,系统弹出输入工费方案名称窗口,输入正确的工费方案名称点击[确定]保存。

(2)删除方案:选中要删除的方案名称,点击删除方案的按钮,系统将删除当前的工费方案信息及其数据(默认工费方案不能删除)。

(二)料费方案

根据项目设置中的材料单价文号,创建材料单价方案。材料单价方案可以创建多个,可以修改编制期单价。项目中的总概算根据实际情况选用相适应的料费方案。

选择[数据准备]菜单,点击[单价方案]中的[材料方案],系统进入料费方案窗口。

注:

①显示当前料费方案,或者切换材料方案。

②主要材料:采用调查价格材料,其中包括水泥、木材、钢材、砖、瓦、砂、石、石灰、黏土、土工材料、花草苗木、钢轨、道岔、轨枕、钢梁、钢管拱、斜拉索、钢筋混凝土梁、铁路桥梁支座、钢筋混凝土管桩、电杆、铁塔、机柱、接触网支柱、接触网及电力线材、光电缆线、给水排水管材等。

③修改材料:修改过编制其单价的材料。

④不同材料:编制期单价与基期单价不同的材料。

相关说明:

(1)创建方案:点击[添加方案],系统弹出添加方案窗口,正确输入料费方案名称,选择方案模板(创建的方案和系统默认的方案),点击[确定]保存。

(2)删除方案:选择要删除的材料方案,点击[删除方案]按钮,确认后删除。

(3)导出方案:点击[导出方案],选择导出文件的路径,输入导出文件名称,保存。

(4)导入方案:点击[导入方案],选择导入方案的文件,然后输入新创建的方案名称,保存。

(5)打印方案:点击[方案打印]。

(6)查询材料:点击[材料查询]可以看到3种查询方式,分别可以按照电算代号、材料名称、旧电算代号3种方式进行查询,查询结果直接显示在[查询结果]中。

(三)机械费方案

根据项目设置中的机械单价文号,创建机械方案。机械方案可以创建多个,机械方案的各种费用可以按照系数调整。项目中的总概算根据实际情况选用相适应的机械方案。

选择[数据准备]菜单,点击[单价方案]中的[机械方案],系统进入工费方案窗口。

注:

①显示当前机费方案,或者切换机费方案。

②用户自己补充的机械台班。

③用户可以对机械方案中某种费用进行系数调整。

④用户修改过的机械台班。

相关说明:

(1)创建方案:点击[添加方案],系统弹出添加方案窗口,正确输入机械方案名称,选择方案模板(创建的方案和系统默认的方案),点击[确定]保存机械方案。

(2)删除方案:选择要删除的机械方案,点击[删除方案],确认后,即可删除。

(3)查询机械:点击[机械查询]可以看到3种查询方式,分别可以按照电算代号、机械台班名称、旧电算代号3种方式进行查询,查询结果直接显示在[查询结果]中。

(4)计算:选中要调整费用的列,输入调整系数,点击[计算]按钮。

(四)设备费方案

根据项目设置中的设备单价文号,创建设备方案。设备方案可以创建多个,可以修改编制期单价。项目中的总概算根据实际情况选用相适应的设备方案。

选择[数据准备]菜单,点击[单价方案]中的[设备方案],系统进入工费方案窗口。

注:

①显示当前设备方案,或者切换设备方案。

②用户自己补充的设备。

③修改过编制期价的设备。

④编制期价和基期单价不同的设备。

相关说明：

(1)创建方案:点击[添加方案],系统弹出添加方案窗口,正确输入设备方案名称,选择方案模板(创建的方案和系统默认的方案),点击[确定]按钮保存设备方案。

(2)删除方案:选择要删除的设备方案,点击[删除方案],确认后,即可删除。

(3)查询设备:点击[设备查询]→[电算代号],在查询窗口内输入要查询设备的电算代号,点击[确定]按钮,如果查询到设备,数据窗口的材料处于选中状态。点击[设备查询]→[设备名称],在查询窗口内输入要查询设备的名称,点击[确定]按钮,如果查询到设备,数据窗口的设备处于选中状态。

(五)运输方案

从主菜单[数据准备]→[运输方案]或工具栏[运输]按钮,进入运输方案的设置。

1. 方案工具栏

①添加材料运输方案;②删除材料运输方案;③计算当前材料运送方案;④预览当前材料方案的计算明细;⑤打印选中的材料运输方案计算明细;⑥将选中材料运输方案的计算明细输出到 Excel 文件中。

2. 运输方案材料列表工具栏

①编辑当前运输方案;②添加材料;③删除当前材料;④复制材料运输方式;⑤粘贴材料运输方式;⑥将单项材料中分析的材料添加到方案中;⑦更改方案全部材料运杂费计算方式。

3. 材料运输方式工具栏

①删除当前运输方式;②设置运输工具参数;③设置材料装卸单价。

4. 方案操作

(1)添加方案:单击方案工具栏[添加方案]按钮,输入运输方案编号,选择运输方案模板(即可以在项目中已经编制好的运输方案模板建立新方案),单击[确定]按钮添加新方案。

(2)删除方案*:单击[删除]按钮,删除方案列表中当前焦点所在行的方案。带“*”功能需要用户占用此方案后方可操作。

(3)计算运输运输方案单价*:单击[计算]按钮,计算方案列表中焦点所在行的运输方案。任意一个运输方案修改过或者计算设置修改过,每个方案需重新计算。

(4)预览及打印:单击[预览]或[打印]按钮。预览是预览当前方案列表焦点所在行的方案的计算明细表,打印是将当前方案列表选中行的方案的计算明细直接打印。

(5)输出到 Excel:单击[Excel],将方案列表中选中的方案发送到 Excel 文件中。文件发送完毕将弹出文件所在位置的文件。

5. 运输方案材料操作

(1)占用运输方案:单击[编辑]按钮,占用当前方案,占用成功后按钮呈按下状态,用户方可对方案进行修改操作。

(2)从材料分类表中添加材料:单价材料工具栏[添加材料]按钮,材料已经按专业大致划分了几类,每一类中列出了此专业常用到的材料;“全部”是软件中所能列举的所有材料。选择要添加的材料,单击[确定]按钮将选择的材料加入到当前方案中。

(3)从单项概算中分析材料:单击[分析单项概算材料],在[单项概算列表]列出了本项目所有总概算的单项概算，用户只需要在用分析材料的单项概算复选框中打上“√”，单击[确定]按钮，软件将从选中的单项概算中分析出材料添加的当前运输方案。

(4)更改材料运杂费计算方式：材料运杂费计算方式有4种(按材料运输方式计算、按材料百分数计算、用户指定运杂费单价、不计)。修改某一项材料的计算方式即单击这项材料的[计算方式]数据格，从下拉列表中选择；修改当前方案所有材料的计算方式即单击[计算方式]按钮，在下拉列表中选择新的计算方式即可。

(5)删除某项材料：单价[删除]按钮，删除当前运输方案中材料列表焦点所在行的材料。

(6)复制、粘贴材料的运输方法：单价[复制]按钮，复制材料列表焦点所行材料的运输方法；单击[粘贴]按钮，将刚才复制的运输方法以追加的方式粘贴到现在材料列表焦点所在的材料的运输方法中。

(7)材料供应比例：当某项材料来自不同地点采用不同的运输方法时，我们需要在方案中添加相同的此种材料，分别作运输方法，此时需要在供应比例中输入它们在此种材料中的比重。

6. 材料运方法操作

(1)添加材料的运输方式：在编号中直接输入运输工具的工具号或者双击右侧的运输工具列表中的工具，系统自动带出采用此种工具的相关参数(如果在此期间修改了相关参数，只有在重新计算后才会在运输方式列表中刷新数据)。

(2)删除材料的运输方式：单击材料运输方式工具栏的[删除]按钮，删除运输方式列表中焦点所在行的材料运输方式。

7. 运杂费计算参数设置

(1)装卸单价：修改各类材料的装卸单价。

(2)短途运输工资设置：修改短途运输工及1t机动车台班单价。

(3)汽车运价设置：在汽车视图输入汽车的基价及运价，同时可增加汽车类运输工具。

(六)结尾方案

结尾是每个小计的结尾计算的计算程序的设定。每个结尾方案根据编制办法包含不同的结尾类型，这些类型在项目中根据条目的工程类别已经一一对应，用户也可以根据实际需求采用不同的结尾类型。如需对结尾类型作更详细的调整，请参看“小计自定义结尾”。

从主菜单选择[数据准备]→[结尾方案]或主窗口工具栏[结尾]打开窗体。

①添加结尾方案；②删除当前结尾方案；③删除当前公式行；④显示公式编辑；⑤添加一种公式代码。

相关说明：

(1)结尾方案及结尾类型选择：在方案名称下拉列表中选择在本项目所存在所有结尾方案；结尾类型下拉列表中是当前结尾方案中包含的结尾类型。改变结尾方案及结尾类型，查看、编辑结尾计算公式。

(2)添加结尾方案：点击[新建方案]按钮，在名称中输入新的结尾方案名称，从结尾方案模板中选择所需的模板，点击[确定]按钮创建结尾方案。

(3)删除结尾方案：点击[删除方案]按钮，删除当前显示的结尾方案。默认结尾方案“结尾方案1”不能被删除。

(4)删除结尾公式行：点击[删除行]按钮，将当前在结尾公式焦点所在行的公式行删除。

(5)编辑公式:点击[修改公式]按钮或双击要编辑的计算公式单元格,显示公式工具条。

注:

①费用"11"是要修改的公式所属的费用代码,此时费用代码不可修改。

②公式编辑框是费用代码"11"的计算公式。

③按钮[确定]保存费用代码"11"计算公式的修改,并关闭公式编辑条。

④按钮[×]关闭公式编辑条,不保存结果。

⑤公式中的费用格式:[费用代码],在公式中不允许有常数。

⑥编辑公式:可单击费用代码"11"以前的费用代码行,以添加的方式将费用代码公式加入到费用代码公式中,如果已经存在则不再加入;也可以按费用代码格式填写公式。

(6)修改费用代码:进入费用代码单元格修改,修改后系统自动将使用到的此费用代码修改为新的费用代码。

(7)修改费率:费率单元格只能输入两种类型数据——X或数字。X表示计算此费用时候按照计算公式为取费基数,在选定的费率方案中查询此类费用的费率。数字表示计算就按这个数字作为费率计算。

(8)添加费用代码:点击[添加]或双击结尾窗体右侧的费用代码,费用代码列表中选中的费用代码将会被添加到左侧计算公式网格当前位置下一行处的新行中。如果此费用代码已经存在,则不允许添加。当用户添加的是[自定义费用代码]时,用户除编辑计算公式外,需更改费用代码、输入费用名称。

(七)费率方案

费率方案用于设置结尾计算公式中每项费用对应的费率。

从主菜单选择[数据准备]→[费率方案]或主窗口工具栏[费率]打开窗体。

①添加费率方案;②删除费率方案;③删除一种费率;④查看费率表;⑤添加一种费率。

相关说明:

(1)选择方案:从方案下拉列表中选择所需要查看或编辑的费率方案。

(2)添加费率方案:单击[添加费率方案]按钮,在名称输入框中输入要添加的费率方案名称,在费率方案模板(包含系统及已经创建的费率方案)点击[确定]按钮增加费率方案。

(3)删除费率方案:单击[删除费率方案]按钮,删除当前网格中显示的费率方案。

(4)添加一项费用的费率:单击[添加]按钮或双击要添加费率的费用代码,将费用列表中选中的费用代码添加到当前的费率方案中。当前要添加的费率必须是右侧费用列表中的费用的费率。如果要添加的费率的费用代码已经在左侧的费率方案中存在,则不会被重复加入到费率方案中。如果要添加费率不在费用列表中,请在[补充费率]功能中添加用户补充费率的费用代码及费率。

(5)调整某项费用的费率:先单击要调整的费用的"编制办法文号"数据格,如"夜间施工费"[YSF]选择编制办法文号。然后双击要调整的"费用选项"数据格,弹出费用选项界面。调整(1)采用标准费用,在要选择的费用选项前面选择框选中,此时只有一项选中,单击[确定]保存结果;调整(2)采用费用选项加权系数,在要选择的费用选项的选择数据格选中,在比例中输入此项权重(如果不输入比例值,默认为0;每项权重范围0~1;所有选中项权重合为1);说明(3)如果选择了"不计"选项则原来的选择都无效了,如果选中了"不计"选项,要选择其他项,需先去掉"不计"选项。

(6)删除一项费用的费率:单击工具栏按钮[删除行],删除当前费用方案的当前单元格所在行费用的费率。

(7)查看费率表:单价工具栏按钮[查看费率表],弹出当前方案生成的费率。

在这个费率中显示了各种费用在不同工程类型中费率,用时可根据实际修改某项费用的某一种工程类型的费率,也可修改某项费用整列费率。鼠标右键打开菜单,单击[修改整列数据],弹出新费率输入框,输入费率后,单击[确定]进行修改,[取消]放弃修改(说明:如果此列中单元格数据为空或0的,将不会得到更改)。

(八)补充单价分析

补充单价分析是用户单位自己补充的补充定额。

单击主菜单[数据准备]→[补充单价分析]或主窗口工具栏[单价]→[补充单价分析]。

注:窗体打开时,窗体的状态为只读状态,用户根据自己的专业选择专业,当选择专业后,如果此专业没有其他人在操作,那么此用户可以进行操作,否则窗体将提示用户他人正在操作不能修改。

相关说明:

1. 补充一条补充定额

(1)手动方式:直接在补充定额列表中输入要补充定额的编号、名称等(补充定额必须以"BC"为起始字母),然后在定额消耗中输入定额的消耗。

(2)抽换方式:抽换是利用标准定额修改后成为一条新的定额。单击[抽换]按钮,在编号中输入标准定额或选中一条标准定额(在选择书目中选择那册书的定额),单击[输入]按钮,用户需在补充定额列表中修改默认给的补充定额编号及需修改的定额内容。

(3)复制、粘贴方式:这种方式利用现有补充定额。在定额列表中选中要复制的补充的定额,单击[复制]→[粘贴],在列表中就列出一条完全相同的新的补充定额,用户再修改其编号及内容。

2. 删除定额或一项消耗

单价[删除]按钮,如果当前输入焦点在定额列表上,则删除定额列表中的当前行定额;如果输入焦点在定额消耗列表上,则删除定额消耗列表当前行的一条消耗。

3. 消耗输入

(1)手动方式:用户输入一条消耗的电算代号及消耗量。

(2)浏览方式:单击要输入[材料]或[机械]按钮,在"编号"输入电算代号或在列表中选中材料或机械,输入数量,单击[输入],就立即向当前的补充定额中添加了这条消耗(材料库/机械库的选择是根据用户的"试算参数"中选择的材料/机械文号)。

4. 定额查询

单击[查询],在类别中选择查询内容范围,在内容中输入要查询的内容,单击[确定]按钮即可。

5. 预览、打印

预览显示当前焦点所在行的定额;打印是当前选中的多条定额(直接输出到打印机)。

6. 计算参数说明

为了显示当前定额的单价临时计算所需要的计算参数。

7. 定额单价说明

定额单价当前选中定额在计算参数设定情况下的临时单价。

（九）补充费率

补充费率用于当前项目使用的费用种类不在现有费用种类中，需要添加一种新的费用种类以适应实际工程需要。

单击主菜单[数据准备]→[补充费率]，打开补充费率窗体。

相关说明：

(1)添加一种费用代码：单击[新增费率]，在输入框输入费用代码，[确定]后在费用代码信息框可输入费用代码的名称及相关说明。

(2)删除一种费用代码：单击[删除费率]，删除费用代码信息中当前行的费用代码及相关费率设置。

(3)当前行费用代码的费率设置：

①添加行：即添加一项大的工程类别，单击[添加行]，输入工程类别及工程说明。

②删除行：删除当前的一种工程类别。

③设置某项工程类包含的具体工程类别（软件划分的）：选中某项工程类别，在“适用范围”中选择编制办法下的费用代码（选中复选框，只能在同一种编制办法中选择，未使用的以红色显示）。

④添加一种费用选项：单击[添加列]，在选项名称输入简单的名称标示（在费用方案中费率选中使用），在说明中输入具体说明。

⑤编辑费用选项：选中要编辑列或标题头，单击[编辑列名]进行编辑。

⑥删除费用选项：选中要编辑列或标题头，单击[删除列]删除。

（十）补充单价（工料机单价）

窗体进入（以补充材料为例），菜单[数据准备]→[补充单价]→[补充材料]。

相关说明：

(1)专业选择：用户打开此窗体时窗体处于只读状态，选择专业之后，系统将进行判断，如果专业符合并且无其他人员占用窗口，则该窗口将变为可修改状态，用户可以添加、修改等。

(2)删除行：删除当前行。

(3)补充材料范围：列出当前用户补充材料的范围，只有在此范围内的材料号才合法。

三、文件编制

（一）创建删除总概算

在项目中创建、删除总概算。

①新建总概算：点击此按钮，系统将新建一个总概算，总概算编号将自动编号，新建的总概算编号默认为当前所有编号的最大值。总概算编号的格式为：项目简称_ZGS_编号。

②删除总概算：删除选中总概算，并且删除总概算包含的单项概算及其他所有数据。

相关说明：

(1)项目负责人以及具有“项目管理”权限的编制人可以创建总概算，创建成功后，系统将创建一个新的章节树，右边出现相关的信息，该用户可以进行设置和修改。

(2)只有项目负责人才可以删除总概算。

（二）创建、删除单项概算

总概算中创建单项概算。在章节树选中要创建单项概算的节点，单击右键菜单选择[创建单项概算]或从菜单[概算编制]→[单项概算]→[创建]进行创建。

相关说明:

(1)在章节表中,部分章和指标不能创建单项概算,条目的子集或上级已经存在单项概算也不能创建。单项概算编号由系统自动生成,用户不能修改。

(2)删除单项概算:选中章节树上单项概算,单击右键菜单[删除单项概算]或从菜单[概算编制]→[单项概算]→[删除]删除选中的单项概算,系统会提示用户是否确定删除选中的单项概算,点[确定]将删除此单项概算标识;项目负责人可以删除任何编制者创建的单项概算标识,其他编制人员只能删除自己创建的单项概算标识。

(三)小计计算参数调整

小计参数调整包括工料机系数、取费系数以及旧轨料利用3个方面调整。

在主窗口左边的章节树中选中某条小计,右边将出现对应的一些信息,在计算参数设置中,参数调整的文本框是只读的,用户可以点开右边的按钮进行设置。

相关说明:

(1)工料机系数调整:选择工料机系数的标签,在工料机系数表中,序号、工料机种类两列是只读的,用户可以修改系数,而且要求填入的数据必须是数字型,否则系统将提示错误。工料机系数系统默认为1,如果系数进行调整并且调整后的系数不等于1,系统将记录数据。记录格式:XGF,GF表示人工费,X表示人工费系数,即人工费乘以人工费系数。

(2)取费系数调整:选择取费系数的标签,在取费系数表中,序号、费用种类是只读的,用户可以修改取费系数。取费系数默认为1,如果调整后的系数不等于1,系统将记录数据,其中接触网专业系数的调整格式为DH x,y(x为接触网专业封闭作业工机系数,y为接触网专业非封闭作业工机系数)。

在113号文中,行车干扰费的计算与42号文、64号文有所不同。系统默认行车干扰次数、行干10号工次数为-1,行车干扰费系数为0,如果此条小计的行车干扰次数和行干10号工次数没有调整仍为-1,计算时将按照总概算信息中的行车干扰次数和行干10号工次数计算。

(3)旧轨料调整:选择旧轨料利用的标签,旧轨料利用量系数系统默认为0,整修费系数默认为0,旧轨料运杂费默认为计取,用户可根据实际情况进行调整,窗体关闭时系统将记录修改的数据。

(4)扣除材料调整:选择扣除材料的标签,点击[添加材料类别]将弹出窗体,点击[添加]或双击行便可以输入一条数据,用户只需再填写利用量系数,选择是否计取运杂费即可;点击[添加材料号]将弹出窗体,点击[添加]或双击行便可以输入一条数据,用户只需再填写利用量系数,选择是否计取运杂费即可;点击[删除]将删除当前行。旧轨料费=新料费×整修费系数。

(四)定额输入

在主窗口左边的章节树中选中某条小计,右边将出现定额输入表,此时定额输入表格的背景色为灰色,光标点入定额输入表,如果此条小计没有其他人员占用,那么此时定额输入表的背景色变为白色,用户可以输入定额、工料机以及各种费用,否则系统将提示此条小计正在被其他人员修改,表格的背景色仍为灰色,处于只读状态。

注:①定额输入的表格,用户可以在此表格完成定额输入。

②工程数量输入可以直接输入数字,也可以输入数学表达式,系统将自动计算结果并填入[数量]列中。若表达式错误,系统将提示用户修改直至正确。

另外,在[工程数量输入]单元格直接回车系统将在其下一行产生一新的空行,如果当前行的定额编号为定额类型,那么新行的定额编号将带字头,当然了,用户也可以删掉字头,这样做是为了当连续输入多条字头相同的定额时给用户带来方便。

③定额调整:双击此单元格将弹出定额调整的窗体(前提条件:此条数据是定额或工料机),或者选中需要调整的行后点击右键[定额调整]也可弹出定额调整的窗体,此单元格用户也可以直接修改,但要遵照系统规定额格式,在后面的定额调整中将详细介绍合法格式。

④数量:此列数据由系统根据工程数量输入的表达式计算,用户不能修改。

⑤定额查询列表:列出当前输入定额的相关定额,双击当前行可以直接将此行定额加入到定额输入的表格中,用户只需再输入工程数量即可完成一条定额的输入。

1. 定额的输入方式

(1)直接输入法:光标进入定额编号的单元格,直接输入定额编号并回车,如果定额编号正确,定额名称、单位、单价、单重将由系统直接调出,光标停留在工程数量输入的单元格中,用户直接输入工程数量或工程数量的表达式,系统将自动计算并将结果填入数量列中。

(2)在间接输入法中,点击右键菜单[定额输入]→[定额]将出现定额窗体。

①书目选择:选择书目的下拉列表框中列出了用户在项目信息窗体中定额选择的所有书目,不同书目的选择,列表中将显示对应的所有定额。

②定额编号:在此文本框中直接输入定额并回车,系统将自动填充单位、名称及工作内容,并将光标定位到数量框中,用户输入数量,点击[输入]按钮或直接回车,此条定额将输入到主窗口定额输入的表格中。若定额编号有误或数量的数据格式有误,系统将作出提示。

③定额列表:当选中不同的行时,基本信息中定额编号、单位、名称、工作内容将自动填入当前行对应的值,用户只需输入数量便可添加一行数据。

④定额查找:点击[查找]按钮,将在窗体的下部出现下面的小窗口,用户可以按名称进行定额查找。点[下一个]或直接回车向下查找数据,点[前一个]或按 Shift + 回车向前查找数据。

2. 其他输入

人工、材料、机械、设备的输入方式与定额基本相同,在定额编号单元格直接输入电算代号并回车,系统将调出其单价、单重、单位、名称等,用户在[工程数量输入]中直接输入数量或表达式即完成输入;另一种方式就是点击右键[定额输入]→[人工]/[材料]/[设备]/[机械]弹出窗体进行输入。

系统还可以直接输入人工费 GF、材料费 LF、机械费 JF、设备费 SF、运杂费 YF、税前费 SQ、税后费 SH、填料费 TLF(113 号文)、行干土石方(113 号文),用户可以直接输入,也可以通过右键菜单输入,单价默认为 1,用户可以进行修改。

3. 右键菜单

(1)[复制粘贴]:选中一行或多行定额,点击[复制],光标放置在要粘贴数据的位置,再点击[粘贴],系统将把选中的定额粘贴到当前位置行的下一行,也可以将这些选中的定额直接粘贴到 Excel 中;此外,软件还支持将 Excel 文件中固定格式的定额粘贴到软件当中。例如:

从 Excel 中将定额粘贴到软件中的某条小计之下，步骤如下。

①在 Excel 中选中数据，数据的列要求有固定的顺序，依次是定额编号、定额名称、单位、工程数量表达式、工程数量、单价、单重、定额调整，其中定额编号不能为空，其他列值允许为空。在 Excel 中选中数据后，按 Ctrl + C 或点击右键的[复制]。

②打开软件，进入要粘贴的小计，光标定位于要粘贴的位置，点击右键的[粘贴]，数据便粘贴到指定位置的下一行了。

如果 Excel 的数据只有定额编号，那么系统将根据定额编号和项目信息中定额书号的选择找到对应的定额粘贴到软件中，数量默认为 0。

(2)[删除]：删除选中行，单行或多行。

(3)[上移下移]：将选中的当前行上移或下移一行。

(4)[排序]：依次顺序为工料机、定额、补充定额、费用。

(5)[单价分析]：选中要进行分析的定额，点击右键[单价分析](带结尾、不带结尾)，便出现选中行的定额单价分析表，用户可以打印报表。

(6)[全选]：选中所有行数据。

(五)定额调整

定额调整窗体用来对工料机进行工料机系数调整和取费调整，对定额进行工料机系数调整、取费调整、消耗量调整以及砂浆混凝土调整。

选中需要调整的定额或是工料机，右键点击[定额调整]弹出定额调整的窗体，或是直接双击定额调整单元格。

(1)[工料机系数]：选择工料机系数的标签，在工料机系数表中，序号、工料机种类两列是只读的，用户可以修改系数，而且要求填入的数据必须是数字型，否则系统将提示错误。系统默认工料机系数为 1，如果用户对系数进行调整并且调整后的系数不再为 1，系统将记录数据。

(2)[取费系数]：取费调整包括施工配合费和行车干扰费的调整，施工配合费、行车干扰费系数的默认值为 -1，-1 表示此条定额的施工配合费和行车干扰费系数的调整以小计中的此项调整为依据，也就是说继承小计中的调整变化。

举例：某条小计中输入 n 条定额，此时需要设置 LY - 100 计取行车干扰费，而其他 n 条定额不需要计算行车干扰费。步骤如下：

①设置此条小计属性列表中的[参数调整](本系统中默认行车干扰费为不计)。

②打开定额输入表，选中 LY - 100，点击右键打开定额调整窗口。

③设置行车干扰费的系数为 0，表示此条定额 LY - 100 不计行车干扰费，而其他未进行定额调整的定额不需要再修改，均继承小计参数调整中的行干调整计取行车干扰费的调整。

(3)[消耗调整]：只对定额有效。当选择[消耗调整]的标签时，系统将列出其所有的消耗量，用户可以进行调整。

调整方法：直接在空白的电算号单元格中输入电算代号并回车，系统将调出对应的名称与单位，用户只需填写消耗量(调整后的数据以红色显示)。如果消耗量为空，系统默认其消耗量为原消耗量的值，即不调整消耗量；如果只输入消耗量而未输入电算代号，那么系统默认其电算代号未调整，调整的只是消耗量。

调整后的格式：原电算代号，调整后的电算代号，调整后的消耗量……

说明:①如果想删除某条消耗,用户可以直接在新消耗量处输入 0 即可。

②恢复默认值,清除所有消耗调整。

(4)[混凝土砂浆调整]:只对含有砂浆混凝土的定额有效。有两种调整方式:基本定额调整和强度等级调整。

基本定额调整:选择[基本定额调整]方式。操作方法:用户可以直接在调整后的文本框中输入调整后的基本定额编号,也可以使用软件提供的拖拽方法。在右边的基本定额列表中选中一条定额,按住鼠标左键不放,移动鼠标至目标框松开鼠标即可。

说明:①两种定额调整方式:强度等级调整、基本定额调整。

②基本定额列表。

③基本定额消耗量:当选中上面基本定额列表中的一条定额,该列表显示其对应的消耗量。

强度等级调整:选择[强度等级调整]方式。

说明:①混凝土调整:此下拉框中列出了此条定额所有可换用的混凝土强度等级,用户直接在下拉列表框中选择混凝土强度,不选系统认为不调整。

②砂浆调整:用户可以在下拉列表框中选择调整后的砂浆强度即可,不选系统认为不调整。

(六)定额查询

定额查询窗体用于查找服务器上的所有部颁标准定额、补充单价分析。

从主菜单选择[数据准备]→[定额查询]打开窗体。

(1)书名选择:窗体左侧分类列出了服务器上存储的所有定额书目名称。点击书名,窗体右侧显示该书内的所有定额。

(2)定额查询:点击[定额查询],可以按照定额编号、定额名称或工作内容查找定额,找到的所有定额将处于选中状态。

(3)显示消耗:鼠标双击定额条目或按下[显示消耗]按钮,弹出定额消耗窗体。

注:[基本定额]栏内显示该定额的混凝土、砂浆基本定额编号及含量。

(七)指标输入

在主窗体左边的章节树选中一条指标,右边将出现对应的条目信息。

条目编号处于只读状态不能修改,合价是计算出来的结果不能修改,其他均可以修改。工程数量、指标要求输入正确的数字格式,工程单位直接填写或从下拉列表框中进行选择。点击计算公式旁边的按钮便弹出公式编辑的窗体,用户可以进行公式编辑。

说明:①累计范围:章号范围为 1 ~16 章。

②选中[从章节表选择]时,右边将出现章节树,用户可以直接在章节树中选择累计范围。

③费用类别包括建筑工程费、安装工程费、设备工程费、其他费、合计,合计与其他 4 种类别是互斥关系。

④系数设置。

⑤公式编辑的结果,系统根据累计范围、费用类别、系数的设置自动生成,用户不能直接修改公式,只能根据累计范围、费用类别、系数进行设置。

⑥点击[确定]按钮,系统将公式结果填入到指标的计算公式框中。

（八）章节表调整

对章节表节点操作。

(1)添加同级节点:在主窗口的章节表里,找到要加节点的位置(节以下条目),选择同级的一个节点,点击鼠标右键在菜单里找到[插入同级],然后选择插入的位置点击保存,插入条目的信息与选择的条目信息相同,例如:条目名称、条目类型等。

(2)添加子级节点:在主窗口的章节表里,找到要加节点的位置(节以下条目),选择要插入条目的父级条目,点击鼠标右键在菜单里找到[插入子级],点击保存。插入的条目类型为小计,条目名称为父级条目名称。

(3)删除:在主窗口的章节表里,选择要删除条目(部分以下条目),点击鼠标右键,在菜单中找到[删除],点击确定即可。

(4)恢复章节:在章节表的部分、章、节的节点,点击右键选择[恢复章节],出现章节表恢复窗口,选择要恢复的部分、章、节点击恢复。

(5)刷新:刷新章节表看哪些章节没有被恢复。

(6)恢复:选中要恢复的章节进行恢复。

(7)修改:

①改小计到指标:选择要小计类型的指标,点击鼠标右键,在菜单中找到[改为指标],点击确定即可(如果小计条目下输入了定额信息,那么系统将提示,如果确实改变类型,定额数据将删除)。

②改小计到条目:选择要小计类型的条目,点击鼠标右键,在菜单中找到[改为条目],点击确定即可(如果小计条目下输入了定额信息,那么系统将提示,如果强行改变类型,定额数据将删除)。

③改条目到小计:选择要条目类型的条目,点击鼠标右键,在菜单中找到[改为小计],点击确定即可(如果选择条目下有条目,并且条目下有定额输入等数据,系统将提示,如果确实改变条目类型,条目下的子目及其子目的数据将被删除)。

④改条目到指标:选择要条目类型的条目,点击鼠标右键,在菜单中找到[改为指标],点击确定即可(如果选择条目下有条目,并且条目下有定额输入等数据,系统将提示,如果确实改变条目类型,条目下的子目及其子目的数据将删除)。

⑤改指标到条目:选择指标类型的条目,点击鼠标右键,在菜单中找到[改为条目],点击确定即可。

⑥改指标到小计:选择指标类型的条目,点击鼠标右键,在菜单中找到[改为小计],点击确定即可。

(8)复制:选择要复制的条目,点击鼠标右键,在菜单中找到[复制],点击确定即可(条目复制包含章节表条目信息和当前总概算的数据)。

(9)粘贴:选择要粘贴的条目,点击鼠标右键,在菜单中找到粘贴,选择粘贴到选择节点的位置,点击确定即可。

(10)计算参数设置:选择条目类型的条目,点击鼠标右键,选择计算参数设置,系统显示参数设置窗,在参数设置窗体里输入或选择参数值(没有输入或选择的参数值,系统不作处理),将对此条目及其子条目设置其参数值。

注:红色图标表示项目中已有的条目,绿色图标表示项目中没有的条目。

（九）总概算汇总

指工程项目完成后对项目内的总概算和综合概算的汇总（必须对所有的总概算进行计算，否则数据将不正确）。

选择[概算编制]菜单，点击[单价方案]中的[总概算汇总]，系统进入总（综合）概算汇总窗口。

注：

①选中所有的总概算。

②汇总完的数据包括总概算汇总数据、综合概算汇总数据、主劳材汇总数据、明细劳材汇总。

③当前方案，当汇总方案切换后，汇总信息及其数据跟着变。

④工程项目的所有的总概算。

相关说明：

（1）创建方案：点击创建[汇总方案]，出现添加方案窗口，输入方案名称点击[确定]按钮保存。新创建的方案为当前汇总方案，输入汇总信息（编制范围、工程总量、单位），选择要汇总的总概算，点击[计算]按钮，计算并且保存所有的汇总信息及数据。

（2）删除方案：选择要删除的汇总方案，点击[删除]按钮。

（十）成果及输出

成果及输出分为集中输出和各功能中具体输出。在各个功能模块的预览及打印的一般原则，预览是焦点所在项内容的预览，而打印是选中行数据直接输出到打印机上。此部分具体描述集中输出，其他详见各个功能模块的说明（各个输出涉及权限问题，请参见权限说明）。

单击主窗口菜单[概算编制]→[报表输出]或工具栏[报表]按钮。左侧是要输出表格类型，右侧是选择表格类型后的可输出的内容。

相关说明：

（1）表格输出

选择要输出的表格类型，右侧复选要输出的内容，单击[打印]或[Excel]按钮，打印或发送到 Excel 文件中。

（2）Excel 文件说明

①存放路径：所有 Excel 文件存放在应用程序安装目录下的“Excel 报表”目录下，每个项目将在这个目录下建立一个以项目 ID 为名称的文件夹，这项目所有的 Excel 文件都存放在这个文件下（在发送 Excel 过程中请不要使用这个文件下的 Excel 文件）。

②Excel 文件自动命名：如果表格输出以单项概算为单位时，名称 = 表格类型（总概算编号）；其他以表类型为名称。

（3）主窗口的几个表格

①主窗口的计算结果包含总概算、综合概算、费用汇总、单项概算、主劳材、明细劳材。单击表格类型，在下面的数据网格中显示当前条目包含的此类型数据，根据工具栏中的[打印]或[预览]进行直接打印或者预览。

②费用汇总：费用汇总只能输入到 Excel 文件中。

（4）其他输出

①料费方案：打印/预览当前网格显示的数据。

②总(综合)概算汇总:打印/预览当前网格的数据。

③项目对照:打印/预览/输出当前网格的数据。

附录二 课程设计指导书

一、课程设计基本要求

通过本次课程设计,应达到以下要求:

(1)熟悉铁路工程投标报价的基本步骤和流程。

(2)熟悉招标文件及相关资料中的工程量清单和现行计价规范要求。

(3)根据现行的工程造价计价标准、基础价格及指导书给出的相关资料,独立、熟练地编制投标报价的有关报表。

(4)了解工程投标报价策略及报价决策的基本方法,根据当前铁路工程招投标中评标标准与方法编制投标报价文件。

二、编制依据

(1)新建某铁路 SG－1～SG－5 标段施工招标文件。

(2)新建某铁路 SG－1～SG－5 标段工程量清单。

(3)《铁路工程预算定额》手册(铁道部建设司[2004]47 号、[2005]15 号、[2003]34 号文)。

(4)《铁路基本建设工程设计概(预)算编制办法》(铁建设[2006]113 号文)。

(5)《铁路工程建设材料预算价格》(2005 年度)(铁建[2006]129 号文)。

(6)《铁路工程施工机械台班费用定额》(2005 年度)(铁建[2006]129 号文)。

(7)《铁路工程工程量清单计价指南》(铁建[2007]108 号文)。

(8)铁道部发布的主要材料价格信息及辅助材料价差系数。

三、工程资料及基础数据

见附件。

四、实习内容

(1)熟悉施工图纸、施工方案,计价依据(定额)。

(2)根据施工图纸、计价规范、工程量清单校核与计算工程数量。

(3)根据施工图纸、大作业指导书给定的施工方案和相关造价信息资料计算投标报价。

(4)根据评标方法与标准结合报价策略,编制投标报价书。

五、作业要求

(1)完成报价及预算表格编制,每人必须独立完成一份。报价表格格式参见《招标文件》中清单计价格式。大作业装订格式见“第 2 条”。

(2)装订后作业成果包括以下内容。

报价表格：

①封面；

②编制说明；

③目录；

④工程量清单投标报价汇总表；

⑤工程量清单计价表；

⑥工程量清单项目综合单价分析表。

预算基础表格：

①单项预算表；

②工料机数量计算表；

③材料运杂费单价分析表；

④补充单价分析表；

⑤机械台班单价分析表；

⑥主要材料价格表；

⑦报价原始数据表。

六、考核办法

(1)考核成绩分为优秀、良好、中等、及格、不及格 5 个等级，按照 5 分制评分。

(2)课程设计最终成果为装订成册的投标报价书，装订形式、作业内容应符合指导书的要求。该部分成绩占总考核成绩的 80%。

(3)课程设计进行过程考核，课程设计的进度及过程成果应符合指导书的要求。该部分成绩占总考核成绩的 10%。

(4)课程设计平时出勤考核占 10%。

(5)无正当理由缺勤考核成绩不合格，无论以何种方式抄袭他人成果的考核成绩不合格。

附　件

一、工程背景资料

(1)新建某铁路 SG－1～SG－5 标段施工招标文件(另册)。

(2)新建某铁路 SG－1～SG－5 标段工程量清单(另册)。

二、预算工程量表

(另册)

三、各项基础数据

1. 工资方案

(1)基期按铁建[2006]113 号文发布的《铁路基本建设工程设计概(预)算编制办法》规定计取。

(2)编制期工资标准为 45 元/工日。

2. 料费方案

(1)基期价格执行铁建[2006]129号文发布的《铁路工程建设材料预算价格》(2005年度)。

(2)编制期价格采用部颁价格信息(2008年第1季度,广东珠江标准),由编制人调查选用。

(3)地方材料编制期价格采用调查价,除下表规定外,其余详见《工程量清单》。

(4)采用价差系数调整编制期与基期材料价差的,其价差系数自行调查。

(5)甲供材料目录见附表1。甲供料价格由招标人提供,以部颁价格信息报价。

地方材料调查价

附表1

序号	材料名称及规格	单位	调查价(元)	序号	材料名称及规格	单位	调查价(元)
1	道砟	m^3	45	6	水	t	2.5
2	标准砖	千块	320	7	电	kw·h	0.5
3	石灰	kg	0.1	8	柴油	kg	6.03
4	黏土	m^3	15	9	汽油	kg	6.01
5	钻孔桩用黏土	m^3	45	10	煤	t	750

3. 机械费方案

按铁建[2006]129号文发布的《铁路工程施工机械台班费用定额》(2005年度)分析计算。编制期养路费标准采用工程所在地调查价,计入机械费价差。

4. 桥涵附属工程外购

填料(黏土)45元/m^3。

5. 材料运输方案

(1)材料供应计划和运输方法见《工程量清单》(船舶运输暂不考虑)。汽车运输运距中均包含3km便道运输。

(2)料原地按就近原则选定,运输里程计算原则为:路基工程由供料地至管区中心,桥涵工程由供料地至大桥中心里程(虎坑特大桥中心里程为DK132+786.73)。

(3)外购填料采用火车运至江村站,再采用汽车运输21km至工地。

(4)甲供料由甲方负责运输,投标人只计装卸及保管费。

(5)火车运输:营业线火车运距为432km,运价执行铁道部现行标准。

(6)汽车运输:运价执行工程所在地标准。

(7)《工程量清单》中其他建筑材料的运输一律按汽车运输考虑,运距为12.7km。

6. 取弃土场

见《招标文件》,按就近原则选定。

7. 特殊施工增加费

行车干扰增加费的行车次数按每昼夜50次计取。

8. 营业线施工配合费

本工程不计列。

9. 总承包风险费、工程保险费、安全生产费

按《工程量清单》的规定报价。

附录三　铁路工程工程量清单计量规则(土建部分节选)
铁建设[2007]108号

01　第一章　拆迁工程							
编码	节号	名称	计量单位	子目划分特征	工程量计算规则	工程(工作)内容	附　注
0101	1	拆迁工程	正线公里				
0101J		Ⅰ. 建筑工程费	正线公里				
0101J01		一、改移道路	km				
0101J0101		(一)等级公路	km				
0101J010101		1. 路基土石方	m^3	综合	按设计图示断面尺寸,挖方以天然密实体积计算,填方以压实体积计算	土石方挖填	含路基附属工程的土石方
0101J01010103		2. 路基附属工程	元				
0101J0101010301		①砌体及(钢筋)混凝土	圬工方	综合	按设计图示砌体尺寸计算。包括各种笼装片(块)石	1. 基坑挖填;2. 脚手架搭拆;3. 砌体砌筑;4. 选取片(块)石、制作各种笼,装片(块)石,安砌;5. 模板制安拆;6. 钢筋及预埋件制安;7. 混凝土浇筑或预制构件制安;8. 反滤层铺设;9. 变形缝、泄水管(孔)设置	
0101J0101010302		②绿色防护、绿化	m^2	综合	按设计绿色防护、绿化面积计算	翻土、挖土回填、围护,铺草皮、喷播植草、喷混植生,栽植花草、灌木、乔木等,浇水、养护	

续上表

编码	节号	名称	计量单位	子目划分特征	工程量计算规则	工程(工作)内容	附　注
0101J0101010303		③地基处理	元	综合	按设计要求综合计算	1. 换填;2. 各类地基处理桩;3. 强夯等	
0101J010102		2. 路面	m^2				
0101J01010201		(1)垫层	m^2	综合	按设计图示面积计算	混合料拌制、摊铺、洒水、压实,修整	
0101J01010202		(2)基层	m^2	综合	按设计图示面积计算	混合料拌制、摊铺、洒水、压实,修整	
0101J01010203		(3)面层	m^2				
0101J0101020301		①沥青混凝土路面	m^2	等级	按设计车行道和人行道面层面积计算	1. 沥青混凝土拌制、铺筑、碾压、整形;2. 路缘石制安;3. 培路肩	含桥梁和隧道的路面面层。包括沥青贯入式路面、沥青表面处治路面和沥青混凝土路面
0101J0101020302		②水泥混凝土路面	m^2	等级	按设计车行道和人行道面层面积计算	1. 模板制安拆;2. 混凝土浇筑;3. 钢筋及预埋件制安;4. 变形缝设置;5. 路缘石制安;6. 培路肩	含桥梁和隧道的路面面层
0101J02		二、砍伐、挖根	元	综合	按设计要求综合计算	1. 砍伐、挖根;2. 移栽;3. 清运	指修建铁路正式工程所发生的砍伐、挖根或移栽
0101J03		三、管线路防护	m	综合	按设计防护长度计算	1. 基坑、管沟挖填;2. 脚手架搭拆;3. 管套及支架制安;4. 圬工砌筑等	指修建铁路时须对属路外产权的管线路进行的防护、加固
0101J04		四、既有建筑物拆除后的垃圾清运	元	综合	按设计要求综合计算	装运,弃至指定地点,整理	指为修建铁路正式工程须对建筑物拆除后的垃圾进行的清运
0101Q		Ⅳ. 其他费	元				
0101Q01		青苗补偿费	元	综合	按设计要求和具体情况综合计算	协调,支付补偿费用	指在铁路用地界以外修建正式工程发生的青苗补偿费用

02 第二章 路基							
编码	节号	名称	计量单位	子目划分特征	工程量计算规则	工程(工作)内容	附 注
0202	2	区间路基土石方	正线公里				
0202J		Ⅰ. 建筑工程费	m^3				
0202J01		一、土方	m^3				
0202J0101		(一) 挖土方	m^3	综合	按设计图示开挖断面尺寸计算	1. 挖、装、运、卸,排水,弃方或利用方堆放、整修;2. 基床土翻松、压实;3. 路面及边坡修整	
0202J0102		(二)利用土填方	m^3	综合	按设计图示压实断面尺寸计算	1. 分层摊铺、翻晒、洒水、压实,排水;2. 路面及边坡修整	如挖方未直接运至填筑点,还应包含从利用方临时堆放点运至填筑点的内容
0202J0103		(三)借土填方	m^3	综合	按设计图示压实断面尺寸计算	1. 挖、装、运、卸,排水;2. 分层摊铺、翻晒、洒水、压实;3. 路面及边坡修整	
0202J02		二、石方	m^3				
0202J0201		(一) 挖石方	m^3	综合	按设计图示开挖断面尺寸计算	1. 开挖、解小,装、运、卸,排水,弃方或利用方堆放、整理;2. 路面和边坡修整	
0202J0202		(二)利用石填方	m^3	综合	按设计图示压实断面尺寸计算	1. 解小、分层填筑、压实;2. 边坡码砌、路面修整	如挖方未直接运至填筑点,还应包含从利用方临时堆放点运至填筑点的内容

续上表

编码	节号	名称	计量单位	子目划分特征	工程量计算规则	工程(工作)内容	附 注
0202J0203		(三)借石填方	m^3	综合	按设计图示压实断面尺寸计算	1. 开挖、解小,装、运、卸,排水;2. 分层填筑、压实;3. 边坡码砌、路面修整	
0202J03		三、渗水土壤	m^3	综合	按设计图示压实断面尺寸计算	1. 挖、装,运、卸,排水,临时堆放;2. 分层摊铺、翻晒、洒水、压实;3. 路面及边坡修整	
0202J04		四、改良土	m^3				
0202J0401		(一)利用土改良	m^3	综合	按设计图示压实断面尺寸计算	1. 配料、拌制;2. 分层摊铺、翻晒、洒水、压实,排水;3. 养生;4. 路面及边坡修整	如挖方未直接运至拌和点,还应包含从利用方临时堆放点运至拌和点的内容,再由拌和点运至填筑点
0202J0402		(二)借土改良	m^3	综合	按设计图示压实断面尺寸计算	1. 挖、装、运、卸,排水;2. 配料、拌制;3. 分层摊铺、翻晒、洒水、压实;4. 养生;5. 路面及边坡修整	
0203	3	站场土石方	正线公里				
0203J		I. 建筑工程费	m^3				
0203J01		一、土方	m^3				
0203J0101		(一)挖土方	m^3	综合	按设计图示开挖断面尺寸计算	1. 挖、装、运、卸,排水,弃方或利用方堆放、整修;2. 基床土翻松、压实;3. 路面及边坡修整	
0203J0102		(二)利用土填方	m^3	综合	按设计图示压实断面尺寸计算	1. 分层摊铺、翻晒、洒水、压实,排水;2. 路面及边坡修整	如挖方未直接运至填筑点,还应包含从利用方临时堆放点运至填筑点的内容

续上表

编码	节号	名称	计量单位	子目划分特征	工程量计算规则	工程(工作)内容	附　注
0203J0103		(三)借土填方	m^3	综合	按设计图示压实断面尺寸计算	1. 挖、装、运、卸,排水;2. 分层摊铺、翻晒、洒水、压实;3. 路面及边坡修整	
0203J02		二、石方	m^3				
0203J0201		(一)挖石方	m^3	综合	按设计图示开挖断面尺寸计算	1. 开挖、解小,装、运、卸,排水,弃方或利用方堆放、整理;2. 路面和边坡修整	
0203J0202		(二)利用石填方	m^3	综合	按设计图示压实断面尺寸计算	1. 解小、分层填筑、压实;2. 边坡码砌、路面修整	如挖方未直接运至填筑点,还应包含从利用方临时堆放点运至填筑点的内容
0203J0203		(三)借石填方	m^3	综合	按设计图示压实断面尺寸计算	1. 开挖、解小,装、运、卸,排水;2. 分层填筑、压实;3. 边坡码砌、路面修整	
0203J03		三、渗水土壤	m^3	综合	按设计图示压实断面尺寸计算	1. 挖、装,运、卸,排水,临时堆放;2. 分层摊铺、翻晒、洒水、压实;3. 路面及边坡修整	
0203J04		四、改良土	m^3				
0203J0401		(一)利用土改良	m^3	综合	按设计图示压实断面尺寸计算	1. 配料、拌制;2. 分层摊铺、翻晒、洒水、压实,排水;3. 养生;4. 路面及边坡修整	如挖方未直接运至拌和点,还应包含从利用方临时堆放点运至拌和点的内容,再由拌和点运至填筑点
0203J0402		(二)借土改良	m^3	综合	按设计图示压实断面尺寸计算	1. 挖、装、运、卸,排水;2. 配料、拌制;3. 分层摊铺、翻晒、洒水、压实;4. 养生;5. 路面及边坡修整	

续上表

编码	节号	名称	计量单位	子目划分特征	工程量计算规则	工程(工作)内容	附 注
0204	4	路基附属工程	正线公里				
0204J		Ⅰ. 建筑工程费	正线公里				
0204J01		一、附属土石方及加固防护	元				
0204J0101		(一)土石方	m^3				
0204J010101		1. 土方	m^3	综合	按设计图示断面尺寸,挖方以天然密实体积计算,填方以压实体积计算	土方挖填	
0204J010102		2. 石方	m^3	综合	按设计图示断面尺寸,挖方以天然密实体积计算,填方以压实体积计算	石方挖填	
0204J0102		(二)砌体及圬工	元				
0204J010201		1. 干砌石	m^3	综合	按设计图示砌体尺寸计算。包括各种笼装片(块)石	1. 基坑挖填;2. 脚手架搭拆;3. 砌体砌筑;4. 选取片(块)石、制作各种笼,装片(块)石,安砌;5. 反滤层铺设;6. 变形缝、泄水管(孔)设置	
0204J010202		2. 浆砌石	圬工方	综合	按设计图示砌体尺寸计算	1. 基坑挖填;2. 脚手架搭拆;3. 砌体砌筑;4. 封闭层、反滤层铺设;5. 变形缝、泄水管(孔)设置	

续上表

编码	节号	名称	计量单位	子目划分特征	工程量计算规则	工程(工作)内容	附　注
0204J010203		3.片石混凝土	圬工方	综合	按设计图示圬工尺寸计算	1.基坑挖填;2.脚手架搭拆;3.模板制安拆;4.片石选取及埋设,混凝土浇筑;5.封闭层、反滤层铺设;6.变形缝、泄水管(孔)设置	
0204J010204		4.混凝土	圬工方	综合	按设计图示圬工尺寸计算	1.基坑挖填;2.脚手架搭拆;3.模板制安拆;4.混凝土浇筑;5.预制构件安砌;6.封闭层、反滤层铺设;7.变形缝、泄水管(孔)设置	不包括混凝土管道
0204J010205		5.钢筋混凝土	圬工方	综合	按设计图示圬工尺寸计算	1.基坑挖填;2.脚手架搭拆;3.模板制安拆;4.钢筋及预埋件制安;5.混凝土浇筑;6.预制构件安砌;7.封闭层、反滤层铺设;8.变形缝、泄水管(孔)设置	不包括钢筋混凝土管道
0204J0103		(三)绿色防护	元	防护方式			
0204J010301		1.铺草皮	m^2	综合	不分满铺、散铺,按设计图示铺草皮范围的表面面积计算	1.翻土,挖土换填,围护;2.钉橛、铺设;3.浇水、养护	
0204J010302		2.播草籽	m^2	综合	按设计图示播草籽范围的表面面积计算	1.翻土,挖土换填,围护;2.播草籽、拍实;3.浇水、养护	不含土工网垫中的播草籽

续上表

编码	节号	名称	计量单位	子目划分特征	工程量计算规则	工程(工作)内容	附 注
0204J010303		3. 喷播植草	m^2	综合	按设计图示喷播植草范围的表面面积计算	1. 边坡清理、修整;2. 沟槽挖填;3. 种料配制、拌和、喷播;4. 遮盖无纺布;5. 浇水、养护	
0204J010304		4. 喷混植生	m^2	综合	按设计图示喷混植生范围的表面面积计算	1. 脚手架搭拆;2. 坡面清理、整修,钻孔、清孔;3. 砂浆配料(含外加剂)、拌制、灌注;4. 锚杆及网制安;5. 基材配料、拌和、喷射;6. 遮盖无纺布;7. 浇水、养护	含挂网锚杆,不含边坡加固锚杆。边坡加固锚杆按土钉清单子目计量
0204J0104		(四)喷水泥砂浆	m^2	综合	按设计图示喷射面积计算	1. 脚手架搭拆;2. 坡面清理、嵌补、岩面冲洗,钻孔、清孔;3. 砂浆配料(含外加剂)、拌制、灌注;4. 锚杆及网制安;5. 砂浆配料(含外加剂)、拌制、喷射、养护;6. 收回弹料	含挂网锚杆,不含边坡加固锚杆。边坡加固锚杆按土钉清单子目计量
0204J0108		(八)土工合成材料处理	m^2	处理方式			
0204J010801		1. 土工布	m^2	综合	按设计图示铺设面积计算	1. 基底清理整平;2. 锚固沟挖填;3. 土工布铺设	
0204J010804		4. 土工格栅	m^2	综合	按设计图示铺设面积计算	1. 基底清理整平;2. 土工格栅铺设	
0204J0109		(九)地基处理	元	处理方式			
0204J010901		1. 抛填石(片石)	m^3	综合	按设计图示压实体积计算	1. 抛填;2. 整平、压实	
0204J010902		2. 垫层	m^3	填料种类	按设计图示压实体积计算	1. 不良土壤挖、运、弃;2. 填料分层填筑、压实、整理	

续上表

编码	节号	名称	计量单位	子目划分特征	工程量计算规则	工程(工作)内容	附　注
0204J01090201		(1)填砂	m^3	综合	按设计图示压实体积计算	1. 不良土壤挖、运、弃;2. 填料分层填筑、压实、整理	
0204J01090202		(2)填碎石	m^3	综合	按设计图示压实体积计算	1. 不良土壤挖、运、弃;2. 填料分层填筑、压实、整理	
0204J010903		3. 换填土	m^3	填料种类	按设计图示压实体积计算	1. 不良土壤挖、运、弃;2. 配制、拌和;3. 填料分层填筑、压实、整理	包括基底填筑改良土、各种配合比的灰土、三合土、渗水土、黏性土类、砂土类、土坯等
0204J02		二、支挡结构	圬工方				
0204J0201		(一)挡土墙浆砌石	圬工方	综合	按设计图示砌体尺寸计算	1. 基坑挖填;2. 脚手架搭拆;3. 砌体砌筑;4. 封闭层、反滤层铺设;5. 变形缝、泄水管(孔)设置;6. 护栏及爬梯制安,涂装	
0204J0202		(二)挡土墙片石混凝土	圬工方	综合	按设计图示圬工尺寸计算	1. 基坑挖填;2. 脚手架搭拆;3. 模板制安拆;4. 片石选取、埋设,混凝土浇筑;5. 封闭层、反滤层铺设;6. 变形缝、泄水管(孔)设置;7. 护栏及爬梯制安,涂装	
0204J0203		(三)挡土墙混凝土	圬工方	综合	按设计图示圬工尺寸计算	1. 基坑挖填;2. 脚手架搭拆;3. 模板制安拆;4. 混凝土浇筑;5. 封闭层、反滤层铺设;6. 变形缝、泄水管(孔)设置;7. 护栏及爬梯制安,涂装	
0204J0204		(四)挡土墙钢筋混凝土	圬工方	综合	按设计图示圬工尺寸计算	1. 基坑挖填;2. 脚手架搭拆;3. 模板制安拆;4. 钢筋及预埋件制安;5. 混凝土浇筑;6. 封闭层、反滤层铺设;7. 变形缝、泄水管(孔)设置;8. 护栏及爬梯制安,涂装	

03 第三章 桥涵

编码	节号	名称	计量单位	子目划分特征	工程量计算规则	工程(工作)内容	附 注
0305	5	特大桥(××座)	延长米				
030501		一、复杂特大桥(××座)	延长米				铁路桥
03050101		(一)×××特大桥	延长米				
03050101J		Ⅰ. 建筑工程费	延长米				
03050101J01		1. 基础	圬工方				
03050101J0101		(1)明挖	圬工方				
03050101J010101		①混凝土	圬工方	综合	按设计图示圬工尺寸计算。不含回填圬工数量	1. 基坑挖填;2. 脚手架及支架搭拆;3. 模板制安拆;4. 预埋件制安;5. 混凝土浇筑	
03050101J010102		②钢筋	t	综合	按设计图示长度计算质量	钢筋制安	
03050101J010103		③混凝土冷却管	t	综合	按设计图示长度计算质量	钢管制安	
03050101J0102		(2)承台	圬工方				
03050101J010201		①混凝土	圬工方	综合	按设计图示圬工尺寸计算	1. 基坑挖填;2. 脚手架及支架搭拆;3. 模板制安拆;4. 预埋件制安;5. 混凝土浇筑	
03050101J010202		②钢筋	t	综合	按设计图示长度计算质量	钢筋制安	

续上表

编码	节号	名称	计量单位	子目划分特征	工程量计算规则	工程(工作)内容	附注
03050101J010203		③混凝土冷却管	t	综合	按设计图示长度计算质量	钢管制安	
03050101J0103		(3)沉井	圬工方				
03050101J010301		①陆上	圬工方				
03050101J01030101		A. 钢筋混凝土沉井	圬工方	综合	按设计图示圬工尺寸计算。含封底、井盖和填充的圬工数量	1. 沉井制作:垫木铺拆,脚手架及支架搭拆,模板制安拆,钢筋及预埋件制安,混凝土浇筑,刃脚钢结构制安;2. 沉井下沉:下沉设备制安拆,土石挖、运、弃,弃方整理,排水,吸泥,井身接高,清基,封底,填充;3. 井盖制安	
03050101J01030102		B. 钢沉井	t	综合	按设计图示钢料尺寸计算	1. 沉井制作:下料、组拼、焊接,下水拼装,刃脚压浆,灌注试验;2. 沉井下沉:下沉设备制安拆,土石挖、运、弃,弃方整理,排水,吸泥,井身接高,清基,封底,填充;3. 井盖制安	
03050101J03		3. 预应力混凝土简支箱梁	孔				含先简支后连续梁
03050101J0301		(1)预制	孔	单线、双线、跨度、速度	按设计图示数量计算	1. 模板制安拆;2. 脚手架搭拆;3. 钢筋及预埋件制安;4. 混凝土浇筑;5. 锚具安装,制孔,预应力钢筋(钢丝、钢绞线)制安及张拉,压浆、封锚;6. 支座垫板安设,泄水管及盖制安;7. 防护层、垫层、防水层铺设;8. 场内起落及移位存放	

续上表

编码	节号	名称	计量单位	子目划分特征	工程量计算规则	工程(工作)内容	附 注
03050101J0302		(2)架设	孔	单线、双线、跨度、速度	按设计图示数量计算	走行轨铺拆,倒梁、喂梁、吊梁、落梁、就位,盖板制安,锚栓孔灌浆;梁端伸缩缝制安	先简支后连续时还包括:1. 湿接缝浇筑;2. 制孔,二次张拉;3. 临时支座安拆
03050101J0303		(3)现浇	孔	单线、双线、跨度、速度	按设计图示数量计算	1. 脚手架及支架搭拆(含地基处理和堆载预压);2. 模板制安拆;3. 钢筋及预埋件制安;4. 支座垫板安设,泄水管及盖制安;5. 混凝土浇筑;6. 锚具安装,制孔,预应力钢筋(钢丝、钢绞线)制安及张拉,压浆、封锚;7. 防护层、垫层、防水层铺设;8. 落梁就位;9. 盖板制安;10. 梁端伸缩缝制安	不分固定支架法、造桥机法等施工方法
03050101J04		4. 制架(钢筋)预应力混凝土T梁	孔				
03050101J0401		(1)预制	孔	单线、双线、跨度、梁高、速度	按设计图示数量计算	1. 模板制安拆;2. 脚手架搭拆;3. 钢筋及预埋件制安;4. 支座垫板安设,泄水管及盖制安;5. 锚具安装,制孔,预应力钢筋(钢丝、钢绞线)制安及张拉,压浆、封锚;6. 混凝土浇筑;7. 防护层、垫层、防水层铺设;8. 场内起落及移位存放	

续上表

编码	节号	名称	计量单位	子目划分特征	工程量计算规则	工程(工作)内容	附 注
03050101J0402		(2)架设	孔	单线、双线、跨度、梁高、速度	按设计图示数量计算	1. 架设:桥头线路加固,走行轨铺拆,倒梁、喂梁、吊梁、落梁、就位,盖板制安,横隔板连接,锚栓孔灌浆,梁端伸缩缝制安。2. 横向联结湿接缝:(1)模板制安拆,脚手架搭拆;(2)钢筋及预埋件制安;(3)锚具安装,制孔,预应力钢筋(钢丝、钢绞线)制安及张拉,压浆、封锚;(4)混凝土浇筑	
03050101J0403		(3)现浇	孔	单线、双线、跨度、梁高、速度	按设计图示数量计算	1. 脚手架及支架搭拆(含地基处理和堆载预压);2. 模板制安拆;3. 钢筋及预埋件制安;4. 支座垫板安设,泄水管及盖制安;5. 混凝土浇筑;6. 锚具安装,制孔,预应力钢筋(钢丝、钢绞线)制安及张拉,压浆、封锚;7. 防护层、垫层、防水层铺设;8. 落梁就位;9. 盖板制安;10. 梁端伸缩缝制安	含横向联结。不分固定支架法、造桥机法等施工方法
03050101J05		5. 购架(钢筋)预应力混凝土T梁	孔	单线、双线、跨度、梁高、速度	按设计图示数量计算	1. 架设:桥头线路加固,走行轨铺拆,倒梁、喂梁、吊梁、落梁、就位,盖板制安,横隔板连接,锚栓孔灌浆,梁端伸缩缝制安。2. 横向联结湿接缝:(1)模板制安拆,脚手架搭拆;(2)钢筋及预埋件制安;(3)锚具安装,制孔,预应力钢筋(钢丝、钢绞线)制安及张拉,压浆、封锚;(4)混凝土浇筑	

续上表

编码	节号	名称	计量单位	子目划分特征	工程量计算规则	工程(工作)内容	附　注
03050101J1105		(5)预应力混凝土梁	圬工方				系梁
03050101J110501		①混凝土	圬工方	综合	按设计图示圬工尺寸(含拱脚处的混凝土)计算	1. 模板制安拆;2. 制架梁辅助设施制安拆(含地基处理和堆载预压);3. 预埋件制安;4. 支座垫板安设,泄水管及盖制安;5. 混凝土浇筑;6. 防护层、垫层、防水层铺设;7. 盖板制安;8. 梁端伸缩缝制安	
03050101J110502		②预应力筋	t	综合	按设计图示结构内长度计算质量。不含锚具的质量	1. 锚具安装;2. 制孔;3. 预应力钢筋(钢丝、钢绞线)制安、张拉;4. 压浆、封锚	
03050101J110503		③普通钢筋	t	综合	按设计图示长度计算质量	钢筋制安	
03050101J1108		(8)桥面板	圬工方				
03050101J110801		①混凝土	圬工方	综合	按设计图示圬工尺寸计算	1. 模板制安拆;2. 预埋件(含剪力钉)制安;3. 混凝土浇筑;4. 预制构件安装;5. 接缝处置;6. 防护层、垫层、防水层铺设	
03050101J110802		②普通钢筋	t	综合	按设计图示长度计算质量	钢筋制安	
03050101J14		14. 支座	元	支座材质			
03050101J1401		(1)金属支座	元	支座类型			
03050101J140101		①弧形支座	孔	综合	按设计数量计算	1. 支座安装、调整;2. 浇注填充;3. 防尘罩制安	

续上表

编码	节号	名称	计量单位	子目划分特征	工程量计算规则	工程(工作)内容	附注
03050101J140102		②平板支座	孔	综合	按设计数量计算	1. 支座安装、调整;2. 浇注填充;3. 防尘罩制安	
03050101J140103		③摇轴支座	孔	跨度	按设计数量计算	1. 支座安装、调整;2. 浇注填充;3. 防尘罩制安	
03050101J140104		④其他金属支座	t	综合	按设计支座质量计算	1. 支座安装、调整;2. 浇注填充;3. 防尘罩制安	
03050101J1402		(2)板式橡胶支座	孔	跨度	按设计数量计算	1. 支座安装、调整;2. 浇注填充	
03050101J1403		(3)盆式橡胶支座	个	承载力	按设计数量计算	1. 支座安装、调整;2. 浇注填充;3. 防尘罩制安	
03050101J15		15. 桥面系	延长米	梁跨结构用料	按设计图示桥梁长度计算	1. 围栏、吊篮、防护网、避车台、检查梯、铁镫、护栅、通信、信号、电力支架等制安;2. 挡渣墙、竖墙、防撞墙、挡渣块现浇或制安;3. 遮板、栏杆、人行道板及纵向盖板制安;4. 光(电)缆过桥防护、电缆槽及盖板制安;5. 护轮轨(不含轨枕)铺设;6. 地震区防止落梁设施制安;7. 涂装	
03050101J1501		(1)混凝土梁桥面系	延长米	综合	按设计图示桥梁长度计算	1. 围栏、吊篮、防护网、避车台、检查梯、铁镫、护栅、通信、信号、电力支架等制安;2. 挡渣墙、竖墙、防撞墙、挡渣块现浇或制安;3. 遮板、栏杆、人行道板及纵向盖板制安;4. 光(电)缆过桥防护、电缆槽及盖板制安;5. 护轮轨(不含轨枕)铺设;6. 地震区防止落梁设施制安;7. 涂装	

续上表

编码	节号	名称	计量单位	子目划分特征	工程量计算规则	工程(工作)内容	附 注
03050101J1502		(2)钢梁桥面系	延长米	综合	按设计图示桥梁长度计算	1. 围栏、吊篮、防护网、避车台、检查梯、铁镫、护栅、通信、信号、电力支架等制安;2. 挡渣墙、竖墙、防撞墙、挡渣块现浇或制安;3. 遮板、栏杆、人行道板及纵向盖板制安;4. 光(电)缆过桥防护、电缆槽及盖板制安;5. 护轮轨(不含轨枕)铺设;6. 地震区防止落梁设施制安;7. 涂装	
03050101J16		16. 附属工程	元				
03050101J1601		(1)土方	m^3	综合	按设计图示断面尺寸,挖方以天然密实体积计算,填方以压实体积计算	土方挖填	
03050101J1602		(2)石方	m^3	综合	按设计图示断面尺寸,挖方以天然密实体积计算,填方以压实体积计算	石方挖填	
03050101J1603		(3)干砌石	m^3	综合	按设计图示砌体尺寸计算。包括各种笼装片(块)石	1. 基坑挖填;2. 脚手架搭拆;3. 砌体砌筑;4. 选取片(块)石、制作各种笼,装片(块)石,安砌;5. 反滤层铺设;6. 变形缝、泄水管(孔)设置	
03050101J1604		(4)浆砌石	圬工方	综合	按设计图示砌体尺寸计算	1. 基坑挖填;2. 脚手架搭拆;3. 砌体砌筑;4. 封闭层、反滤层铺设;5. 变形缝、泄水管(孔)设置	

续上表

编码	节号	名称	计量单位	子目划分特征	工程量计算规则	工程(工作)内容	附　注
03050101J1605		(5)混凝土	圬工方	综合	按设计图示圬工尺寸计算	1. 基坑挖填;2. 脚手架搭拆;3. 模板制安拆;4. 混凝土浇筑;5. 预制构件安砌;6. 封闭层、反滤层铺设;7. 变形缝、泄水管(孔)设置	
03050101J1606		(6)钢筋混凝土	圬工方	综合	按设计图示圬工尺寸计算	1. 基坑挖填;2. 脚手架搭拆;3. 模板制安拆;4. 钢筋及预埋件制安;5. 混凝土浇筑;6. 预制构件安砌;7. 封闭层、反滤层铺设;8. 变形缝、泄水管(孔)设置	
03050101J1607		(7)台后及锥体填筑	m^3	综合	按设计图示压实后的体积计算	1. 挖、装、运、卸,临时堆放;2. 分层摊铺、翻晒、洒水、压实,排水;3. 修整	
03050101J17		17. 基础施工辅助设施	元	综合	按设计要求综合计算	1. 筑岛及堤:填筑、拆除、清运;2. 土、石围堰:填筑、拆除、清运;3. 板桩围堰:插打、拔除;4. 混凝土、钢筋混凝土围堰:制作、下沉;5. 双壁钢围堰、吊箱围堰、套箱围堰等:制作、浮运、下水、下沉、定位、清基、封底、排水及拆除;6. 围堰下水滑道制安拆;7. 水上工作平台搭拆	
03050101A		Ⅱ. 安装工程费	元	综合	按设计要求综合计算	设备的安装、调试	包括变配电设备、照明灯具等
03050102		(二)×××特大桥	延长米				
		细目同(一)×××特大桥					

续上表

编码	节号	名称	计量单位	子目划分特征	工程量计算规则	工程(工作)内容	附 注
030502		二、一般特大桥（××座）	延长米				
0309	9	涵 洞（××座）	横延米				
0309J		Ⅰ．建筑工程费	横延米				
0309JX		甲、新建（××座）	横延米				
0309JX01		一、圆涵（××座）	横延米				
0309JX0101		(一)明挖（××座）	横延米	孔数孔径			
0309JX010101		1. 单孔（××座）	横延米				
0309JX01010101		(1)涵身及附属	横延米	孔径	按设计图示进出口帽石外边缘之间中心线长度计算	1. 模板制安拆;2. 钢筋及预埋件制安;3. 混凝土浇筑,砌体砌筑;4. 脚手架搭拆;5. 钢筋混凝土管节制安,管座混凝土浇筑;6. 防水层、防护层铺设,变形缝设置;7. 进出口:土石方挖填,端翼墙混凝土浇筑或砌筑,锥体填筑,铺砌	
0309JX01010102		(2)明挖基础(含承台)	圬工方				
0309JX0101010201		①混凝土	圬工方	综合	按设计图示圬工尺寸计算	1. 基坑挖填;2. 脚手架搭拆;3. 模板制安拆;4. 预埋件制安;5. 混凝土浇筑	
0309JX0101010202		②钢筋	t	综合	按设计图示长度计算质量	钢筋制安	

续上表

编码	节号	名称	计量单位	子目划分特征	工程量计算规则	工程(工作)内容	附注
0309JX01010103		(3)地基处理	元	处理方式			
0309JX0101010301		①换填	m^3	填料种类	按设计图示压实体积计算	1. 不良土壤挖、运、弃;2. 配制、拌和;3. 填料分层填筑、压实、整理	
0309JX0101010302		②砂桩	m	桩径	按设计图示桩顶至桩底的长度计算	1. 定位、沉钢管;2. 灌砂、拔钢管;3. 补灌砂	
0309JX010102		2. 双孔(××座)	横延米				
		细目同明挖圆涵单孔					
0309JX03		三、盖板箱涵(××座)	横延米	孔数孔径			
0309JX0301		(一)单孔(××座)	横延米				
0309JX030101		1. 涵身及附属	横延米	孔径	按设计图示进出口帽石外边缘之间中心线长度计算	1. 模板制安拆;2. 钢筋及预埋件制安;3. 混凝土浇筑,砌体砌筑;4. 脚手架搭拆;5. 边墙圬工砌筑;6. 盖板制安;7. 防水层、防护层铺设,变形缝设置;8. 涵内设渠、挂管;9. 进出口:土石方挖填,端翼墙混凝土浇筑或砌筑,锥体填筑,铺砌;10. 立交涵内的路面铺设,沿线设施设置	不含出入口两端的等级公路引道
0309JX030102		2. 明挖基础(含承台)	圬工方				

续上表

编码	节号	名称	计量单位	子目划分特征	工程量计算规则	工程(工作)内容	附 注
0309JX03010201		(1)混凝土	圬工方	综合	按设计图示圬工尺寸计算	1. 基坑挖填;2. 脚手架搭拆;3. 模板制安拆;4. 预埋件制安;5. 混凝土浇筑	
0309JX03010202		(2)钢筋	t	综合	按设计图示长度计算质量	钢筋制安	
0309JX030103		3. 地基处理	元	处理方式			
		细目同明挖圆涵					
0309JX0302		(二)双孔(××座)	横延米				
		细目同盖板箱涵单孔					
0309JX0303		(三)三孔(××座)	横延米				
		细目同盖板箱涵单孔					

04　第四章　隧道及明洞							
编码	节号	名称	计量单位	子目划分特征	工程量计算规则	工程(工作)内容	附　注
0410	10	隧道(××座)	延长米				
0410X		甲、新建(××座)	延长米				
0410X01		一、L > 4km 的隧道(××座)	延长米				
0410X0101		(一)×××隧道	延长米				
0410X0101J		Ⅰ. 建筑工程费	延长米				
0410X0101J01		1. 正洞	延长米				
0410X0101J0101		(1) Ⅰ级围岩	延长米				
0410X0101J010101		①开挖	m^3	综合	按图示不含设计允许超挖、预留变形量的设计断面计算。含沟槽和各种附属洞室的开挖数量	1. 开挖:(1)脚手架搭拆;(2)临时支撑制安拆;(3)挖土,石方钻眼、爆破,找顶,通风,出渣(含弃渣远运)、监控量测;(4)防尘,照明,三管两线及轨道安拆、养护;(5)排水(含反坡排水);(6)道路养护。2. 有害气体排放	

续上表

编码	节号	名称	计量单位	子目划分特征	工程量计算规则	工程(工作)内容	附　注
0410X0101J010102		②支护	延长米	综合	按设计图示隧道长度计算	1. 钻孔、清孔，超前锚杆、小导管制安；2. 钻孔，浆液制作、灌注，锚杆制安、锚固，堵孔；3. 喷射混凝土：脚手架搭拆，钢筋网制安，混凝土(含耐腐蚀混凝土、纤维混凝土)配料(含外加剂)、拌制、喷射、养护，收回弹料；4. 各种支撑(包括格栅钢架、型钢拱架、钢轨钢架等)制安拆；5. 注浆(包括周边预注浆、全断面封闭浆)：钻孔、清孔，浆液制作、灌注，压水试验，止浆墙的浇筑等；6. 管棚支护：混凝土导向墙的浇筑，钻孔、清孔，钢管制安，脚手架搭拆、浆液制作、灌注、检查、堵孔	
0410X0101J010103		③衬砌	圬工方	综合	按图示不含设计允许超挖回填、预留变形量的设计断面计算。含沟槽及盖板和各种附属洞室的衬砌数量	1. 衬砌：脚手架及衬砌平台制安拆，模板制安拆，钢筋及预埋件制安，防水材料保护，混凝土浇筑，沟槽盖板制安，边墙砌筑；2. 防水板、土工布(膜)：工作平台搭拆、敷设及安装(焊接)；3. 透水软管、止水带、盲沟：制安、检查；4. 变形缝设置	不含挂网喷射混凝土的钢筋网
0410X0101J010104		④拱顶压浆	延长米	综合	按设计图示隧道长度计算	钻孔，浆液制作、压浆、检查、堵孔	不含与隧道相连的明(棚)洞的长度
0410X0101J0102		(2)Ⅱ级围岩	延长米				

编码	节号	名称	计量单位	子目划分特征	工程量计算规则	工程(工作)内容	附 注
0410X0101J010201		①开挖	m^3	综合	按图示不含设计允许超挖、预留变形量的设计断面计算。含沟槽和各种附属洞室的开挖数量	1.开挖:(1)脚手架搭拆;(2)临时支撑制安拆;(3)挖土,石方钻眼、爆破,找顶,通风,出渣(含弃渣远运)、监控量测;(4)防尘,照明,三管两线及轨道安拆、养护;(5)排水(含反坡排水);(6)道路养护。2.有害气体排放	
0410X0101J010202		②支护	延长米	综合	按设计图示隧道长度计算	1.钻孔、清孔,超前锚杆、小导管制安;2.钻孔,浆液制作、灌注,锚杆制安、锚固,堵孔;3.喷射混凝土:脚手架搭拆,钢筋网制安,混凝土(含耐腐蚀混凝土、纤维混凝土)配料(含外加剂)、拌制、喷射、养护,收回弹料;4.各种支撑(包括格栅钢架、型钢拱架、钢轨钢架等)制安拆;5.注浆(包括周边预注浆、全断面封闭浆):钻孔、清孔,浆液制作、灌注,压水试验,止浆墙的浇筑等;6.管棚支护:混凝土导向墙的浇筑,钻孔、清孔,钢管制安,脚手架搭拆、浆液制作、灌注、检查、堵孔	
0410X0101J010203		③衬砌	圬工方	综合	按图示不含设计允许超挖回填、预留变形量的设计断面计算。含沟槽及盖板和各种附属洞室的衬砌数量	1.衬砌:脚手架及衬砌平台制安拆,模板制安拆,钢筋及预埋件制安,防水材料保护,混凝土浇筑,沟槽盖板制安,边墙砌筑;2.防水板、土工布(膜):工作平台搭拆、敷设及安装(焊接);3.透水软管、止水带、盲沟:制安、检查;4.变形缝设置	不含挂网喷射混凝土的钢筋网

续上表

编码	节号	名称	计量单位	子目划分特征	工程量计算规则	工程(工作)内容	附 注
0410X0101J010204		④拱顶压浆	延长米	综合	按设计图示隧道长度计算	钻孔,浆液制作、压浆、检查、堵孔	不含与隧道相连的明(棚)洞的长度
0410X0101J0103		(3)Ⅲ级围岩	延长米	综合			
0410X0101J010301		①开挖	m^3	综合	按图示不含设计允许超挖、预留变形量的设计断面计算。含沟槽和各种附属洞室的开挖数量	1.开挖:(1)脚手架搭拆;(2)临时支撑制安拆;(3)挖土,石方钻眼、爆破,找顶,通风,出渣(含弃渣远运)、监控量测;(4)防尘,照明,三管两线及轨道安拆、养护;(5)排水(含反坡排水);(6)道路养护。2.有害气体排放	
0410X0101J010302		②支护	延长米	综合	按设计图示隧道长度计算	1.钻孔、清孔,超前锚杆、小导管制安;2.钻孔,浆液制作、灌注,锚杆制安、锚固,堵孔;3.喷射混凝土:脚手架搭拆,钢筋网制安,混凝土(含耐腐蚀混凝土、纤维混凝土)配料(含外加剂)、拌制、喷射、养护,收回弹料;4.各种支撑(包括格栅钢架、型钢拱架、钢轨钢架等)制安拆;5.注浆(包括周边预注浆、全断面封闭浆):钻孔、清孔,浆液制作、灌注,压水试验,止浆墙的浇筑等;6.管棚支护:混凝土导向墙的浇筑,钻孔、清孔,钢管制安,脚手架搭拆、浆液制作、灌注、检查、堵孔	

续上表

编码	节号	名称	计量单位	子目划分特征	工程量计算规则	工程(工作)内容	附　注
0410X0101J010303		③衬砌	圬工方	综合	按图示不含设计允许超挖回填、预留变形量的设计断面计算。含沟槽及盖板和各种附属洞室的衬砌数量	1. 衬砌:脚手架及衬砌平台制安拆,模板制安拆,钢筋及预埋件制安,防水材料保护,混凝土浇筑,沟槽盖板制安,边墙砌筑;2. 防水板、土工布(膜):工作平台搭拆、敷设及安装(焊接);3. 透水软管、止水带、盲沟:制安、检查;4. 变形缝设置	不含挂网喷射混凝土的钢筋网
0410X0101J010304		④拱顶压浆	延长米	综合	按设计图示隧道长度计算	钻孔,浆液制作、压浆、检查、堵孔	不含与隧道相连的明(棚)洞的长度
0410X0101J0104		(4)Ⅳ级围岩	延长米				
0410X0101J010401		①开挖	m^3	综合	按图示不含设计允许超挖、预留变形量的设计断面计算。含沟槽和各种附属洞室的开挖数量	1. 开挖:(1)脚手架搭拆;(2)临时支撑制安拆;(3)挖土,石方钻眼、爆破,找顶,通风,出渣(含弃渣远运)、监控量测;(4)防尘,照明,三管两线及轨道安拆、养护;(5)排水(含反坡排水);(6)道路养护。2. 有害气体排放	

续上表

编码	节号	名称	计量单位	子目划分特征	工程量计算规则	工程(工作)内容	附 注
0410X0101J010402		②支护	延长米	综合	按设计图示隧道长度计算	1. 钻孔、清孔,超前锚杆、小导管制安;2. 钻孔,浆液制作、灌注,锚杆制安、锚固,堵孔;3. 喷射混凝土:脚手架搭拆,钢筋网制安,混凝土(含耐腐蚀混凝土、纤维混凝土)配料(含外加剂)、拌制、喷射、养护,收回弹料;4. 各种支撑(包括格栅钢架、型钢拱架、钢轨钢架等)制安拆;5. 注浆(包括周边预注浆、全断面封闭浆):钻孔、清孔,浆液制作、灌注,压水试验,止浆墙的浇筑等;6. 管棚支护:混凝土导向墙的浇筑,钻孔、清孔,钢管制安,脚手架搭拆、浆液制作、灌注、检查、堵孔	
0410X0101J010403		③衬砌	圬工方	综合	按图示不含设计允许超挖回填、预留变形量的设计断面计算。含沟槽及盖板和各种附属洞室的衬砌数量	1. 衬砌:脚手架及衬砌平台制安拆,模板制安拆,钢筋及预埋件制安,防水材料保护,混凝土浇筑,沟槽盖板制安,边墙砌筑;2. 防水板、土工布(膜):工作平台搭拆、敷设及安装(焊接);3. 透水软管、止水带、盲沟:制安、检查;4. 变形缝设置	不含挂网喷射混凝土的钢筋网
0410X0101J010404		④拱顶压浆	延长米	综合	按设计图示隧道长度计算	钻孔,浆液制作、压浆、检查、堵孔	不含与隧道相连的明(棚)洞的长度
0410X0101J0105		(5)Ⅴ级围岩	延长米	综合			

续上表

编码	节号	名称	计量单位	子目划分特征	工程量计算规则	工程(工作)内容	附　注
0410X0101J010501		①开挖	m^3	综合	按图示不含设计允许超挖、预留变形量的设计断面计算。含沟槽和各种附属洞室的开挖数量	1. 开挖:(1)脚手架搭拆;(2)临时支撑制安拆;(3)挖土,石方钻眼、爆破,找顶,通风,出渣(含弃渣远运)、监控量测;(4)防尘,照明,三管两线及轨道安拆、养护;(5)排水(含反坡排水);(6)道路养护。2. 有害气体排放	
0410X0101J010502		②支护	延长米	综合	按设计图示隧道长度计算	1. 钻孔、清孔,超前锚杆、小导管制安;2. 钻孔,浆液制作、灌注,锚杆制安、锚固,堵孔;3. 喷射混凝土:脚手架搭拆,钢筋网制安,混凝土(含耐腐蚀混凝土、纤维混凝土)配料(含外加剂)、拌制、喷射、养护,收回弹料;4. 各种支撑(包括格栅钢架、型钢拱架、钢轨钢架等)制安拆;5. 注浆(包括周边预注浆、全断面封闭浆):钻孔、清孔,浆液制作、灌注,压水试验,止浆墙的浇筑等;6. 管棚支护:混凝土导向墙的浇筑,钻孔、清孔,钢管制安,脚手架搭拆、浆液制作、灌注、检查、堵孔	
0410X0101J010503		③衬砌	圬工方	综合	按图示不含设计允许超挖回填、预留变形量的设计断面计算。含沟槽及盖板和各种附属洞室的衬砌数量	1. 衬砌:脚手架及衬砌平台制安拆,模板制安拆,钢筋及预埋件制安,防水材料保护,混凝土浇筑,沟槽盖板制安,边墙砌筑;2. 防水板、土工布(膜):工作平台搭拆、敷设及安装(焊接);3. 透水软管、止水带、盲沟:制安、检查;4. 变形缝设置	不含挂网喷射混凝土的钢筋网

续上表

编码	节号	名称	计量单位	子目划分特征	工程量计算规则	工程(工作)内容	附 注
0410X0101J010504		④拱顶压浆	延长米	综合	按设计图示隧道长度计算	钻孔,浆液制作、压浆、检查、堵孔	不含与隧道相连的明(棚)洞的长度
0410X0101J0106		(6)Ⅵ级围岩	延长米				
0410X0101J010601		①开挖	m^3	综合	按图示不含设计允许超挖、预留变形量的设计断面计算。含沟槽和各种附属洞室的开挖数量	1. 开挖:(1)脚手架搭拆;(2)临时支撑制安拆;(3)挖土,石方钻眼、爆破,找顶,通风,出渣(含弃渣远运)、监控量测;(4)防尘,照明,三管两线及轨道安拆、养护;(5)排水(含反坡排水);(6)道路养护。2. 有害气体排放	
0410X0101J010602		②支护	延长米	综合	按设计图示隧道长度计算	1. 钻孔、清孔,超前锚杆、小导管制安;2. 钻孔,浆液制作、灌注,锚杆制安、锚固,堵孔;3. 喷射混凝土:脚手架搭拆,钢筋网制安,混凝土(含耐腐蚀混凝土、纤维混凝土)配料(含外加剂)、拌制、喷射、养护,收回弹料;4. 各种支撑(包括格栅钢架、型钢拱架、钢轨钢架等)制安拆;5. 注浆(包括周边预注浆、全断面封闭浆):钻孔、清孔,浆液制作、灌注,压水试验,止浆墙的浇筑等;6. 管棚支护:混凝土导向墙的浇筑,钻孔、清孔,钢管制安,脚手架搭拆、浆液制作、灌注、检查、堵孔	

续上表

编码	节号	名称	计量单位	子目划分特征	工程量计算规则	工程(工作)内容	附　注
0410X0101J010603		③衬砌	圬工方	综合	按图示不含设计允许超挖回填、预留变形量的设计断面计算。含沟槽及盖板和各种附属洞室的衬砌数量	1. 衬砌:脚手架及衬砌平台制安拆,模板制安拆,钢筋及预埋件制安,防水材料保护,混凝土浇筑,沟槽盖板制安,边墙砌筑;2. 防水板、土工布(膜):工作平台搭拆、敷设及安装(焊接);3. 透水软管、止水带、盲沟:制安、检查;4. 变形缝设置	不含挂网喷射混凝土的钢筋网
0410X0101J010604		④拱顶压浆	延长米	综合	按设计图示隧道长度计算	钻孔,浆液制作、压浆、检查、堵孔	不含与隧道相连的明(棚)洞的长度
0410X0101J02		2. 明洞及棚洞	延长米	综合	按设计图示明(棚)洞长度计算	1. 开挖:(1)明挖:土石方挖、装、运、卸,排水,弃方处理;(2)暗挖:脚手架搭拆,挖土,石方钻眼、爆破,通风,出渣,防尘,照明,三管两线及轨道安拆、养护,道路养护,排水、临时支撑制安拆。2. 衬砌:脚手架及衬砌平台制安拆,模板制安拆,钢筋及预埋件制安,混凝土浇筑,沟槽盖板制安,边墙砌筑,变形缝设置。3. 拱顶回填土石、碎石、干砌石、浆砌石,防(隔)水层铺设,洞顶水沟挖填、砌筑,浆液制作、灌注	指与隧道相连的明洞或棚洞
0410X0101J03		3. 辅助坑道	延长米				

续上表

编码	节号	名称	计量单位	子目划分特征	工程量计算规则	工程(工作)内容	附注
0410X0101J0301		(1)平行导坑	延长米	综合	按设计图示平行导坑长度计算	1. 开挖:脚手架搭拆,挖土,石方钻眼、爆破,找顶,通风,出渣(含弃渣远运),防尘,照明,三管两线及轨道安拆、养护,道路养护,排水(含反坡排水)。2. 支护:(1)钻孔、清孔,超前小钢管制安等;(2)钻孔、清孔,浆液制作、灌注,锚杆制安、锚固;(3)各种钢支撑(包括格栅钢架、型钢拱架、钢轨钢架等)制安拆;(4)喷射混凝土:脚手架搭拆,钢筋网制安,混凝土配料(含外加剂)、拌制、喷射、养护,收回弹料;(5)注浆:钻孔、清孔,浆液制作、灌注。3. 衬砌:脚手架及衬砌平台制安拆,模板制安拆,钢筋及预埋件制安,混凝土浇筑,沟槽盖板制安,边墙砌筑,变形缝设置。4. 洞口工程:(1)洞门边仰坡及基础:边仰坡土石方和基坑挖填,圬工砌筑;(2)洞门衬砌:脚手架搭拆,模板制安拆,混凝土浇筑,砌体砌筑;(3)附属工程:土石方挖填,防水板、透水软管、止水带制安,排水沟槽挖填、沟身砌筑,边仰坡坡面防护,地基处理、回填封闭、挡护圬工砌筑	
0410X0101J030101		①设计开挖断面≤16平方米	延长米	围岩级别	按设计图示平行导坑长度计算	同上	

续上表

编码	节号	名称	计量单位	子目划分特征	工程量计算规则	工程(工作)内容	附注
0410X0101J03010101		A. Ⅰ级围岩	延长米	综合	同上	同上	
0410X0101J03010102		B. Ⅱ级围岩	延长米	综合	同上	同上	
0410X0101J03010103		C. Ⅲ级围岩	延长米	综合	同上	同上	
0410X0101J03010104		D. Ⅳ级围岩	延长米	综合	同上	同上	
0410X0101J03010105		E. Ⅴ级围岩	延长米	综合	同上	同上	
0410X0101J03010106		F. Ⅵ级围岩	延长米	综合	同上	同上	
0410X0101J0302		(2)斜井	延长米	综合	按设计图示斜井井口至斜井井身与井底车场中心线相交点的斜长加井底车场到隧道边墙内轮廓线的长度计算	1. 开挖:脚手架搭拆,挖土,石方钻眼、爆破,找顶,通风,出渣(含弃渣远运),防尘,照明,三管两线及轨道安拆、养护,排水。2. 支护:(1)钻孔、清孔,超前小钢管制安等;(2)钻孔、清孔,浆液制作、灌注,锚杆制安、锚固;(3)各种钢支撑(包括格栅钢架、型钢拱架、钢轨钢架等)制安拆;(4)喷射混凝土:脚手架搭拆,钢筋网制安,混凝土配料(含外加剂)、拌制、喷射、养护,收回弹料;(5)注浆:钻孔、清孔,浆液制作、灌注。3. 衬砌:脚手架及衬砌平台制安拆,模板制安拆,钢筋及预埋件制安,混凝土浇筑,沟槽盖板制安,边墙砌筑,变形缝设置。4. 洞口工程:(1)洞门边仰坡及基础:边仰坡土石方和基坑挖填,圬工砌筑;(2)洞门衬砌:脚手架搭拆,模板制安拆,混凝土浇筑,砌体砌筑;(3)附属工程:土石方挖填,防水板、透水软管、止水带制安,排水沟槽挖填、沟身砌筑,边仰坡坡面防护,地基处理、回填封闭、挡护圬工砌筑	

续上表

编码	节号	名称	计量单位	子目划分特征	工程量计算规则	工程(工作)内容	附　注
0410X0101J04		4. 洞门	圬工方	综合	按设计图示洞门圬工体积计算。包括端翼墙、缓冲结构和与洞门连接的挡墙	1. 土石方、基坑挖填;2. 脚手架搭拆;3. 模板制安拆;4. 钢筋及预埋件制安;5. 混凝土浇筑;6. 砌体砌筑;7. 镶面;8. 隧道洞门牌、号标及检查梯制安,涂装;9. 地基处理:换填砂夹石、夯填碎石、夯填黏土、抛填石(片石)等	
0410X0101J05		5. 附属工程	元				
0410X0101J0501		(1)洞口防护	元	防护方式			
0410X0101J050101		①浆砌石	圬工方	综合	按设计图示砌体体积计算	1. 基坑挖填;2. 脚手架搭拆;3. 砌体砌筑;4. 封闭层、反滤层铺设;5. 变形缝、泄水管(孔)设置	
0410X0101J050102		②混凝土	圬工方	综合	按设计图示圬工体积计算	1. 基坑挖填;2. 脚手架搭拆;3. 模板制安拆;4. 混凝土浇注;5. 预制构件安砌;6. 封闭层、反滤层铺设;7. 变形缝、泄水管(孔)设置	
0410X0101J050103		③土钉	m	综合	按设计图示土钉长度计算	1. 脚手架搭拆;2. 钻孔,清孔;3. 砂浆配料(含外加剂)、拌制、灌注;4. 插钉、锚固	含边坡加固锚杆
0410X0101J050104		④锚索	m	综合	按设计图示锚索长度计算	1. 钻孔、清孔;2. 锚索制安;3. 砂浆配料(含外加剂)、拌制、锚固段注浆;4. 锚墩混凝土浇筑;5. 锚索张拉、张拉段注浆、锚头封闭防护;6. 防腐处理	
0410X0101J050105		⑤抗滑桩	圬工方	综合	按设计图示抗滑桩桩身圬工尺寸计算。含格梁体积,不含护壁的圬工体积	1. 桩孔开挖;2. 模板制安拆;3. 钢筋(笼)及预埋件制安;4. 混凝土浇筑;5. 旧轨制安	

续上表

编码	节号	名称	计量单位	子目划分特征	工程量计算规则	工程(工作)内容	附注
0410X0101J050106		⑥喷混凝土	m^2	综合	按设计图示喷射面积计算。边坡加固锚杆按土钉清单子目计量	1. 脚手架搭拆;2. 坡面清理、嵌补、岩面冲洗,钻孔、清孔;3. 砂浆制作、灌注;4. 锚杆及网制安;5. 混凝土配料(含外加剂)、拌制、喷射、养护;6. 收回弹料	不含边坡加固锚杆
0410X0101J050107		⑦钢筋	t	综合	按设计长度计算质量	钢筋制安	不含挂网喷射混凝土的钢筋网
0410X0101J0502		(2)地表加固	元	加固方式			
0410X0101J0503		(3)洞口绿化	m^2	综合	按设计图示洞门绿化面积计算	1. 平整、翻土,挖土换填,土质改良,围护;2. 播草籽,铺草皮,栽植花草、灌木;3. 浇水、养护	
0410X0101J0504		(4)隧道照明	元	综合	按设计图示数量计算	1. 从地方变电站(所)接引至洞口变压器专为隧道供电的电源线路;2. 从洞口变压器接引至洞内的电源线路、照明灯具及插座等;3. 洞口和洞内变配电设备的基础及支架制安	
0410X0101J0505		(5)永久通风	元	综合	按设计图示数量计算	风机及其他设备基础制作,通风有关设施制安	
0410X0101J0506		(6)消防、安全	元	综合	按设计图示数量计算	消火栓灭火装置,安全门等	
0410X0101J0507		(7)供水管路	km	综合	按设计图示供特长隧道供消防使用的水源点(或蓄水池)至洞内所铺设的供水管路长度计算	管沟及井孔挖填,基础砌筑,管道铺设,构筑物圬工砌筑	

续上表

编码	节号	名称	计量单位	子目划分特征	工程量计算规则	工程(工作)内容	附注
0410X0101J0508		(8)弃渣场处理	元	综合	按设计要求综合计算	1. 基坑挖填;2. 脚手架搭拆;3. 模板制安拆;4. 钢筋及预埋件制安;5. 混凝土浇筑;6. 砌体砌筑;7. 封闭层、反滤层铺设;8. 变形缝、泄水管(孔)设置;9. 护栏、爬梯制安,涂装;10. 绿化	
0410X0101J07		7. 隧道内地基处理	元				
0410X0101J0701		(1)注浆	m^3	综合	按设计注入的浆液体积计算	1. 钻孔、清孔;2. 浆液配制;3. 灌注	
0410X0101J0702		(2)钢管桩	m	桩径	按设计图示桩顶至桩底的长度计算	1. 管桩制作;2. 沉桩、接桩、送桩;3. 管桩内填充混凝土;4. 桩头处理	
0410X0101A		Ⅱ 安装工程费	元	综合	按设计要求综合计算	隧道通风、照明、消防、排水等设备的安装、调试	
0410X02		二、3km < L ≤ 4km的隧道(××座)	延长米				
0410X03		三、2km < L ≤ 3km的隧道(××座)	延长米				
		细目同 二、3km < L ≤ 4km的隧道					

续上表

编码	节号	名称	计量单位	子目划分特征	工程量计算规则	工程(工作)内容	附注
0410X04		四、1km < L ≤ 2km的隧道(××座)	延长米				
		细目同二、3km < L ≤ 4km的隧道					
0410X05		五、L ≤ 1km的隧道(××座)	延长米				
		细目同二、3km < L ≤ 4km的隧道					
0410G		乙、改建	延长米				
0411	11	明洞(××座)	延长米				

06　第六章　通信、信号及信息							
编码	节号	名称	计量单位	子目划分特征	工程量计算规则	工程(工作)内容	附　注
0615	15	通信	正线公里				
0616	16	信号	正线公里				
0617	17	信息	正线公里				

07 第七章 电力及电力牵引供电							
编码	节号	名称	计量单位	子目划分特征	工程量计算规则	工程(工作)内容	附 注
0718	18	电力	正线公里				
0719	19	电力牵引供电	正线公里				

08　第八章　房屋							
编码	节号	名称	计量单位	子目划分特征	工程量计算规则	工程(工作)内容	附　注
0820	20	房屋	正线公里				

09　第九章　其他运营生产设备及建筑物							
编码	节号	名称	计量单位	子目划分特征	工程量计算规则	工程(工作)内容	附　注
0921	21	给排水	正线公里				

10 第十章 大型临时设施和过渡工程

编码	节号	名称	计量单位	子目划分特征	工程量计算规则	工程(工作)内容	附 注
1028	28	大型临时设施和过渡工程	正线公里				
1028J		Ⅰ.建筑工程费	正线公里				
1028J01		一、大型临时设施	元				
1028J0101		(一)铁路岔线、便桥	km	综合	按设计接轨点道岔基本轨接缝至场(厂)内第一组道岔的基本轨接缝之间的长度(不含道岔长度,含便桥、便涵的长度)计算	1.租用土地(含耕地占用税、青苗补偿费)、拆迁补偿;2.场地平整及土石方,圬工;3.铺轨、铺道岔、铺砟,线路养护;4.便涵建造;5.便桥的基础、墩台、梁部、桥面等工程,便桥养护;6.拆除、清理、复垦等	
1028J0102		(二)铁路便线、便桥	km	综合	按设计场(厂)内第一组道岔的基本轨接缝以后的长度(含便桥、便涵的长度)计算	1.租用土地(含耕地占用税、青苗补偿费)、拆迁补偿;2.场地平整及土石方,圬工;3.铺轨、铺道岔、铺砟,线路养护;4.便涵建造;5.便桥的基础、墩台、梁部、桥面等工程,便桥养护;6.拆除、清理、复垦等	
1028J0103		(三)汽车运输便道	km				

续上表

编码	节号	名称	计量单位	子目划分特征	工程量计算规则	工程(工作)内容	附注
1028J010301		1. 新建干线	km	综合	按设计便道中心线长度(含便桥、便涵的长度)计算	1. 租用土地(含耕地占用税、青苗补偿费)、拆迁补偿;2. 土石方挖填,地基处理,修整排水沟,挡护工程,路面铺设、培肩、碾压;3. 桥梁基础、梁部、桥面等工程;4. 涵洞建造;5. 便道养护、拆除、清理、复垦等	
1028J010302		2. 新建引入线	km	综合	按设计便道中心线长度(含便桥、便涵的长度)计算	1. 租用土地(含耕地占用税、青苗补偿费)、拆迁补偿;2. 土石方挖填,地基处理,修整排水沟,挡护工程,路面铺设、培肩、碾压;3. 桥梁基础、梁部、桥面等工程;4. 涵洞建造;5. 便道养护、拆除、清理、复垦等	
1028J010303		3. 改(扩)建便道	km	综合	按设计便道中心线长度(含便桥、便涵的长度)计算	1. 租用土地(含耕地占用税、青苗补偿费)、拆迁补偿;2. 土石方挖填,地基处理,修整排水沟,挡护工程,路面铺设、培肩、碾压;3. 桥梁基础、梁部、桥面等工程;4. 涵洞建造;5. 便道养护、拆除、清理、复垦等	
1028J010304		4. 利用地方既有道路补偿费	元	综合	按当地具体情况结合所承担的运输量综合计算	过路、过桥、道路维护等费用	
1028J0104		(四)运梁便道	km	综合	按设计便道中心线长度(含便桥、便涵的长度)计算	1. 租用土地(含耕地占用税、青苗补偿费)、拆迁补偿;2. 土石方挖填,地基处理,修整排水沟,挡护工程,路面铺设、培肩、碾压;3. 桥梁基础、梁部、桥面等工程;4. 涵洞建造;5. 便道养护、拆除、清理、复垦等	

续上表

编码	节号	名称	计量单位	子目划分特征	工程量计算规则	工程(工作)内容	附　注
1028J0105		(五)轨节拼装场	处	综合	按设计数量计算	1.租用土地(含耕地占用税、青苗补偿费),拆迁补偿;2.场地平整及土石方,场内圬工(含地基处理);3.拆除、清理、复垦等	
1028J0106		(六)混凝土成品预制厂	处	综合	按设计数量计算	1.租用土地(含耕地占用税、青苗补偿费),拆迁补偿;2.场地平整及土石方,厂内圬工(含地基处理);3.拆除、清理、复垦等	含厂内混凝土拌和站
1028J0107		(七)材料厂	处	综合	按设计数量计算	1.租用土地(含耕地占用税、青苗补偿费)、拆迁补偿;2.场地平整及土石方,厂内圬工(含地基处理);3.拆除、清理、复垦等	
1028J0108		(八)制(存)梁场	处				含场内混凝土拌和站
1028J010801		1.×××制(存)梁场	处				
1028J01080101		(1)场地平整及土石方	m^3	综合	按设计图示断面尺寸,挖方以天然密实体积计算,填方以压实体积计算。含硬化面	土石方挖填	
1028J01080102		(2)场内圬工	圬工方	综合	按设计圬工数量计算	1.基坑挖填;2.脚手架搭拆;3.钢筋及预埋件制安;4.混凝土浇筑;5.砌体砌筑	
1028J01080103		(3)场内地基处理	元	处理方式			含硬化面垫层以下的地基处理

续上表

编码	节号	名称	计量单位	子目划分特征	工程量计算规则	工程(工作)内容	附 注
1028J0108010301		①换填	m^3	填料种类	按设计图示压实体积计算	1. 不良土壤挖、运、弃;2. 配制、拌和;3. 填料分层填筑、压实、整理	
1028J0108010302		②砂桩	m	桩径	按设计图示桩顶至桩底的长度计算	1. 定位、沉钢管;2. 灌砂、拔钢管;3. 补灌砂	
1028J010802		2. ××制(存)梁场	处				
		细目同1. ××制(存)梁场					
1028J0109		(九)钢梁拼装场	处	综合	按设计数量计算	1. 租用土地(含耕地占用税、青苗补偿费),拆迁补偿;2. 场地平整及土石方,场内圬工(含地基处理);3. 拆除、清理、复垦等	
1028J0110		(十)混凝土集拌和站	处	综合	按设计数量计算	1. 租用土地(含耕地占用税、青苗补偿费),拆迁补偿;2. 场地平整及土石方,场内圬工(含地基处理);3. 拆除、清理、复垦等	
1028J0111		(十一)填料集中拌和站	处	填料类型	按设计数量计算	1. 租用土地(含耕地占用税、青苗补偿费)、拆迁补偿;2. 场地平整及土石方,场内圬工(含地基处理);3. 拆除、清理、复垦等	
1028J0112		(十二)大型道砟存储场	处	存储量	按设计数量计算	1. 租用土地(含耕地占用税、青苗补偿费)、拆迁补偿;2. 平整场地及土石方,厂内圬工(含地基处理);3. 拆除、清理、复垦等	

续上表

编码	节号	名称	计量单位	子目划分特征	工程量计算规则	工程(工作)内容	附 注
1028J0113		(十三)长钢轨焊接基地	处	综合	按设计数量计算	1. 租用土地(含耕地占用税、青苗补偿费),拆迁补偿;2. 场地平整及土石方,场内圬工(含地基处理);3. 拆除、清理、复垦等	
1028J0114		(十四)换装站	处	综合	按设计数量计算	1. 租用土地(含耕地占用税、青苗补偿费),拆迁补偿;2. 场地平整及土石方,场内圬工(含地基处理);3. 拆除、清理、复垦等	
1028J0115		(十五)通信	元	综合	按设计要求综合计算	1. 有线通信:临时有线通信干线含拆迁、青苗补偿;挖坑、埋杆、架线,接头,线路养护;拆除、清理;2. 无线通信:通信设施的购置、安拆、调试等	有线通信、无线通信形式自定,费用包干
1028J0116		(十六)集中发电站、集中变电站	处	综合	按设计数量计算。包括升压站和降压站	1. 租用土地(含耕地占用税、青苗补偿费)、拆迁补偿;2. 平整场地及土石方,场内圬工(含地基处理);3. 拆除、清理、复垦等	
1028J0117		(十七)电力干线	km	综合	按设计的供电电压在6kV及以上的高压输电线路,以电源(变电所)至终点电力线路中心线长度计算	1. 拆迁补偿、青苗补偿;2. 挖坑、埋杆、架线、接头,线路养护;3. 拆除、清理等	
1028J0118		(十八)给水干管路	km	综合	按设计管路长度计算	1. 拆迁补偿、青苗补偿;2. 管沟挖填,管道铺设,养护;3. 拆除、清理等	指特殊缺水地区给水干管路(管径100mm及以上或长度2km及以上),以及长度大于1km的隧道或隧道群,自水源点至山上蓄水池所铺设的给水管路

续上表

编码	节号	名称	计量单位	子目划分特征	工程量计算规则	工程(工作)内容	附注
1028J0119		(十九)渡口、码头	处	综合	按设计数量计算,以单侧码头为一处	1. 圬工码头:租用土地(含耕地占用税、青苗补偿费),拆迁补偿;土石方挖填,基础、墙体、顶面工程,系船柱及防撞设施制安。2. 浮箱码头:浮箱运输、拼装、铺板、拆除,钢筋混凝土锚预制、抛锚、起锚。3. 码头的拆除、清理、复垦等	不含与码头相连的栈桥
1028J0120		(二十)缆索吊	处	综合	按设计数量计算	1. 租用土地(含耕地占用税、青苗补偿费)、拆迁补偿;2. 场地平整及土石方,场内圬工(含地基处理);3. 缆索吊制安拆;4. 清理、复垦等	
1028J0121		(二十一)栈桥	延长米	综合	按设计栈桥长度计算	1. 租用土地(含耕地占用税、青苗补偿费)、拆迁补偿;场地平整及土石方;2. 基础、墩台、梁部、桥面等工程,养护;3. 拆除、清理、复垦等	含与码头相连的栈桥
1028J02		二、过渡工程	元				
1028J0201		(一)铁路便线、便桥	元	综合	按设计要求综合计算	1. 租用土地(含耕地占用税、青苗补偿费)、拆迁补偿;2. 场地平整及土石方,圬工工程;3. 铺轨、铺道岔、铺道砟,线路养护;4. 便涵建造;5. 便桥的基础、墩台、梁部、桥面等工程,便桥养护;6. 便线、便桥拆除、清理、复垦等	
1028J0202		(二)线路	元	综合	按设计要求综合计算	区间线路左右侧换边、单(双)绕起终点拨接、长轨地段开断钢轨及重新锁定、线路抬降坡、既有线改小半径所引起的轨道及圬工的修建、拆移等工程	

续上表

编码	节号	名称	计量单位	子目划分特征	工程量计算规则	工程(工作)内容	附 注
1028J0203		(三)站场	元	综合	按设计要求综合计算	封闭车站、扩能加站、改线路所、车站股道有效长延长、车站拨道、咽喉区改造等所引起的轨道及圬工的修建、拆移等工程	
1028J0204		(四)通信	元	综合	按设计要求综合计算	通信站配合倒接过渡、通信电缆的割接、通信设备施工过渡、站内及路内电缆拆迁以及永临结合的施工过渡;无线列调设施过渡等	
1028J0205		(五)信号	元	综合	按设计要求综合计算	站内、区间及道口信号设备施工过渡,包括既有信号室外设备的挪移;临时铺设部分电缆、增设个别绝缘节;室内电路的部分修改等	
1028J0206		(六)信息	元	综合	按设计要求综合计算	电缆的割接、各平台及子系统设备施工过渡,电缆拆迁以及永临结合的施工过渡等	
1028J0207		(七)电力	元	综合	按设计要求综合计算	电源及电源线过渡、电力变配电所改造过渡、车站内低压电力线路、变压器等电力设施过渡、配合各工点施工进行的电力过渡等	
1028J0208		(八)电气化	元	综合	按设计要求综合计算	1. 接触网配合线路过渡和站场改扩建:包括区间线路换边及拨接、车站股道有效长延长、车站拨道,咽喉区改造、改线路所、封闭车站所引起的过渡工程;2. 既有牵引变电所改扩建施工过渡等	
1028A		Ⅱ安装工程费	元	综合	按设计要求综合计算	设备的安装、调试、拆除、恢复	

11　第十一章　其他费							
编码	节号	名称	计量单位	子目划分特征	工程量计算规则	工程(工作)内容	附　注
1129	29	其他费	正线公里				
1129Q		Ⅳ.其他费	元				
1129Q01		一、配合辅助工程费	元				
1129Q0101		(一)立交桥(涵)两端引道	元				指等级公路
1129Q010101		1. 路基	km				
1129Q010102		2. 路面	m^2				
1129Q01010201		(1)垫层	m^2	综合	按设计图示面积计算	混合料拌制、摊铺、洒水、压实,修整	
1129Q01010202		(2)基层	m^2	综合	按设计图示面积计算	混合料拌制、摊铺、洒水、压实,修整	
1129Q01010203		(3)面层	m^2	面层类型			
1129Q0101020301		①沥青混凝土路面	m^2	等级	按设计车行道和人行道面层面积计算	1. 沥青混凝土拌制、铺筑、碾压、整形;2. 路缘石制安;3. 培路肩	包括沥青贯入式路面、沥青表面处治路面和沥青混凝土路面
1129Q0101020302		②水泥混凝土路面	m^2	等级	按设计车行道和人行道面层面积计算	1. 模板制安拆;2. 混凝土浇筑;3. 钢筋及预埋件制安;4. 变形缝设置;5. 路缘石制安;6. 培路肩	
1129Q010103		3. 沿线设施	km	综合	按设计图示公路中心线长度计算	护栏、隔离带(栅、块)、标志牌、标线、界牌、标桩,路面标线、轮廓标,路面及中央分隔带、排水设施等的设置	

续上表

编码	节号	名称	计量单位	子目划分特征	工程量计算规则	工程(工作)内容	附 注
1129Q0102		(二)立交桥综合排水工程	处	综合	按设计数量计算	1. 排水设施;2. 排水设备;3. 排水泵站房屋(含电照)等	
1129Q02		二、工程保险费	元			增加"施工图勘察设计费"(总价承包和工程总承包,此项删除)	
1129Q0201		(一)工程一切险	元	综合	按投保的工程内容及相应的费率计算		
1129Q0202		(二)第三者责任险	元	综合	按投保费率计算		
1129Q03		三、安全生产费	元	综合	按铁道部的规定计列	1. 完善、改造和维护安全防护设备、设施:(1)"四口"(楼梯口、电梯井口、预留洞口、通道口)、"五边"(未安装栏杆的平台临边、无外架防护的层面临边、升降口临边、基坑临边、上下斜道临边)等的防护、防滑设施;(2)施工场地的安全围挡设施;(3)施工供配电及用电安全防护设施(漏电保护、接地保护、触电保护等装置,变压器、配电盘周边防护设施,电器防爆设施,防水电缆及备用电源等);(4)各类机电设备安全装置;(5)隧道瓦斯检测设备;(6)地质监控设施;(7)防风、防腐、防火、防尘、防水、防辐射、防雷电、防危险气体等的设备设施及备品;(8)起重机械、提升设备上的各种保护及保险装置;(9)锅炉、压力器、压缩机的保险和信号装置;(10)防治边坡滑坡设备;	

续上表

编码	节号	名称	计量单位	子目划分特征	工程量计算规则	工程(工作)内容	附注
1129Q03		三、安全生产费	元	综合	按铁道部的规定计列	(11)作业中防止物体、人员坠落设置的棚、护栏;(12)起重、爆破作业及穿越村镇、公路、河流、地下管线进行施工、运输作业所增设的防护、隔离、拦挡等设施;(13)各种安全警示、警告标志;(14)航道防护、航标设置等;(15)安全防护通信对讲设备;(16)其他安全防护设备、设施。 2. 配备必要的应急救援器材、设备和现场作业人员安全防护物品:(1)应急照明、通风、抽水设备及锹镐铲、千斤顶等;(2)防洪、防坍塌、防山体落石、防自然灾害等的物资设备;(3)急救药箱及器材;(4)应急救援设备、器械(包括救援车等);(5)救生衣、圈、船等;(6)各种消防设备和器材;(7)各种现场工作人员的安全防护用品的支出;(8)其他救援器材、设备。 3. 安全生产检查与评价:(1)特种机械设备、压力容器、避雷设施等的检查检测;(2)聘请专家参与安全检查和评价;(3)各级安全生产检查、督导与评价。 4. 重大危险源、重大事故隐患的评估、整改、监控:(1)超前地质预报、重大危险源监控;(2)水上及高空作业评估、整改;(3)危险源辨识与评估(高路堑坚石开挖、瓦斯隧道、既有线隧道评估等);(4)重大事故隐患评估;(5)应急预案措施投入;(6)自然灾害预警;	

续上表

编码	节号	名称	计量单位	子目划分特征	工程量计算规则	工程(工作)内容	附　注
1129Q03		三、安全生产费	元	综合	按铁道部的规定计列	(7)爆炸物运输、储存、使用时的安全监控、防护及公安部门的检查与评估;(8)施工便桥安全检测、评估;(9)其他重大危险源、重大事故隐患的评估、整改、监控。 5. 安全技能培训及进行应急救援演练:(1)购置编印安全生产书籍、刊物、影像资料等;(2)举办安全生产展览和知识竞赛活动,设立成列室、教育室等;(3)召开安全生产专题会议;(4)专职安检人员、生产管理人员安全生产专业培训;(5)全员安全及特种(专项)作业安全技能培训;(6)安全应急救援及预案演练;(7)各种安全生产宣传;(8)其他安全教育培训。 6. 其他与安全生产直接相关的内容:(1)特种作业人员的体检(从事高空、井下、尘毒作业的人员及炊管人员等);(2)办理安全施工许可证;(3)办公、生活区的防腐、防毒、防四害、防触电、防煤气、防火患等;(4)与安全员有关的支出;(5)其他	

参考文献

[1] 全国造价工程师执业资格考试培训教材编委会. 工程造价计价与控制. 北京:中国计划出版社,2006.

[2] 段晓晨. 工程造价计算原理. 北京:中国铁道出版社,2002.

[3] 崔武文,孙维丰. 土木工程造价管理. 北京:中国建材出版社,2005.

[4] 段晓晨,雷书华,刘芳,等. 铁路全生命周期造价计算与控制原理. 北京:中国铁道出版社,2009.

[5] 田元福. 铁路与公路工程概预算编制原理与方法. 北京:中国铁道出版社,2008.

[6] 中华人民共和国国家标准. 建设工程工程量清单计价规范(GB 50500—2008). 北京:中国计划出版社,2008.

[7] 铁路工程定额所. 铁路工程预算定额. 北京:中国铁道出版社,2004.

[8] 铁道部经济规划院铁路工程定额所. 铁路工程施工机械台班费用定额(铁建设[2006]129 号). 北京:中国铁道出版社,2006.

[9] 铁道部经济规划院铁路工程定额所. 铁路工程建设材料基期价格(铁建设[2006]129 号). 北京:中国铁道出版社,2006.

[10] 铁道部经济规划院铁路工程定额所. 铁路基本建设工程设计概(预)算编制办法(铁建设[2006]113 号). 北京:中国铁道出版社,2006.

[11] 铁道部经济规划院铁路工程定额所. 铁路基本建设工程投资预估算、估算编制办法(铁建设[2008]10 号). 北京:中国标准出版社,2008.

[12] 铁道部经济规划院铁路工程定额所. 铁路工程工程量清单计价指南(土建部分)(铁建设[2007]108 号). 北京:中国标准出版社,2006.

[13] 中华人民国和国铁道部. 铁路建设项目(施工单价承包、施工总价承包、工程总承包)招标文件补充文本(铁建设[2008]254 号). 北京:中国铁道出版社,2008.

[14] 国家发展和改革委员会,等. 标准施工招标文件. 北京:中国计划出版社,2007.

[15] 中华人民共和国建设部标准定额司. 全国统一建筑工程预算工程量计算规则(GJDGZ - 101 - 95). 北京:中国计划出版社,1995.

[16] 中华人民共和国铁道部. 铁路建设工程验工计价办法(铁建设[2006]211 号). 北京:中国铁道出版社,2006.

[17] 中华人民共和国铁道部. 铁路建设工程变更设计管理办法(铁建设[2005]146 号). 北京:中国铁道出版社,2005.

[18] 雷书华,陈志君. 公路工程预算与工程量清单计价. 北京:人民交通出版社,2008.

[19] 路东福. 铁路建设项目管理. 北京:中国铁道出版社,2005.

[20] 吴怀俊. 工程造价管理. 北京:人民交通出版社,2007.

[21] 徐蓉. 工程造价管理. 上海:同济大学出版社,2005.

[22] 何维康. 建筑工程计价原理与方法. 上海:同济大学出版社,2005.